Marie Andott

Herbstkatze

Frauenzimmer Verlag, Laubach - Lauter, 2017

Erste Auflage

Cover: Juliane Schneeweiss
www.juliane-schneeweiss.com
Umschlagfotos: Frank Glabian
Satz und Layout: Anja Zimmer

Print ISBN: 978-3-937013-43-5
eBook ISBN: 978-3-937013-42-8

WWW.FRAUENZIMMER-VERLAG.DE

Marie Andott

Herbstkatze

Eine Erzählung

Inhalt

Allen Herbstkatzen gewidmet

Herbstkatzen werden geboren

In dem schmalen alten Häuschen meiner Oma im Oberdorf bin ich zur Welt gekommen.
Meine junge Mutter hatte mit ihren einundzwanzig Jahren eine Riesenangst vor ihrer ersten Geburt. Nach vielen schmerzlichen Stunden half mir die Kindfrau-Else auf die Welt.
Meine Oma war glücklich über ihre erste Enkelin. Sonst niemand so recht. Aber sie. Das war überlebenswichtig.
Die Freude meiner Mutter war klein, zog sich zusammen zu einem winzigen Bündel, weil die Angst so groß war, so übergroß,- die Angst vor allem, was kommt. Was so schmerzlich begonnen hatte, wie sollte das weitergehen? Das kleine Zimmer nur im Haus ihrer Eltern, der jähzornige Vater, der ebenso jähzornige Mann, der vielleicht ein wenig stolz war, dass er ein Kind gezeugt hatte, - aber doch nicht so sehr, weil es nur ein Mädchen war.

Heute, als erwachsene Frau, lebe ich hinten im Tal unter alten Apfelbäumen in einem kleinen Haus im Licht. Hier hin führte ein langer, beschwerlicher Weg.
Vom Anfang dieses Weges erzähle ich, weil er andere und mich selbst ermutigt, immer wieder aufzustehen und weiterzugehen, trotz allem, was dagegen zu sprechen scheint.
Hier im Tal kann ich mich wieder fühlen, sein, Licht atmen, wie lange nicht.
Gerade streicht gelbe Herbstsonne durch die Bäume, versilbert Spinngewebtes, vergoldet sterbendes Apfelblatt, umschmeichelt mit sanften warmen Luftzügen, versucht sich in leisen Tönen, traut sich, anzudeuten, das Leben wäre doch warm, bergend und schön, der Sommer wäre voll gewesen.

Aber so war es nicht. Nasskalt und düster war es, als sie Sommer sagten. Die kleinen hellen Momente stoben wie Traumblitze durch dauerndes Dunkelgewölk.

Hier im Tal, hinter den alten Apfelbäumen am Waldrand im Unterholz, hat eine halbverwilderte Katze Junge geworfen, kleine Herbstkatzen, die aufdringlich durch die Nacht jammern. ‚Eine Herbstkatze, die wirfst du am besten gleich tot', sagen sie, ‚die taugt nicht recht zum Leben, bleibt struppig und schwach, kränkelt leicht, ist die Milch nicht wert, die man früh ihr gibt.'
Aber die im Unterholz, die gehören niemandem, sind allein auf sich gestellt; Aug in Aug mit dem Marder und dem Fuchs. Ein Glücksfall, wenn eine den nächsten Sommer erlebt. Und dieser ist ja schon vorüber.
Aber was hat eine Herbstkatze nach dem Sommer zu fragen...
Dass sie es dennoch tut, hat mit der Vererbung von Träumen zu tun.
Denn so wie Stimme, Skelettform und Silberblick vererben sich auch Ängste und Träume.
Und ich bin sicher, es sind die vererbten Träume, die besonders der einen von den Kleinen drüben am Waldrand schwer zu schaffen machen. Ihre Klagestimme unterscheidet sich von den anderen. Das andauernde Wimmern ist so eingefärbt von menschlich wirkendem Jammer, dass ich mitten in der Nacht aufstehe, mit der Taschenlampe hinauf zum Waldrand laufe und nachsehe, ob nicht etwa ein ausgesetzter Säugling sich da hineinmischt.
Aber da sind nur die Herbstkatzen - und ich.
Als ich wieder im Bett liege und auf das leiser gewordene Gewimmer der einen höre, kann ich plötzlich etwas von ihren Träumen wahrnehmen. Ich weiß, dass sie vom Sommer träumt, dem vollen heißen Sommer, dem Leben ohne Ende.
Ein schweres Erbe sind solche Träume.

Stirbt sie nicht bald, wird ihr Leben unvergleichlich schmerzhafter sein als das der andern. So weh wird es tun, dass sie sich manchmal wünschen wird, früh tot geworfen zu sein.

Nichts Schmerzlicheres als eine Herbstkatze, die Sommerträume geerbt hat und träumen muss, so lange sie lebt.

„Ein braves stilles Mädchen wird das, und fleißig dazu." So sagt die Kindfrau-Else, als sie den kleinen Leib zum ersten Mal in ihren alten großen Händen hält. Merkwürdig, dass so manche alte Kindfrau gewisse Ahnungen hat über das Menschlein, dem sie gerade auf die Welt geholfen hat. Die Kindfrau kennt die Menschen im Dorf wie keine andere. Oft hatte sie schon geholfen, die auf die Welt zu bringen, deren Kindern sie später heraushilft ins Leben. Ahnung hatte sie auch, wie dieses Menschlein am besten zu sein habe, um fortan da zu leben, wo hinein es geboren wurde.

In jener Nacht, viele Jahre später, als ich den klagenden Herbstkatzen begegne, weiß ich, dass ich mit ihnen verbunden bin, dass wir irgendwie miteinander zu tun haben, vermutlich schon immer.

Ein braves stilles Mädchen ist es, das bestätigt bald jeder. Es ist pflegeleicht, schläft, wenn es schlafen soll und trinkt, wenn es trinken soll. Als ob es ahnt, dass es bei kleinsten Abweichungen vom Regelwerk eine fahrige, angstvolle Mutter haben würde, die auch von einem Moment auf den anderen hart, unnachgiebig und kalt sein kann, - dazu einen hitzigen, schnell aufgebrachten und oft laut brüllenden Vater.
Stolz erzählt die Mutter, dass sie das Kind im Kinderwagen in der Küche ganz alleine stehen lassen kann, wenn sie über eine Stunde

und manchmal viel länger weg gehen muss, Essen aufs Feld bringen zu denen, die dort arbeiten. Ein braves stilles Mädchen, das spürt, dass es nicht stören darf, weil es ja schon Arbeit genug ist, dass es da ist, das meist recht ernst dreinblickt, selten lächelt oder gar lacht und schon mit einem Jahr diese senkrechten zwei tiefen Stirnfalten oberhalb der Nase hat. Diese über der Nase zusammengezogenen zwei deutlichen Stirnfalten, diesen ängstlichen, skeptischen Blick kann man auf beinahe allen Fotos erkennen. Warum schaut sie so? Meine Mutter hat immer die gleiche Antwort parat: Sie wird müde sein. Aber da irrt sie sich. Dieses Mädchen ist viel wacher als sie ahnt.

Stille Schreie

Weil es gefährlich ist, laut zu sein, gar zu schreien, rufe und schreie ich auf eine stille Art mit den Augen und manchmal, wenn es ganz schlimm ist, dazu mit den Ärmchen. Hilflos, bittend und flehend, aber sie sieht es nicht, sie merkt es nicht.
Und manchmal ist es ganz furchtbar schlimm. Vor allem, wenn wir bei Tante Trudi und Onkel Egon sind. Ich bin so klein, dass ich noch nicht richtig sprechen kann.
Die Tante redet viel und aufgeregt, ist aber freundlich. Immer sagt sie: „Lass doch den Onkel Egon auch mal das Mädchen halten." Meine Mutter gibt mich ohne Zögern an den Onkel weiter, setzt mich auf seinen Arm. Mein Kleidchen ist lang und der Rockteil fällt locker über meine Beinchen herunter. Mein Onkel hält mich auf seinem linken Arm. Mit seiner rechten Hand greift er unter das Kleidchen, als wolle er mich nur noch fester halten, sucht einen Eingang neben meinem Höschen, sucht mit sicherem Finger die unverschlossene, namenlose Stelle und drängt hinein. Das tut grausig weh und ich wimmere leise, weil laut bedeutet, dass die Mutter böse wird. Mit den Augen rufe und flehe ich nach ihr, strecke meine Ärmchen zu ihr hin. Sie steht direkt daneben und merkt es nicht! Ich verstehe das nicht. Wie kann es sein, dass der mir so weh tut und sie merkt es nicht. Mein ganzer kleiner Körper ist ein einziger Schrei.
„Jetzt bleib doch mal einen Augenblick bei dem Onkel", sagt meine Mutter, sagt auch Tante Trudi. Ich höre nicht auf, leise zu wimmern, die Ärmchen zu strecken, aber es dauert und dauert, bis sie mich endlich wieder zu sich nimmt. Ich will ihr sagen, dass sie das nicht tun soll, dass ich da nicht hin will, aber immer wieder gibt sie mich auf seinen Arm, wenn wir dort sind.
Einmal geht sie sogar mit der Tante ins Zimmer nebenan. Da beginne ich, laut zu schreien, obwohl die Angst groß ist, dass sie

böse wird mit mir. Sie kommt zurück, nimmt mich unwirsch vom Onkel weg, stellt mich auf die Beine und schimpft mich aus, was ich doch für ein dummes kleines Ding bin und dass der Onkel es doch gut mit mir meint.
Oft zückte er wie zur Bestätigung dieser Rede seinen Geldbeutel und reichte mir eine Münze hin. So ein lieber Onkel, und dieses kleine dumme Ding will immer nicht zu ihm.

Etwa ein Jahr lang geschieht dieses grausame Spiel. Sie merkt nichts. Das ist es, was ich einfach nicht verstehen kann. Sozusagen vor ihren Augen tut er es, fährt einfach mit der Hand unter den kleinen Rock oder das Kleid. Es sieht wohl aus, als wolle er mich nur ordentlich fest halten. Mit großen Augen schreie ich und bin zugleich fassungslos darüber, dass sie es nicht merkt.
Als ich endlich sprechen kann, die Worte so setzen kann, dass ich dieses Grauen irgendwie herausbringe, da passierte es.
Meine Mutter steht am Bügelbrett. Ich turne auf dem Sofa herum, wende mich dann zu ihr und spreche die Worte aus, die so lange schon heraus wollen, aber nicht so recht konnten.
„Der Onkel Egon, der tut mir so weh… mit dem Finger in meinem Höschen unter dem Kleid, ja, unter dem Kleid, das siehst du nicht…"
Sie schaut auf. „Was redest du da, was tut der Onkel Egon?"
„Der tut mir so weh…mit dem Finger…unter dem Rock…in meinem Höschen… das siehst du ja nicht…"
Endlich hat sie gemerkt, dass ich nicht nur irgendwas plappere (ich hatte ja schon viele erfolglose Versuche hinter mir, mich ihr verständlich zu machen), dass das eine ernste Sache ist. Richtig erschrocken sieht sie aus. Dann sagt sie: „Na, das werden wir gleich dem Papa sagen. Der kann was erleben, der Onkel Egon."
Wütend ist sie, das merke ich deutlich. Aber in den Arm nimmt sie mich nicht. Dabei habe ich mir das irgendwie gewünscht, habe

gedacht, das wäre doch nun vielleicht wirklich ein Grund, dass sie gut mit mir ist, mich ein wenig in den Arm nimmt und streichelt. An diesem Nachmittag verstehe ich, dass es noch schlimmer kommen muss, noch viel schlimmer, bis so etwas einmal passiert. Und noch etwas ganz Großes verstehe ich in diesem Moment: wie wichtig es ist, sprechen zu können, Worte zu haben, die andere verstehen und vielleicht sogar bewegen, etwas zu tun.

„Sie spricht aber früh", sagen sie bald um mich herum. „So ein kluges Kind, redet so früh schon in ganzen verständlichen Sätzen."

Es ist überlebenswichtig, sich so schnell wie möglich verständlich zu machen durch Worte.

Tatsächlich geschieht ja auch etwas, noch in derselben Stunde. Das ist nämlich die Stunde, in der mein Vater von der Arbeit heim kommt. Kaum hat er die alte Tasche in die Ecke neben dem Herd geworfen, wie jeden Abend, sich noch nicht richtig die Hände gewaschen überm Waschbecken in der Küche, da beginnt meine Mutter schon mit ihrem Bericht. Ich merke es gleich. Dass der Onkel Egon mir Schmerzen gemacht hat mit seinem Finger, erzählt sie ihm und ist ganz aufgeregt dabei. Dass sich das so ein kleines Kind doch nicht ausdenken kann, sagt sie und dass der doch da etwas getan haben muss…

„Was hat der getan?", schreit mein Vater laut durch die Küche.

Ich zucke zusammen und bin doch irgendwie erleichtert.

„Na, der soll mich kennenlernen, dieser Dreckskerl." So brüllt er, reißt die Arbeitsjacke von der Stuhllehne, reißt die Tür auf und stürmte mit noch nassen Händen hinaus.

„Aber sei vorsichtig", ruft meine Mutter noch hinter ihm her. „Tu nichts Schlimmes, was du hinterher bereust."

Dabei weiß sie genau, dass nichts ihn aufhalten kann, wenn er einmal so in Fahrt ist.

Wir schauen aus dem Fenster. Eilig schnappt mein Vater sein altes schwarzes Rad und fährt los. Angespannt schaut sie hinter ihm her.

„Wenn er nur nicht durchdreht", sagt sie. Sie ist fahrig, aufgeregt und unwirsch die ganze Zeit über. Ich verhalte mich still und geduckt. Patzig und hart ist sie zu mir. Ich soll essen und dann machen, dass ich fertig werde und ins Bett komme. Ich merke, sie gibt mir die Schuld, dass er jetzt vielleicht etwas Schlimmes tut. Ich wünsche mir, sie stellt sich hinter mich, hält mich fest und ich kann fühlen: Egal, was passiert, wir schützen dich schon, dein Vater und ich. Unzählige Male habe ich mir das später noch gewünscht. Aber an diesem Abend ist es, soweit ich denken kann, das erste Mal.

Es ist dunkel, als mein Vater zurückkommt. Ich bin schon im Schlafanzug. Wir hören, wie er das Rad im Hof abstellt, hören die schnellen Schritte die Treppe herauf. Die Tür geht auf. Mit heftigen Bewegungen zieht er wieder seine Jacke aus, wirft sie über einen Stuhl und setzt sich an den Küchentisch.

„Was, um Himmels Willen, hast du gemacht?", jammert meine Mutter und zittert etwas.

„Dem hab ich's gegeben!", schnaubt mein Vater. „Der lässt die Finger von der Kleinen, das kannst du glauben. Der tut keinem mehr was."

„Du lieber Himmel, was hast du gemacht?", jammert sie erneut.

Er richtet sich auf, stemmt die Hände an die Tischkante.

„Die Hauptstraße bin ich durchgefahren zum Dorf raus. Ich weiß doch genau, dass er um diese Zeit von Fritzburgen kommt mit dem Rad. Da kommt er auch schon angefahren. Auf ihn zu bin ich, spring vom Rad, werf's auf die Straße, zieh ihn runter von seinem Drecksrad. Das fällt in den Graben. Dann hab ich ihm so die Hucke voll gehauen, dass er neben sein Rad in den Graben gefallen ist. ‚Du greifst keinem mehr untern Rock', hab ich ihn angebrüllt. Der hat gewinselt wie ein Hund. ‚Noch einmal und ich schlag dich tot', hab ich gesagt. Der tut niemandem mehr was, das sag ich dir."

„Ach, du lieber Himmel, dass du immer so eine furchtbare Wut bekommst. Am Ende liegt er da im Graben und ist wirklich tot."

„Mir scheißegal!", brüllt mein Vater. „Und jetzt hab ich Hunger. Essen auf den Tisch!"

Meine Mutter beeilt sich, alles auf den Tisch zu stellen. Er setzt sich und isst genüsslich. Er wirkt sehr zufrieden mit sich.

„Gell, Kleine", sagt er dann zu mir, „dem hat's der Papa aber gegeben. Der tut dir nichts mehr. Das kannst du glauben."

Vorsichtig setzte ich mich auch an den Tisch, obwohl ich ja eigentlich ins Bett gehen soll. Ich lächle ihn an. Er hat sich für mich eingesetzt. Das spüre ich genau. Ich bin froh, dass er das getan hat, auch wenn ich oft Angst vor ihm habe. In diesem Augenblick spüre ich Stärke. Er ist stark und hat mich stärker gemacht.

Das Gejammer meiner Mutter kenne ich. Es kommt immer wieder und ist die Tonart, in welcher sie die meiste Zeit mit meinem Vater redet.

„Hoffentlich lebt er noch, nicht auszudenken, was passiert sein könnte,... dass du aber auch immer gleich..."

An diesem Abend spüre ich die Stärke mehr als ihr Gejammer. Es ist ein guter Abend.

Und am nächsten Morgen werde ich ja wieder ins Oberdorf gebracht, zu meiner Oma.

Im Oberdorf

Im Oberdorf bin ich ganz oft. Eigentlich lebe ich mehr da als im Unterdorf.

Ich lebe bei meiner Oma im alten schmalen Bauernhaus, obwohl meine Eltern heruntergezogen sind in die Hauptstraße zur Tante Anna. Sie ist die Schwester meiner Oma und konnte keine Kinder bekommen, heißt es. Da aber meine Oma vier Kinder hat, sollte das erste, das heiraten würde, zu Tante Anna und ihrem Mann ziehen, die beiden versorgen im Alter und dafür das Haus dann bekommen.

Meine Eltern ziehen ins Unterdorf, aber ich bin meist bei meiner Oma oben im Dorf. Hier bin ich daheim.

Gewiss, es ist eng dort und meine Oma hat kaum Zeit für mich. Sie steht am Ofen und kocht, holt Holz und Vorräte aus dem Keller, versorgt die Hühner und Gänse, den Hund und die zwei Kühe, Olga und Bella. Manchmal muss sie auch aufs Feld, Disteln stechen oder Rüben harken. Dann wieder muss sie in den Garten, Gemüse holen oder Beeren. Wenn sie aus dem Haus geht, nimmt sie mich mit. Auf dem Feld darf ich kleine Arbeiten verrichten oder am Feldrand sitzen und mit Steinchen und Erde spielen.

Im Garten helfe ich, Beeren zu pflücken oder sitze unterm alten Kirschbaum auf der Decke. Brav muss ich immer sein. Das heißt still, nicht stören bei der Arbeit, nichts tun, was aufhalten könnte oder den Ablauf hindert.

Trotzdem hat sie immer ein Auge auf mich, wohlwollend und liebevoll. Auch wenn sie kaum einmal Zeit für mich ganz alleine hat, ist sie doch stets in meiner Nähe und liebt mich mit ihrem Herzen. Das spüre ich tief in mir drin, ohne dass sie es mir sagt.

Bei ihr bin ich immer willkommen, ganz egal, wann sie mich bringen. Mit ihr bin ich verbunden durch ein unsichtbares, warmes Band. Ganz selbstverständlich ist es da, als wäre das von Anbeginn der Welt so eingerichtet. Dabei umarmt sie mich ganz wenig und ganz selten nur darf ich für Augenblicke auf ihren Schoß. Und doch weiß ich noch heute, wie sie damals riecht und sehe ihren warmen, guten Blick auf mir ruhen, der manchmal sogar lächelt. Der Opa ist streng und scharf mit seinen Worten. Wenn er da ist, macht meine Oma, was er sagt. Meist klingt es wie ein Befehl. Mit Befehlen kennt er sich aus, denn er war im Krieg, danach lange in Gefangenschaft in Frankreich. (Von dort kommen auch die grau-weißen Handtücher, die ganz rau sind, aber auch sehr fest. Die hatte er aus Frankreich zur Oma geschickt.) Das Befehlen liegt ihm im Blut, auch nach dem Krieg.

„Die Stiefel herbei!“, ruft er oft. Dann muss meine Oma geschwind die schweren Stiefel herbeitragen aus dem Flur, muss dann zwei Tücher wie zwei Dreiecke ausbreiten vor ihm. Die legt er sich um die Füße in einer bestimmten Art. So schlüpft er in die Stiefel. Ich kenne niemanden außer ihm, der das so tut.

„Die Jacke herbei!“, ruft er.

Meine Oma hat sie schon auf dem Arm und reicht sie ihm. Dann schlurft er hinaus mit seinen großen Stiefeln, hinaus und die Treppe hinab. Sogar der Hund, der Rolf heißt, duckt sich, wenn Opa zur Haustür hinaustritt und die Treppe herunter kommt. Nur eine ganz leichte Kopfbewegung muss Opa machen, und schon springt Rolf auf ihn zu und weiß, er darf mitgehen.

Wenn er aus dem Haus und vom Hof ist, atmet meine Oma auf. Ich tue es ihr gleich.

Manchmal, ganz manchmal, setzt sie sich kurz hin und ich darf tatsächlich auf ihren Schoß.

Es kommt so selten vor, dass ich mich an die wenigen Ausnahmen noch gut erinnern kann.

Opa ist weg und ich sitze auf Omas Schoß am Tisch. Vor uns steht ein Teller mit kalten Kartoffelpfannkuchen. Die sind übriggeblieben vom Mittagessen.

„Ich zeig dir mal was“, sagt sie zu mir und zieht mit der linken Hand eine alte Zeitung von der Küchenbank. Jetzt öffnet sie die Tischschublade und holt eine Schere hervor. Etwa ein Viertel einer Zeitungsseite wird abgeschnitten und immer mehr zusammengefaltet. Zuletzt wird eine der Spitzen weggeschnitten und an den Seiten verschiedene Kerben eingeschnitten, Vierecke, Dreiecke, Rundungen, wie es gerade kommt. Öffnet man das Ganze, wird ein Deckchen sichtbar mit gleichmäßigen Ornamenten darin. Bald habe ich heraus, wie man sie macht, runde und eckige Deckchen, große und kleine mit immer neuen Mustern drin.
„So“, sagt sie dann, nimmt mich vom Schoß und setzt mich auf den angewärmten Stuhl.
„Jetzt machst du alleine noch welche. Ich muss hinaus in den Stall. Und iss noch von den Pfannkuchen. Die schmecken auch kalt gut. Aber mach keine Fettflecken aufs Papier.“
Ach, schon ist die kleine Zeit mit ihr vorbei. Ich bleibe sitzen und tue, was sie gesagt hat.

Mit ihr zusammen Wäsche aufhängen ist auch eine schöne Sache. Ich darf mit hinaus und über den Hof. Zwischen Waschküche und Holzschuppen gibt es eine enge Holztreppe. Die steigen wir hinauf, meine Oma voran mit dem Wäschekorb, ich hinterher. Oben muss sie eine Luke öffnen. Nachdem sie herausgestiegen ist und den alten Dachboden über Waschküche und Schuppen erreicht hat, gibt sie mir die Hand. Ich muss einen großen Schritt machen und stehe in dieser abgeschiedenen Welt.
Über meinem Kopf sind Leinen gespannt. Meine Oma hat den großen Korb auf einen alten Stuhl gestellt und beginnt, die Wäsche aufzuhängen.
Dieser Dachboden ist ein geheimnisvoller Ort, den ich sehr mag. Überall gibt es etwas zu entdecken. Verstaubte Kisten stehen

dort, Schachteln und Blechdosen. In einer Ecke stapelt sich der Schmuck für den Weihnachtsbaum. Den kenne ich schon genau. Am meisten interessieren mich immer die alten Bücher, die ich bei den Besuchen vorher schon entdeckt hatte. Immer schaue ich mir ein neues an und blättere darin herum. Ich kann noch nicht lesen, aber mir ist bewusst, dass dort Geschichten und ganze Welten verborgen sind. Es gibt Skizzen und Bilder, die ich mir intensiv anschaue. Oft frage ich danach, was da berichtet wird.
„Warum ist die Frau auf dem Bild so traurig? Was ist das, was da vor den Kindern auf dem Tisch steht? Sind das Schießgewehre? Wem gehören die?"
Meine Oma antwortet mir geduldig. Sie weiß viel und erklärt es mir, so gut sie kann.
Besonders hat es mir eine bräunlich-gelbe Kiste angetan. Bei früheren Besuchen auf dem Dachboden hat meine Oma mir bereits erklärt, dass da altes Spielzeug drin ist von meinen Onkeln, ihren beiden Söhnen, als die noch Kinder waren. Wir hatten auch bereits geklärt, dass ich davon nichts haben dürfe, weil sie vorgesehen sind für die Kinder, die diese beiden einmal selbst bekommen würden. Trotzdem darf ich den Karton immer wieder öffnen und mir die Dinge anschauen. Der kleine grüne Panzer aus Blech, die angerosteten Schlittschuhe, das hölzerne rote Auto mit den schwarzen Rädern, alles darf ich ansehen und damit spielen, so lange die Wäsche noch nicht fertig aufgehängt ist.
Meine Oma weiß es schon, dass mir am besten dieses Spiel gefällt, das in einem blauen flachen Karton ist. Öffne ich den Karton, sehe ich die Männchen in blauen Uniformen, wie sie fein in einer Reihe aufgereiht sind. Daneben liegt ein kleines Schießgewehr mit einem Gummipfropfen im Lauf. Ich weiß schon, man kann sie nicht rausnehmen. Alle sind an den Füßen mit dem Schachtelboden verbunden. Es sind kleine Zinnsoldaten. Man kann sie hochklappen. Nun stehen sie alle in einer Reihe. Mit dem Gewehr

kann ich auf die blauen Männchen schießen. Wenn der Gummipfropfen trifft, fällt das Männchen in den Karton zurück.
Dass das mit dem Krieg zu tun hat, hat meine Oma mir schon vor Tagen erklärt. Der Krieg, das muss eine ganz furchtbare Sache gewesen sein. Viele Menschen mussten da sterben. Männer mussten in fremde Länder und dort auf andere Menschen schießen, dabei aufpassen, dass sie nicht selbst erschossen werden würden. Oft wurden sie dann selbst erschossen oder verwundet oder gefangen genommen. Der Opa selbst ist nicht erschossen worden. Aber lange Zeit war er in Frankreich gefangen und musste ganz viel arbeiten. Recht spät erst durfte er zu seiner Familie zurück.
„Das war die Zeit, bevor du geboren wurdest", sagt meine Oma immer wieder. Dennoch fühle ich, dass es noch nicht so lange her sein kann. Viele reden noch vom Krieg, erzählen, dass sie arm waren und noch viel ärmer wurden dadurch, erzählen, wer alles nicht mehr zurückgekommen ist von dort.
Dass die Flüchtlinge, die bei uns im Dorf wohnen, schnell ihre Heimat verlassen mussten, um nicht getötet zu werden, davon wurde auch immer mal wieder berichtet. Sie haben einen anderen Klang in der Stimme und sind meist katholisch, im Gegensatz zu den anderen im Dorf.
Von den Amerikanern erzählt meine Mutter oft. In der alten Schule haben sie gewohnt, als der Krieg zu Ende war und sie mit den Panzern ins Dorf gerollt kamen. Erst hatten alle etwas Angst, dann aber merkten sie, dass das vorwiegend freundliche Männer waren. Die erste Orange ihres Lebens hat meine Mutter bei den Amerikanern gesehen - und sogar eine Scheibe zum Probieren bekommen. Kaugummi gab es gelegentlich auch.
Aber der Krieg hatte vor allem ganz viel Schlimmes und Böses gebracht.
Dort auf dem Dachboden gefallen mir dennoch die blauen Männchen im Karton so gut, besonders aber das Schießgewehr mit dem

Gummipfropfen im Lauf. Es knallt ein wenig, wenn man geschossen hat und die Männchen fallen nach hinten in den Karton zurück. Ich stelle mir immer vor, dass sie ja gar nicht tot sind, sondern nur einen Schubs bekommen haben und wieder aufstehen können.

„Komm, wir müssen wieder hinunter“, sagt Oma jetzt und ich weiß, der Spaß ist schon vorbei.

Vorsichtig steigen wir durch die Luke und die alte Treppe hinab.

„Bald wirst du ins Unterdorf geholt“, sagt sie nun und das ist immer der schmerzlichste Satz vom ganzen Tag.

„Warum muss ich dort hin?“, frage ich jedes Mal.

Es ist unterschiedlich. Mal darf ich bei ihr schlafen in dem kleinen Bettchen in der Nische hinter der Küche. Ich liebe diese Ecke. Manchmal werde ich aber auch abgeholt von meiner Mutter, in letzter Zeit immer öfter. Ich weiß nicht, warum. Ich weiß nur, dass meine Mutter einen Kugelbauch bekommen hat, der erst kleiner war und nun größer geworden ist. Irgendwie tun alle so geheimnisvoll. Erst ziemlich spät sagt meine Oma zu mir: „Du bekommst ein Brüderchen oder ein Schwesterchen.“

Was das mit dem Bauch meiner Mutter zu tun hat, verstehe ich nicht. Niemand sagt etwas. Immer mehr breitet sich Angst in mir aus, sie könnte krank sein, irgendwie schlimm krank.

Aber so ist es nicht.

Hinterm Gummibaum

Es ist irgendwie anders, aber die Angst geht nicht weg.
„Beim Zweiten wird es leichter", sagt die Kindfrau-Else zu meiner Mutter, als die sich mitten am Tag schon ins Bett legen muss. So wird es aber nicht.

„Die Kleine bekommt ja noch nichts mit", ist die einhellige Meinung rundum.
Zweieinhalb Jahre alt bin ich und möchte wieder schnellstens ins Oberdorf zu meiner Oma. Aber sie stellen mein Bettchen nur gegenüber vom Bett meiner Mutter in die linke Ecke beim Fenster. Davor stellen sie einen größeren Gummibaum, der mir die Sicht hinüber nehmen soll. Aber ich stehe im Bettchen und sehe zwischen den Blättern hindurch, weiß meine Mutter in den Kissen, höre vor allem, höre das aufgeregte Reden der Kindfrau, das hektische Geplapper meiner Tante Trudi, Tüchergeraschel, Schüsselgeklapper, die Schreie vor allem, die schlimmer werden mit der Zeit, Schreie, die einfach nicht enden wollen.
Anfangs versuche ich es noch mit Rufen und Reden.
„Mama, was machst du? Komm, bitte komm."
Dann brüllt die Tante mich an, ich soll nun den Mund halten, mich hinlegen und schlafen. Ich bin voller Angst, so voller Angst, merke aber, dass es wieder so ist, wie oft: Ich muss still sein, obwohl ich schreien will. Ich muss brav sein. Also bin ich still, bleibe aber stehen im Bettchen. Keinen schert es mehr, seit ich den Mund halte und nichts mehr aus meiner Ecke zu hören ist. Ich mache es wie immer. Ich bin still und höre und beobachte und mein kleines Hirn schlägt geradezu Purzelbäume von den vielen Gedanken, Bildern und Worten, die da hochkommen. Stunde um Stunde schreit sie, viele lange Stunden, in denen ich da stehe im Bettchen, von einem Fuß auf den anderen trete, meinen Mund

zupresse, damit nur nichts herauskommt, durch die Zweige vom Gummibaum blicke und höre, HÖRE, was da alles geschieht.
In meinem kleinen Gehirn passiert so viel an diesem Tag und in dieser Nacht.
Sie hatten mir einmal erzählt, dass dem Nachbarn beim Holzhacken eine Axt ins Bein geschlagen war. Eine furchtbar schmerzhafte und blutige Angelegenheit. Das ist (neben Onkel Egon und dem Krieg) das Schlimmste, was sich bisher in meinem Kopf als Bild abgelegt hat. Das muss das Schlimmste sein, was einem passieren kann, denke ich. Folgerichtig stelle ich mir vor in meinem Bettchen hinterm Gummibaum, sie schlagen meiner Mutter ständig und immer wieder mit der Axt ins Bein. Sie wird daran sterben, denke ich. Sie wird nicht mehr da sein, wenn ich hier raus komme aus dieser Ecke. Starr vor Angst muss ich gewesen sein über viele Stunden. Nichts zu essen, nichts zu trinken und niemand da, der ein gutes Wort sagt, dass alles wieder gut wird oder so ähnlich. Ich weine wohl, aber still vor mich hin, nicht laut, nur nicht laut. Das könnte schrecklich enden. Ich weiß es genau.
Allein bin ich, so ganz arg allein. Niemand, der mich wegbringt aus diesem Schrei-Zimmer, niemand, der mich auf den Arm nimmt und tröstet, mir irgendwie vermittelt, dass alles nicht so schlimm ist oder gar etwas Gutes bedeutet.
Allein bin ich in dem Schrei-Zimmer mit dem Gedanken, dass man meiner Mutter da drüben ganz schrecklich mitspielt und sie gewiss bald nicht mehr da ist. Grenzenlose Angst und Panik, Sprachlosigkeit vor Schreck und Entsetzen. Stunde um Stunde.
Irgendwann wird es ruhiger und schließlich beinahe still.
Völlig erschöpft kippe ich in mein Bettchen zurück, schlafe ein mit dem Kopf auf der Decke, die ganz feucht ist vom stundenlangen, leisen Weinen.

Notgeburt auf der Treppe

Am anderen Tag darf ich aufstehen, hinaus aus dem Zimmer. Ich sehe nur ganz kurz den Haarschopf meiner Mutter im Kissen. Sie atmet tief. Sie lebt noch. Ein Glück.

Tante Trudi ist noch da. Sie gibt mir Milch zu trinken in der Küche. Mit hastigen Schlucken trinke ich das Glas sehr schnell leer. Nach Anziehen und Essen gibt sie mir einen besonderen Auftrag. „Geh hinten auf die Wiese und pflück Gänseblümchen“, sagt sie. „Die bringst du dann deiner Mutter. Sie hat ja deine Schwester geboren.“

Ich tue, was sie sagt, bringe bald darauf das gewünschte Sträußchen.

„So, damit gehen wir jetzt hinauf zu deiner Mutter“, sagt sie, nimmt mich an der Hand und wir gehen die große, alte rötlichbraune Holztreppe hinauf. Mit Mühe schaffen meine kleinen Beine die Stufen. Fast oben angelangt, geschieht plötzlich etwas Sonderbares, das ich bis heute nicht vergessen habe und nur schwer in Worte fassen kann. Durch und durch durchzuckt es mich wie ein Blitz. Ich muss stehen bleiben und habe das Gefühl, plötzlich SEHE ich mich GANZ. Ich kann mich als Ganzes wahrnehmen, mich erkennen von Kopf bis Fuß.

„Was ist denn?“, fragt meine Tante. Ich kann es nicht sagen, nicht erklären. Wie soll man eine solche Erfahrung vermitteln, wenn man zwei Jahre und fünf Monate auf der Welt lebt?

Etwas in mir sagt: Das ist jetzt ganz wichtig. Du darfst es niemals vergessen. Diesen Auftrag gebe ich mir selbst in diesem Augenblick.

Ich habe es niemals vergessen, nicht eine Sekunde meines Lebens. Als Kind schon denke ich oft darüber nach, was das wohl war und was es bedeutet. Erst als erwachsene Frau habe ich langsam verstanden, was passiert sein musste.

Mein Körper und meine Seele, mein ganzes kleines Wesen hat sich in diesem Augenblick selbst geholfen, gerettet aus lebensbedrohlicher Erschütterung, die das kleine Leben hätte kosten können. Aber da war in mir eine Kraft, eine Energie, die mich im Leben halten wollte.
So erschüttert und verlassen, hinter mir die nicht enden wollenden Schrei-Stunden, die lebensbedrohliche Atmosphäre im Schlafzimmer über so lange Zeit hinweg, dieser matte, erschöpfte Dunst im ganzen Haus und in mir selbst, - wie seltsam, dass ich noch atmete, noch lebte. Wer und was bin ich? Kann ich überhaupt noch sein?
JA, hat da diese Kraft, dieses Licht signalisiert. Du bist noch und du bist GANZ. Vielleicht heißt das auch: ganz allein, ganz auf dich gestellt (was sich im Leben noch oft bestätigen sollte). Aber es heißt auch einfach GANZ. Ganze Menschen können leben, überleben, sein.

Nach vielen Jahren erst habe ich verstanden, dass solche Art „Entwicklungsschübe" nur sehr selten vorkommen in dieser Intensität und vor allem: viel, viel später.
Außergewöhnlich viele neue Verschaltungen von Nervenbahnen müssen in diesen Stunden der Todesangst entstanden sein, die normalerweise später erst entstehen. Um durchzuhalten und zu überleben, war ein Schub entstanden in diesem Reifungsprozess. Hier war etwas geschehen, was zwingend nötig war zum Überleben. Im mir war schon so viel angelegt, dass ich mich, symbolisch gesprochen, noch einmal selbst ins Leben bringen konnte, selbst in dieser Welt als ICH wahrnehmen konnte mit zweieinhalb Jahren.
Nie werde ich vergessen, wie es sich anfühlte. Es durchzuckte mich wie ein Blitz durch alles hindurch, was ich war, durch Körper und Seele.

Ein Fachmann erklärte mir all dies ganz viel später einmal im Rahmen meiner eigenen Ausbildung. Eine gewisse frühe Lösung von der Mutter musste in dieser Situation stattfinden.
Das alles musste damals geschehen auf dem Weg zum Bett meiner Mutter, zu dem Zimmer, in dem ich über viele Stunden unbeachtet Höllenqualen durchlebt hatte. Es musste geschehen, damit ich überlebte. Es geschah. Zum Glück.

Jetzt steige ich die restlichen zwei Stufen der alten Holztreppe hinauf. Den kleinen Strauß Gänseblümchen halte ich fest in der rechten Hand. Meine Tante öffnet die Schlafzimmertür. Da liegt meine Mutter matt in den Kissen, freut sich über die Blümchen, sagt mit irgendwie anderer Stimme als sonst, dass das da neben ihr meine kleine Schwester sei. Verlegen schaue ich auf das kleine Bündel. Viel kann ich nicht sehen. Ein winziges rotes Gesicht in vielen Tüchern und Decken. Irgendwie berührt mich dieses kleine Wesen, aber dann schaue ich wieder meine Mutter an. Sie interessiert mich mehr. Ich spüre die große Erleichterung in mir, dass sie doch noch da ist, dass kein Blut mehr da ist und ich auch keine Axtwunden ausmachen kann.

Von diesem Tag an ändert sich mein Leben deutlich und immer mehr.
Zu meiner Oma ins Oberdorf darf ich noch, aber nicht mehr so oft.
„Du bist jetzt die Große und musst auf deine Schwester aufpassen“, sagen sie.
Beim Wickeln muss ich daneben stehen, damit sie nicht vom Tisch fällt. Ich passe auf, so gut ich kann. Oft habe ich Angst, ich könnte irgendetwas falsch machen und bestraft werden.
Oben bei meiner Oma bin ich ruhiger, auch wenn ich alleine bin und mich beschäftigen muss.

Dennoch spüre ich den Blick meiner Oma auf mir, diesen warmen, gütigen Blick, selbst wenn sie nicht im selben Raum ist. Aber auch hier wird das Leben schwieriger. Oben in dem Zimmer, in dem meine Eltern im ersten Jahr nach ihrer Hochzeit lebten und in dem ich geboren wurde, ist nun Tante Irma eingezogen. Sie kommt aus der DDR, sagen sie und wird den Onkel Wolfgang heiraten, den Bruder meiner Mutter.

Erst einmal habe ich Angst vor jedem, der mir fremd ist. Aber Tante Irma ist lustig, erzählt Witze und kann gut nähen. Sie ist nicht böse, wenn ich den Kopf zur Tür rein strecke. Im Gegenteil. Sie sagt, ich soll nur rein kommen. Manchmal gibt sie mir sogar ein Bonbon oder einen Keks. Die meiste Zeit sitzt sie hinter der Nähmaschine, die schon elektrisch ist und eine hellgrüne Farbe hat. Wenn sie näht, brummt die Maschine und der Stoff fließt immer weiter nach vorne. Mit bunten Stoffresten darf ich spielen. Einmal näht sie mir aus dickem filzähnlichen Stoff sogar Hausschuhe.

„Sie bekommt nächstes Jahr ein Baby“, erklärt mir meine Oma. Bald ist auch Hochzeit. Es wird enger und anstrengender oben im kleinen Haus. Das merke ich. Immer öfter muss ich unten bleiben, im Unterdorf. Irgendwann ist es ganz vorbei und nur noch selten darf ich zur Oma zu Besuch. Es ist nie mehr so schön mit Oma und mir, nur noch zu Weihnachten.

Weihnachten

Wirklich so richtig Weihnachten war nur, als Oma da war, dann nie mehr.

Meine Mutter geht mit mir in die Kirche. Das ist ein schöner Ort, voller Licht und Wärme.
Wunderbare Lieder werden hier gesungen und gute Worte gesagt. Ich bin ganz still und versuche, so viel wie möglich in mir aufzunehmen.
Danach gehen wir zusammen die Straße hinauf. Nur wenige Häuser weiter steht schon das kleine Haus, in dem Oma und Opa leben. Es ist dunkel und im Flur kann man nur Schatten erkennen. Oma öffnet uns die Tür zum Wohnzimmer. Eine Stufe geht es hinauf in die kleine Stube. Hier ist es hell und warm. Unsere Mäntel werden hinter der Türe an Haken gehängt.
Alles ist wie immer, der Tisch, die Stühle, die Lampe. Aber auf dem kleinen runden Tischchen rechts steht ein geschmückter Tannenbaum. Die Kerzen sind angezündet.
Meine Mutter setzt sich an den Tisch zu Opa. Oma nimmt mich zu sich auf den Schoß. Wir sitzen links neben dem Tannenbaum am kleinen Tischchen. Alle reden eher leise, kein hartes Wort an diesem Abend. Oma sagt zu mir, dass heute Weihnachten ist und dass das etwas ganz Wunderbares ist. Der liebe Gott hat ein kleines Kind geschickt, damit alle Menschen gut miteinander sein sollen und Frieden halten. Einmal singen wir sogar die erste Strophe von „Ihr Kinderlein kommet, o kommet doch all…“. Ich versuche, mitzusingen, aber das geht nicht so richtig. Ich kenne das Lied nicht gut und schaue nur meine Oma an.
Meine Mutter singt auch mit. Opa schaut vor sich in die Zeitung. Dann zieht meine Oma ein Päckchen unter dem Baum hervor und

gibt es mir. Das grün-goldene Papier habe ich schon hervorleuchten sehen. Öffnen darf ich es nun und heraus kommt ein schönes Bilderbuch und ein kleines Pferd aus Holz mit einem Schwanz aus braunem Garn.

Ein Glücksgefühl durchströmt mich die ganze Zeit. In mir prägt sich ein, dass Weihnachten etwas ganz Besonderes sein muss, etwas, vor dem die Erwachsenen großen Respekt haben.

Sie trauen sich nicht, laut zu sein, hart oder böse, sind irgendwie vorsichtig miteinander, ruhiger und nachdenklicher. Alles ist anders, obgleich doch beinah alles ist wie immer. Das Zimmer, die Möbel darin und die Menschen. Und doch: die Menschen sind anders, der bunte Baum mit den Kerzen, die Wärme in der Stube, das Licht, die gesamte Atmosphäre. Der alte Baumschmuck, der normalerweise in einer Schachtel unter der Wäscheleine am Dachboden liegt, glänzt wie direkt vom Himmel gefallen. Kleine goldene und silberne Glöckchen, Kugeln, runde und halbrunde, vor allem aber kleine Vögel, grüne und blaue mit silbrig-weißen Schwänzen.

Die Stimmung bricht um, als draußen harte Schritte hörbar werden. Meine Mutter springt auf und öffnet meinem Vater die Wohnzimmertür.

„Da bist du ja“, sagt sie schnell und hilft ihm aus der Jacke.

Ohne uns weiter zu beachten, setzt sich mein Vater an den Tisch und redet ein paar Worte mit Opa. Es geht nicht um Weihnachten. Das höre ich. Es geht um irgendetwas, um das es immer geht. Bald darauf brechen wir auf und gehen ins Unterdorf. Still laufe ich neben meiner Mutter her. Sie sagt: „Schau doch nur, wie sehr die Sterne leuchten, als ob sie wüssten, dass Weihnachten wäre.“ Ich glaube, sie hat es zu meinem Vater gesagt. Aber ich schaue hoch in den Himmel. Tatsächlich, die Sterne sind groß und hell und es sind ganz viele. Fast habe ich den Eindruck, sie bewegen sich etwas herunter zu uns, kommen uns näher. Ich kann mich nicht erinnern, so große, nahe Sterne jemals wieder gesehen zu haben. Öfter noch habe ich in späteren Jahren an Weihnachtsabenden nach ihnen gesucht und geschaut. So nah und so groß waren sie nie mehr.

Im Jahr darauf ist meine kleine Schwester Hella auch mit in der Stube an Weihnachten im Oberdorf. Meine Mutter hat sie auf dem Arm. Aber ich darf wieder auf dem Schoß meiner Oma sitzen. Hella ist ganz wichtig. Sogar mein Opa hat ein paar Worte für sie. Als mein Vater dann zur Türe herein kommt, nimmt er sie selbst sogar kurz auf den Arm.
Das ist etwas, das ich vorher noch nie gesehen habe. Er will vielleicht zeigen, dass er ein guter Vater ist, denke ich. Oder er mag Hella wirklich. Wer weiß. Ein komisches Gefühl irgendwie in mir, aber es ist nicht so wichtig. Wichtig ist, dass ich auf Omas Schoß sitze und Weihnachten ist.

Wieder ein Jahr später ist noch einmal Weihnachten im Oberdorf, ist es noch einmal da, dieses so besondere und beinah unbeschreiblich tiefe Gefühl, dass alles anders ist, dass alles gut ist und friedlich, voller Licht und Wärme, irgendwie einen Hauch von heilig hat.
Nur eine kleine, fast unmerkliche Unruhe und Sorge mischt sich hinein. Oma ist etwas krank, sagt jemand leise. Aber das wird schon wieder. Ich sitze auf Omas Schoß. Diesmal ist es ein größeres Päckchen, das sie mir gibt. Hervor kommt eine Schultasche, eine richtig schöne Schultasche aus braunem Leder mit Griff und auch Schulterriemen dran. Obwohl es noch etwas dauert, bis ich zur Schule komme, bin ich begeistert von dem Geschenk. Dass ich bald ein Schulkind sein könnte, das Bücher, Tafel, Hefte und Stifte in einer schönen Schultasche hat, das gefällt mir sehr.

Darauf freue ich mich. Dass ich der Oma alles zeigen würde, was ich lerne in der Schule, stelle ich mir vor.
Dazu kommt es nicht mehr. Einige Zeit später stirbt meine Oma. „Sie hat ihr noch ihren Schulranzen gekauft und an Weihnachten geschenkt. Das wollte sie unbedingt machen“, erzählt meine Mutter einer Tante.

Weihnachten gibt es nicht mehr, obwohl doch jedes Jahr wieder Weihnachten wird. Aber wir sind im Unterdorf. Meine Oma ist nicht mehr da. Es ist nicht mehr friedlich, licht und warm.

Ach, du lieber Augustin

Im Jahr zuvor, als meine Oma noch lebt, geschieht schon etwas Schlimmes.

Mein Opa verunglückt mit dem Moped. Irgendetwas mit einem Lastwagen war passiert und mein Opa muss weit weg in eine Spezialklinik.

Einmal, an einem Sonntagnachmittag, besuchen wir ihn mit dem Auto von Onkel Wolfgang. Mit rotem Gesicht liegt er in den Kissen und schimpft gleich über den Fahrer des Lastwagens, der ihn übersehen hat. Dass ein Bein wohl steif bleiben wird, sagt er und die Wunde daran nicht zugeht.

Auf dem Nachhauseweg erzählen sie im Auto, dass er selbst nicht aufgepasst hat und immer den anderen die Schuld gibt. Was für eine Arbeit auf meine Oma jetzt noch zukommt, wenn er nicht mehr arbeiten kann, darüber reden sie auch. Da ist er schon so lange in Kriegsgefangenschaft gewesen und meine Oma musste alles alleine schaffen. Jetzt ist er krank und hilflos und sie muss wieder alles alleine machen.

Und so ist es dann auch. Als er endlich, nach langen Wochen, wieder heim kommt, muss er noch im Bett liegen. Über dem Bett befestigen sie ihm einen Griff aus Metall, damit er sich etwas hochziehen kann, wenn er sitzen will. Meine Oma weiß gar nicht mehr, wo sie zuerst anfangen soll. Sie versorgt die Tiere und den Haushalt, arbeitet auf dem Feld und im Garten. Kaum ist sie in der Küche, ruft er nach ihr. Das Schlafzimmer ist gleich hinter der Küche, eine Stufe hinunter. Sie muss ihm etwas helfen oder bringen.

„Einen Augenblick", ruft sie manchmal. Sie will gerade die Kartoffel fertig schälen oder hat die Hände im Teig. Da wird er böse. Dass sie sofort kommen soll, schreit er. Sie lässt alles stehen und liegen und läuft schnell zu ihm hin. Wenn ich da bin, sitze ich nur

noch ganz still am Tisch. Ich will sie nicht auch noch belasten. Manchmal helfe ich ihr, bringe dem Opa Kleinigkeiten. Wenn ich in das Schlafzimmer komme, ist er nicht ganz so böse.
„Bring ihm die Zeitung“, sagt Oma manchmal - oder: „Bring ihm schon mal den Teller und das Besteck. Gleich gibt es Essen. Erzähl ihm so lange was, bis ich fertig bin.“.
Ich tue, was sie sagt. Ich helfe ihr gern.
„Morgen schlachten wir“, erzählt Oma ihm, während er isst. „Da hab ich wenig Zeit für Dich. Aber das Kind bringt dir Wellfleisch, sobald es fertig ist.“
Opa brummt vor sich hin und isst weiter an seinem Eintopf. Am anderen Tag schlachten wir wirklich. Ich sitze länger als sonst bei meinem Opa. Oma möchte das, damit sie in Ruhe schlachten können. Einmal kommt sie rein und legt ihm große Messer und einen ovalen Wetzstein auf die Bettdecke.
„Hier“, sagt sie. „Du kannst mal die Messer scharf machen. So hilfst du uns etwas beim Schlachten.“
Wortlos nimmt Opa ein Messer nach dem anderen und wetzt es scharf. Ich schaue zu.
Als Oma die Messer wieder geholt hat, ist plötzlich Stille im Zimmer. Mein Opa schaut an die Decke. Ich weiß nicht mehr, was ich mit ihm reden soll. Dann fällt mir das Lied ein, das Onkel Hubert und Tante Anna mir beigebracht haben. Ich soll es dem Opa vorsingen, haben sie mir erklärt. Das tue ich jetzt.
All meinen Mut nehme ich zusammen und beginne mit kräftiger Stimme das Lied.

„Ach, du lieber Augustin, alles ist hin, hin, hin, ach, du lieber Augustin, alles ist hin.“
Wütend schaut mein Opa mich an.
„Wer hat dir das beigebracht?“, schreit er geradezu. „Wer hat gesagt, du sollst mir das vorsingen?“

Erschrocken von dieser Reaktion stottere ich, dass habe Onkel Hubert getan.

„Mach, dass du aus dem Zimmer kommst, bevor ich dir was an den Kopf werfe!"

Mein Herz klopft aufgeregt. Ich springe auf und renne hinaus in die Küche. Gerade kommt meine Oma herein mit der Schüssel voller dampfendem Wellfleisch.
„Was ist denn, Kind?", fragt sie.
„Der Opa ist böse mit mir, aber ich hab ihm nur ein Lied gesungen. Dabei hat Onkel Hubert gesagt, dass ich es dem Opa vorsingen soll."
„Was für ein Lied?", fragt Oma verwundert.
„Ach, du lieber Augustin...", brumme ich leise, dass nur sie es hören kann.
Da lächelt sie und sagt: „Mach dir nichts draus. Der Opa hat Schmerzen, darum ist er so nervös. Und der Onkel Hubert ist ein Schelm."
Ich verstehe nichts. Aber ich merke, es ist irgendwie nicht so schlimm, vielleicht sogar ein wenig lustig. Erst viel später begreife ich, was damals geschehen war.
Mein Opa hieß Ernst-August.

Sie hat nichts mehr gesagt…

Irgendwann kann mein Opa aufstehen und mit einem Stock langsam wieder gehen.
Aber es dauert nicht lange, und in dem Schlafzimmer hinter der Küche liegt Oma.
Es geht ihr schlecht. Zuerst hat sie nur ganz furchtbare Rückenschmerzen. Sie kann fast nicht mehr laufen.
„Sie muss viel mitmachen“, sagen sie.
Dass sie noch probiert haben, sie zu operieren mit zwei großen Schnitten, dass es aber nicht hilft, erzählen sie.
Ich sitze oft auf der Küchenbank, so nah wie möglich am Schlafzimmer, höre auf jedes Geräusch, sehe, wer ein und aus geht und was sie sagen und für Gesichter machen. Ich habe so furchtbare Angst um meine Oma. Ganz gegen meine Art beginne ich zu lamentieren und zu jammern. Ich will zu Oma.
Nur ab und zu erlauben sie ganz kurz, dass ich an ihr Bett kann. So blass und schwach liegt sie in den Kissen, schaut mich an und streichelt mich am Arm. Das strengt sie schon an.
Bald zieht mich meine Mutter hinaus. Ich sitze wieder an meinem Platz auf der Küchenbank, so nah wie möglich an der Schlafzimmertür. Allein fühle ich mich ohne meine Oma, so ganz arg allein.
Ins Unterdorf muss ich nun endgültig.
Dort sprechen Tante Anna und meine Mutter Tage später darüber, dass Oma ins Krankenhaus gebracht worden ist.
„Morgen will ich noch einmal hin zu ihr“, sagt meine Mutter. Das höre ich und sage ihr, dass ich mitgehen will.
„Nein“, antwortet sie. „Das ist nichts für kleine Kinder. Da kannst du nicht mit.“
Den ganzen Abend lamentiere ich, jammere, weine, bitte, doch mit zu dürfen.

„Die übertreibt“, sagt meine Mutter und mein Vater droht mir schließlich Schläge an, wenn ich nicht endlich Ruhe gebe. An diesem Abend weine ich still vor mich hin in meinem Bett.
Am anderen Morgen fange ich wieder an, erst langsam, dann immer intensiver. Ich will mit, will unbedingt mit zu Oma, ganz egal, was es kostet, Gebrüll, Schläge, eingesperrt werden in den Keller. Schließlich, ich bin selbst verwundert, gibt meine Mutter nach.
„Na, von mir aus, aber nur ganz kurz, das sage ich dir. Und kein Mucks, wenn wir da sind.“
Ich verspreche es. Dann kommt es doch anders.
Mit einem Auto bringt uns jemand vor das Krankenhaus. Meine Mutter hat einen Strauß blauer Blümchen in der Hand. Wir laufen durch den weißen Flur. Es riecht komisch nach Putzmittel. Dann macht meine Mutter rechts eine Türe auf, vorsichtig und langsam. Ich dränge mich hinter ihr durch die Tür, gehe auf Omas Bett zu. Sie liegt alleine in einem kleinen Zimmer. Links ist ein helles Fenster. Rechts steht ihr Bett an der Wand. Oma hat die Augen zu. Auch als meine Mutter mit ihr leise spricht, öffnet sie die Augen nicht. Ich stehe am Bett und streiche vorsichtig über ihre Decke.
„Die Oma kann nicht mehr sprechen“, sagt meine Mutter.
„Bleib jetzt ganz still hier stehen. Ich hole nur schnell eine Vase aus dem Flur. Da kann man welche leihen. Dann tun wir die Blumen rein und stellen sie auf den kleinen Tisch.“
Ich nicke still. Meine Mutter verlässt das Zimmer.
Ganz vorsichtig streiche ich mit meiner Hand über die Decke, immer näher zu Oma hin. Schließlich bin ich an ihrem Hals, ihrer Wange angelangt. Ganz zart streiche ich ihr über die Wange...
„Oma“, flüstere ich ihr ins Ohr.
Da schlägt sie die Augen auf. „Ach mein Kind“, sagt sie leise.

„Pass auf“, sagt sie. „Bald wirst du sehr alleine sein und kein Zuhause mehr haben.“
Ich merke, wie schwer ihr das Sprechen fällt und bin doch so froh, sie zu hören.
„Aber da hinten im Apfeltal, da, wo der kleine Busch ist und der Apfelbaum, von dem wir immer Äpfel holen, dieser Platz wird dir gehören. Hab ich mit Anna ausgemacht. Er gehört dir. Es wird schwer, aber du schaffst das, nicht wahr?“
Ich verstehe nicht ganz, nicke aber, weil ich merke, sie verlässt sich auf mich. Und um was sie mich bittet, das will ich schaffen, unbedingt.
Nach einer winzigen Pause sagt sie irgendetwas vom Fünften,... dass sie gesagt hätten, am Fünften werde sie gehen, sterben. Da beginne ich, zu weinen. Mit letzter Kraft, wie mir scheint, hebt Oma ihren Arm und streichelt mir sanft über den Kopf.
„Ist gut, mein Kind,... ist gut“.
Dann lässt sie ihren Arm sinken und schließt die Augen.
Im nächsten Moment öffnet meine Mutter die Tür mit einer Vase in der Hand. Sie füllt sie mit Wasser am Waschbecken und stellt die Blumen hinein.
„War irgendwas?“, fragt sie mich und stellt die Blumen auf den Tisch. Sie sieht, dass ich Tränen in den Augen habe.
„Die Oma hat mit mir gesprochen“, sage ich.
Sie schüttelt den Kopf. „Unsinn“, sagt sie, „das bildest du dir nur ein. Sie redet schon seit Tagen nicht mehr.“
Einen Augenblick stehen wir noch zusammen an ihrem Bett. Oma liegt ruhig und atmet still.
Sie sagt nichts mehr. Dann gehen wir.
Zuhause erzählt meine Mutter, dass sich nichts verändert habe, dass Oma nichts gesagt hat, nicht mehr reden kann.
Ich weiß, das stimmt nicht, aber sie hört mich nicht.

Vorsichtig will ich etwas dazu sagen, einwenden. Wenigstens Tante Anna soll wissen, dass Oma mit mir gesprochen hat. Mutter lässt es nicht zu. Bevor ich fertig ausgesprochen habe, fährt sie mich an, ich soll mit dem Unsinn aufhören, fegt meine angefangenen Worte weg wie Staubkörner.

Angst in allen Ecken

Meine Oma stirbt zwei Tage später, am fünften Dezember.

Sie haben mich nicht mitgenommen auf den Friedhof, auch nicht zum Beerdingungskaffee danach, der im Oberdorf stattgefunden hat. Ich muss daheim bleiben, sagen sie, mit Tante Trudi zusammen auf Hella aufpassen.
Erst viel später darf ich zu ihrem Grab. Es ist unter einem großen Lindenbaum ganz am Rand des Friedhofs, an der Hecke. Das ist ein schöner Platz, finde ich. Ab und an darf ich mit zu ihrem Grab. Erst wenig, dann, als ich älter werde, mehr. Sobald ich Fahrrad fahren kann, habe ich im Sommer den Auftrag, die Gräber zu gießen. Mit zwei leeren Kannen rechts und links am Lenker fahre ich zum Friedhof und gieße die Gräber. Ich kenne alle, die mit uns zu tun haben. Beim Grab meiner Oma halte ich mich immer am längsten auf. Ich rede mit ihr, sage ihr, wie sehr ich sie vermisse, sage ihr auch, dass sie von dort, wo sie jetzt ist, auf mich aufpassen und an mich denken soll, wenn das geht. Oder sie mag dem lieben Gott Bescheid sagen, dass er auf mich aufpassen soll, damit mir nichts Böses geschieht und ich alles schaffe, wie sie es damals gemeint hat.
Aber wie gesagt, das war später, als ich Rad fahren konnte.

Soll ich heute die Zeit in einem Wort beschreiben, die anbrach, nachdem Oma nicht mehr da war, so heißt es ANGST.
Im Oberdorf hatte ich einen gewissen Schutzraum, wenngleich auch dort einige Gefahren lauerten. Aber da war ihr Blick, der immerzu auf mir ruhte. Sie war da, auch wenn wir einmal nicht im selben Raum waren. Ihre pure Anwesenheit irgendwo in meiner Nähe war wie ein unsichtbarer Schutzraum um mich herum.

Den gibt es nun nicht mehr, nur ganz kleine geschützte Winkel, die ich erst nach und nach finde.
Überall lauert die Angst.
Dass Hella etwas passieren könne, ist eine Angst meiner Mutter. Sie darf nicht vom Tisch fallen beim Wickeln, soll ja genug trinken und nie zu lange nasse Windeln haben. Sie könnte wund werden. Wird sie gewickelt, laufe ich schnell und hole Puderdose und Creme. Dann stehe ich neben dem Tisch und achte darauf, dass sie nicht herunterrollt. Wenn sie wieder ins Bettchen gelegt wird, soll ich manchmal leise singen, damit sie einschläft, denn sie ist oft wach. Ich merke, wie wichtig Hella ist und wie viel Angst da ist, dass ihr etwas passieren könnte. Ich übernehme diese Angst um sie von meiner Mutter. Sie mag es, wenn ich mich kümmere und sorge um Hella. Dann ist sie freundlich zu mir.

Beim Anblick einer Spinne schreit unsere Mutter laut. Sie hat furchtbare Angst. Mein Vater muss kommen und sie fangen oder töten. Aber oft ist er nicht da. Dann schreit sie laut und rennt weg. Ich renne hinterher. Wenn sie vor Angst schreit, müssen Spinnen lebensbedrohliche, furchtbare Wesen sein. Ich staune immer nur und habe große Hochachtung vor Tante Anna, die dann meist aus ihrer Stube kommt, nur mit dem Kopf schüttelt, mit der bloßen Hand die Spinne fängt und nach draußen trägt. Die käme doch wieder, schreit meine Mutter. Die müsse getötet werden. Eher widerwillig tötet Tante Anna sie manchmal. Oder Onkel Hubert kommt mit dem Besen oder Schrubber und zerdrückt sie.
Bald schreie ich genau so laut und voller Angst, wenn ich eine Spinne entdecke.

Wenn Gewitter aufziehen und der erste Donner zu hören ist, ist auch die Angst wieder ganz groß. Meine Mutter holt den Kinderwagen mit Hella herein und ruft, ich soll schnell kommen.
Sie nimmt Hella aus dem Wagen auf ihren Arm. Ich sitze neben ihr auf einem Stuhl.
„Wir müssen beten“, sagt sie. „Was denn?“, frage ich.
„Dass der liebe Gott auf uns aufpasst und uns nichts passiert.“
„Was kann denn passieren?“
„Na, der Blitz kann einschlagen, das ganze Haus brennt ab und wir sterben alle. Das ist früher schon öfter passiert.“
Ich habe riesige Angst, dass der Blitz einschlägt in unser Haus und wir alle verbrennen, sterben müssen. So bete ich still, dass das Gewitter schnell wegzieht und der liebe Gott helfen soll, dass uns nichts passiert.
Meine Mutter drückt die kleine Hella fest an sich. Das macht, dass es in meinem Bauch weh tut und ich merke, dass von dort Tränen hinaufwürgen über den Hals bis in meine Augen.
Ich springe vom Stuhl.
„Wo willst du hin?“, fragt sie.
„Zu Tante Anna“, antworte ich, ohne sie anzusehen.
Schnell laufe ich zur Tür, öffne sie, springe hinaus auf den Flur, schließe die Tür hinter mir und bin in drei Schritten über den Flur gelaufen und an der Zimmertür, wo Onkel Hubert und Tante Anna wohnen.
Ohne zu klopfen, öffne ich sie rasch und sehe, wie die beiden auf dem alten Sofa sitzen.
„Da...darf ich reinkommen?“, frage ich und bin mir bewusst, dass ich eigentlich immer vorher anklopfe.
„Ja, komm nur rein. Mach die Tür zu und setz dich hier zu uns“, sagt Tante Anna.
Der Onkel nickt. Schnell schließe ich die Tür und bin auch schon auf dem Sofa gelandet, genau zwischen den beiden.

„Hast du Angst vor dem Gewitter?“, fragt mein Onkel.
Ich nicke und klammere mich fest an seinen Arm. Tante Anna steht auf und geht zum Fenster. Sie öffnet den Vorhang etwas und schaut zum Himmel.
„Ach, da hinten wird es ja schon wieder hell“, sagt sie. „Es zieht ja schon weg. Du brauchst keine Angst zu haben.“
Von diesem Tag an gehe ich fast immer zu ihnen hinüber, wenn Gewitter ist. Noch ganz oft höre ich diesen Satz von Tante Anna. „Ach, da hinten wird es ja schon wieder hell.“
Immer trösten mich diese Worte und ich schöpfe Hoffnung, dass alles gut geht. Es geht immer gut. Später, als ich älter werde, schaffe ich es oft selbst, zum Fenster hinaus zu sehen und zu sagen: „Ach, da hinten wird es ja schon wieder hell.“

Heute nenne ich es eines der vielen kleinen Staubkörner, aus denen ich lernte, Gold zu machen. Meine Oma hatte mir viele solcher Körner mitgegeben und mir gezeigt, wie man Gold daraus macht. Die beiden nun, die dort auf dem Flur gegenüber wohnten, die taten auch ihren Beitrag dazu.

Es sind nicht nur Spinnen und Gewitterdonner, die meine Mutter voller Angst sein lassen.
Manchmal kommen Geräusche vom Himmel, erst leise, schnell lauter und scharf. Flugzeuge, Düsenjäger, die so schnell über den Himmel fliegen und eine weiße Spur dort hinterlassen für eine Weile. Manche sind furchtbar laut und meine Mutter schreit dann wieder: „Schnell herein!“
Sind wir im Hof oder Garten, so ruft sie: „Schnell in den Keller!“ Manchmal muss ich das sofort umsetzen und rennen. Manchmal ist es auch anders. Dann greift sie sich an die Brust und sagt: „Ach, nein, wir können hier bleiben. Es ist ja schon vorbei.“

Später erklärt sie mir irgendwann, dass sie während des Krieges früher schnell in den Keller gelaufen sind, wenn solche Flugzeuge angedüst kamen. Die hätten dann Bomben abgeworfen und alles zerstört, was da gerade war, Häuser und Bäume und Menschen. Weil sie als Kind selbst solche Angst vor denen gehabt hat, hat sie immer dann wieder Angst bekommen, auch nach dem Krieg, immer dann, wenn sie diese Geräusche gehört hat.
Das verstehe ich. Und doch durchzuckt mich die Angst wie ein Blitz, wenn sie zusammenschreckt, sobald die Flugzeuggeräusche zu hören sind.
Wie zur Bestätigung erzählt sie mir danach häufig die Geschichte ihrer wundersamen Rettung während des Krieges. Sie hatte eine Lungenentzündung. Der Arzt ordnete an, dass sie in die Kinderklinik in der Stadt gebracht werden solle, etwa fünfunddreißig Kilometer von unserem Dorf entfernt. Sie hatte aber Angst, wollte nicht und wehrte sich nach Kräften. Da schlug der Arzt vor, es noch einige Tage daheim zu probieren. Oma wurde angewiesen, ihr so viel Butter wie möglich zu geben. „Butter hatten wir genug“, betont sie immer.
Vieles hat wohl gefehlt in dieser Zeit. Aber Butter war genug da. Oma hat es ihr überall ins Essen getan, wo es nur ging.
Sie erzählt, wie auf der Suppe dicke Fettaugen schwammen und sie richtig Appetit darauf hatte. In der Nacht nach dem Aufschub und der Butteranordnung sind die Bomber gekommen und haben die Kinderklinik in der Stadt in Schutt und Asche gelegt. Wie richtig und gut es gewesen war, dass sie den Aufschub erreicht hatte, erzählt sie am Schluss. Dass alle das gesagt haben rundum und dass es wohl so hätte sein sollen.

Spinnen, Gewitter und alle Flugzeuge der Welt aber kommen nicht an gegen die große, große Angst… vor meinem Vater.

Tagsüber arbeitet er, aber das ist nicht weit weg von uns. Sein Chef wohnt schräg gegenüber.
Die kleine Baufirma hat fast nur Aufträge im Dorf, nur gelegentlich auch mal im Nachbardorf. Also ist mein Vater meist irgendwo in der Nähe unterwegs, mauert Wände, baut Häuser, Treppen, macht Anbauten an alte Gebäude.
Wenn er morgens aufsteht, rumpelt es durchs ganze Haus. Er ist nie leise, gar rücksichtsvoll. Unsere Mutter steht mit ihm auf, macht Frühstück für ihn, kocht Kaffee, schmiert Brote für die alte Arbeitstasche, stellt auch die Thermoskanne hinein. Seine Arbeitskleidung hat sie schon am Vorabend bereitgelegt. Seine Schuhe binden muss sie auch. Er hat es im Rücken und sagt, er kann es nicht allein. Diese Arbeit ist immer aufregend. Mal hat sie die Riemen zu fest gezogen, meist aber zu locker. Jedenfalls schimpft er dann laut und so lange, bis es richtig ist. Ist er endlich zur Türe hinaus, atmet alles auf, das ganze Haus tut einen tiefen Seufzer der Erleichterung.
Um ein Uhr ist Mittagspause. Er kommt fast immer zum Essen heim, denn er ist ja nicht weit weg. Um eins muss das Essen auf dem Tisch stehen. Das ist wichtig. Er hat ja nur eine halbe Stunde Zeit.
Ich zittere immer ein wenig, wenn er kommt und bemerke oft, dass es meiner Mutter ebenso geht. Die ersten Augenblicke entscheiden, ob es normal abläuft oder Ärger gibt. Mein Vater kommt die Treppe herauf durch den Flur in die Küche. Hat er gute Laune, setzt er sich an den Tisch und unsere Mutter beeilt sich, das Essen darauf zu stellen. Er nimmt sich sofort und reichlich auf den Teller. Alles muss so sein, wie er es gern hat. Gabel, Messer und Löffel müssen am Teller liegen.
Es ist sein eigenes Besteck. Wir haben anderes. Sein Besteck ist von dunklerem Metall, alt, dünn, leicht verbogen. Ganz klein ist auf der Gabel ein sonderbares Kreuz eingraviert.

„Das ist noch vom Krieg, aus der Bannführerschule“, hat er erzählt.
Dort war er in der letzten Zeit im Krieg und sollte als Junge mit anderen Jungen zusammen noch ausgebildet werden als Kämpfer. Aber dann war der Krieg zu Ende und er brauchte nicht mehr zu kämpfen. Das Besteck hatten sie mitbekommen aus dieser Schule. Es ist seins und es muss immer an seinem Platz liegen beim Essen. Er wird böse, wenn es einmal nicht gleich da ist, ein anderes stattdessen dort liegt. Er gibt keine Ruhe, bis er sein altes Besteck hat und anfangen kann, damit zu essen.
Hat er schlechte Laune, weil ihn an der Arbeit etwas geärgert hat, so stört ihn die Fliege an der Wand, wie unsere Mutter immer sagt. Maggiflasche und Muskatreibe müssen ebenfalls neben ihm liegen. Ist das nicht so, beginnt er, laut zu schimpfen. Ich habe schnell gelernt, dass ich das an seinen Platz stellen muss jeden Mittag, egal, was es gibt.
Es kann aber auch gut sein, dass die Stimmung erst schlechter wird, wenn ihm etwas nicht schmeckt, zu kalt oder noch zu heiß ist. Hat er die ersten Bissen genommen und isst ruhig weiter, dann atme ich auf. Verschiedene Hürden sind dann schon einmal geschafft.
Er isst hastig und mag es nicht, wenn unsere Mutter ihm während des Essens noch mit Themen kommt, die ihn nerven. Andererseits will er bei allem gefragt werden und wird schnell wütend, wenn sie ihm etwas nicht gleich berichtet.
Weil sie ängstlich und sehr unsicher ist, erzählt sie ihm meist alles sofort.
„Muss ich mich denn um jeden Scheiß kümmern!“, sagt er oft, gibt aber dann Anweisung, wie etwas gemacht werden soll.
Nur bei Schreibkram wehrt er ab. „Kümmere dich halt drum“, sagt er dann nur.
Ich merke, er weiß nicht genau Bescheid.

Es gibt Tage, da hat er seine Wut. Dann ist alles nicht richtig und er schreit die ganze Zeit herum, schimpft laut, tobt, wirft Gegenstände durch die Gegend. Ich muss aufpassen, dass ich nicht getroffen werde und habe Angst, die ganze Zeit hab ich nur Angst und hoffe, dass es endlich aufhört.
Wenn es aber Nacht ist und er hat seine Wut, dann ist es noch viel schlimmer.

Zuerst steht Hellas Bettchen direkt vor dem Ehebett. Meins steht weiter weg, aber im selben Zimmer, rechts in der Ecke.
Als Hella etwa zwei Jahre alt ist, bekommen wir ein eigenes kleines Schlafzimmer und schlafen nebeneinander in einem alten großen Bett. Nebenan ist das Schlafzimmer der Eltern.
Ich habe einen leichten Schlaf. Es passiert, dass ich mitten in der Nacht aufwache, weil ich laute Geräusche von nebenan höre. Sofort klopft mein Herz bis zum Hals. Was ist wieder los? Was tut er? Tut er Mutter weh? Voller Unruhe setzte ich mich im Bett auf und lausche. Etwas, worum es immer wieder mal geht, macht mir große Angst. Unsere Mutter soll irgendetwas tun und macht es falsch.
„Zieh doch den Scheiß endlich aus!“, höre ich. „Kopf unter die Decke, und jetzt atme schneller, hörst du, so wie ich, einfach schneller. - Du kannst aber auch gar nichts.“
„Ich kriege doch keine Luft, ich ersticke, ich kann das nicht“, höre ich meine Mutter verzweifelt und weinerlich sagen.
„Du kannst gar nichts“, ruft er laut und dann gibt meine Mutter einen Schrei von sich.
Das ertrage ich nicht mehr. Obwohl ich fürchten muss, Prügel zu bekommen, springe ich aus dem Bett und öffne die Tür. Mutter sitzt am Bettrand, weint und hält sich den Arm. Er sitzt etwas irritiert hinter ihr, weil ich plötzlich da bin.
„Tut dir was weh?“ frage ich meine Mutter.

„Ach, der Papa hat mir den Arm verdreht. Aber ist nicht so schlimm. Geh wieder ins Bett, los, schnell."
Ich gehe wieder zurück ins Bett. Hella ist wach geworden. Ich sage ihr, dass sie ruhig wieder einschlafen kann. Alles wäre in Ordnung. Das klappt zum Glück. Ich liege lange wach und die Geräusche nebenan werden nach und nach leiser.
Ich liege immer wach, wenn drüben Lärm ist. Meistens lausche ich nur, halte den Atem an, warte, denke, verstehe oft einfach nicht, was los ist. Ich begreife nur, dass meine Mutter irgendwie bedroht wird durch ihn. Das mit dem laut Schnaufen und Atmen unter der Decke ist ein Thema, das öfter kommt und immer stressig ist.
Richtige Wutanfälle kommen meist, wenn es um die Geschwister meiner Mutter geht, ein Reizthema, das oft mit ins Bett genommen wird. Lautstark und beängstigend schreit mein Vater herum, erklärt die Geschwister meiner Mutter allesamt zu unfähigen Miststücken, die ihn nur ausnutzen wollen.
Tatsächlich ist es so, dass alle drei bauen und von ihm erwartet wird, dass er ihnen umsonst hilft. Etliche Samstage bringt er auf ihren Neubauten zu und wenn er heim kommt, ist er so wütend, dass man sich am besten in den hintersten Winkel versteckt, um nicht Gefahr zu laufen, geschlagen zu werden, nur, weil man gerade im Wege steht.
Unglücklicherweise ist meine Mutter einzig bei diesem Thema unnachgiebig, wo sie doch sonst immer nachgibt und ihm zum Munde redet.
„Ach, hilf ihnen doch", sagt sie. „Die haben sonst niemanden, der das so kann."
Sie schmeichelt meinem Vater. So ein starker Kerl, und kann doch nicht nein sagen, wenn sie ihn um etwas bitten, was ihm zu viel ist. Das verstehe ich nicht. Und sie quengelt immerzu an ihm herum deswegen.

Einmal in einer Samstagnacht ist es so furchtbar laut, dass ich fürchte, er schlägt sie.
Es rumpelt heftig und hört sich an, als ginge etwas zu Bruch. Gerade will ich wieder hinausspringen, da reißt meine Mutter die Tür zu uns auf.
„Kommt schnell, Kinder, kommt schnell, der Papa will uns verlassen. Er will weggehen von uns, schnell…"
Irgendwie gut empfinde ich diese Nachricht, dass er endlich weggeht, aber ich merke auch gleich, dass unsere Mutter unbedingt will, dass er bleibt. Hella ist auch schon wach und krabbelt aus dem Bett. Wir beide rennen hinaus und stehen im elterlichen Schlafzimmer. Alles ist verwüstet. Der große Kleiderschrank steht offen. Alle Kleidung liegt wild auf den Betten verteilt. Voll angekleidet steht er da mit einer alten Reisetasche in der Hand.
„Schnell!", ruft sie uns wieder zu. „Ihr müsst ihn aufhalten. Er soll nicht weg gehen!"
Da renne ich auf ihn zu und Hella tut es mir gleich. Jede von uns klammert sich an ein Hosenbein von ihm.
„Papa, bleib hier, bitte, Papa, bleib doch hier", so rufen wir aufgeregt.
„Siehst du", sagt sie nervös zu ihm, „die Kinder wollen auch, dass du bleibst."
Er beruhigt sich tatsächlich.
„Ist ja gut", sagt er dann zu uns und tätschelt unbeholfen unsere Schultern.
„Lasst mich los, ich bleib ja hier." Wir gehorchen. Sie atmet auf.
„Geht jetzt wieder in euer Bett", sagt sie. Wir gehen zurück in unser Zimmer und krabbeln in das alte hohe Bett.
Eine Weile rumort es noch drüben, aber nicht mehr so lange.
Am anderen Morgen ist der Schrank wieder eingeräumt und die alte Reisetasche steht in ihrer Ecke, wie immer.

„Warum wollte er denn weg?", frage ich meine Mutter.

„Ach, es gab wieder mal Streit wegen der Geschwister von mir und dann hatte er auch zu viel getrunken."

Öfter kommt es vor, dass er zu viel getrunken hat. Dann gibt es beinah immer Krach, furchtbaren Krach. Manchmal denke ich, er wird jemanden verletzen oder gar umbringen, wenn er so betrunken und wütend ist. Er hatte Glück. Es hätte passieren können. Manchmal laufe ich schnell zu Onkel Hubert und Tante Anna hinüber.

Sie haben natürlich auch schon gehört, dass wieder Lärm war.

„Was ist denn nun schon wieder los?", fragen sie mich.

Manchmal kann ich es erklären, manchmal weiß ich es selbst nicht, warum er wieder seine Wut hat.

Irgendwann darf ich nicht mehr hinüber laufen, wenn Krach ist. Er stellt sich vor die Tür.

„Du bleibst hier!", schreit er mich an. „Das geht die da drüben gar nichts an, was hier los ist! Geh noch einen Schritt und ich verprügel dich, dass du nicht mehr auf deinem Hintern sitzen kannst."

Ich gehorche.

Manchmal weine ich, wenn er böse ist. Das ärgert ihn nur noch mehr.

„Halt die Klappe!", schreit er dann, „Sonst kriegst du eine Tracht."

Tante Anna läuft manchmal extra durch den Flur, um heimlich zu horchen, was wieder los ist. Das bemerke ich irgendwann.

Weine ich oder weint Hella, dann drückt sie die Tür auf, steckt den Kopf rein und sagt: „Was ist denn los, ist was mit den Kindern?"

„Ach nein", sagt meine Mutter dann schnell. „Schon gut, er ist nur ein bisschen laut."

„Ach so", sagt Tante Anna, nickt mit dem Kopf und schließt wieder die Tür.

Sie weiß genau, dass es nicht gut ist bei uns, aber immerhin hat sie durch ihre kleine Aktion etwas die Luft herausgenommen aus seiner Wut.

„Was schnüffelt die Alte hier rum?“, wendet er sich dann meist an meine Mutter. „Die hat hier gar nichts zu sagen. Soll bleiben, wo sie hingehört, sonst gibt's Ärger.“

„Lass sie nur“, entgegnet meine Mutter meist. „Sie ist halt neugierig. Du kennst sie ja.“

Diese winzige Solidarität schafft es, dass nach und nach Ruhe einkehrt.

Hella

Seit Hella, meine kleine Schwester, da ist, bin ich die Große und muss auf sie aufpassen.
Hella hat auch ihre Wut. Oder es ist etwas anderes? Jedenfalls schreit sie manchmal laut und immer lauter. Ich muss sofort hinrennen. Vielleicht ist sie nur wach und will beschäftigt werden oder hat Hunger. Dann hört sie auf mit dem Schreien, sobald ich an ihr Bettchen komme. Sie hat ganz schnell gemerkt, dass ich komme, wenn sie schreit. Unsere Mutter kommt dann auch. Manchmal ist es aber anders. Sie schreit und hört nicht auf, auch wenn ich komme. Ich sehe, dass sie Schaum vor dem Mund hat und blau wird im Gesicht. Dann rufe ich ganz laut nach der Mutter. Schnell nimmt sie Hella aus dem Bettchen oder Wagen und hält sie kopfüber in die Luft. Sie hält sie an den Füßen und gibt ihr sanfte Klapse auf den Po. So hat es der Arzt ihr gezeigt. „Sie krampft“, sagen sie. Das ist irgendwie gefährlich.
Aber wenn man sie so kopfüber hält und klopft, geht es schnell wieder weg.
„Pass du bloß auf, dass ihr nichts passiert. Sie kann ersticken“, sagen sie zu mir.
Ich habe furchtbare Angst um Hella und dass ich irgendwann nicht rechtzeitig merke, dass sie krampft.
Ich habe sie lieb, diese kleine Hella und will nicht, dass ihr etwas passiert. Ich passe auf, so gut ich kann.
Hella ist Papas und Mamas Augenstern. Das sagen die Nachbarn, sagt auch Tante Anna.
Sie sieht so süß aus, dass alle entzückt sind und immerzu sagen: „Ach, was für ein schönes Kind.“ Ganz weißblonde helle Haare hat sie und viele Locken. Als die Haare länger sind, bekommt sie einen Hahnenkamm. So nennen sie es, wenn mitten auf dem Kopf die Locken zu einer richtig dicken hellen Rolle gelegt werden.

Meine Haare sind auch blond, aber eher goldblond. „Ein rötlicher Einschlag vom Opa“, sagen sie. Das hört sich an wie ein Makel. Irgendwas ist mit meinen Haaren nicht gut. Sie sind dick. Wenn meine Mutter mich kämmt und sie gehen nicht gleich locker auf, dann schimpft sie und sagt: „Du hast deine roten Haare auch nicht vergebens auf dem Kopf.“

Ich weiß nicht, was sie meint, höre nur an ihrem Tonfall, dass es nichts Gutes bedeutet. Ich werde immer unsicherer wegen meiner Haare.

„Hat dich denn noch keiner ‚Rotfuchs‘ genannt?“, fragt sie.

Nein, das hat niemand getan.

Die Karla von nebenan wird so genannt. Sie hat richtig dunkelorange Haar. Aber mich nennt niemand so. In der Schule später nennen sie mich Langbein, weil ich so schnell renne und lange Beine habe. Außerdem haben Kinder irgendwann gehört, dass mein Vater mich oft so ruft. Deshalb rufen sie mich auch so.

Viel später einmal sagt die Handarbeitslehrerin zu mir: „Du hast so schönes, goldenes Haar“. Ich verstehe die Welt nicht mehr und merke, dass nicht immer alles so ist, wie meine Eltern es sagen.

Hella ist wichtig, sehr wichtig. Weil sie so schön ist und krampft und weil alle sie mögen.

Hella bekommt ein rotes Filzhütchen und eine kurze rote Lederhose, die ganz weiches Leder hat. Damit sieht sie noch süßer aus. Ach, wie gerne hätte auch ich eine solche Lederhose.

Ich traue mich endlich, zu fragen, ob ich auch so eine bekommen kann.

„Ach was, die steht dir doch gar nicht mit deinen roten Haaren“, ist die Antwort.

Ob es nicht auch blaue Lederhosen gäbe, traue ich mich schon gar nicht mehr zu fragen. Der Ton signalisiert mir, dass es keinen Erfolg haben würde.

Hella ist anders. Sie traut sich mehr. Sie hat einen „Dickkopf", sagen sie.
Sie kann noch nicht richtig sprechen und weiß doch schon genau, wie sie erreichen kann, was sie will. Oft bin ich zwischengeschaltet, wenn es um ihre Bedürfnisse geht. Sie hat es so gelernt. Sie hat Durst und ich muss rennen und es sagen, fragen, was ich ihr geben darf.
Hella hat oft Durst. Manchmal sagen sie: „Jetzt gibt's nichts mehr!" Dann jammert sie so lange, bis ich irgendeinen Weg finde, damit sie doch noch etwas bekommt.
Das klappt manchmal, aber nicht immer. Es kann auch passieren, dass ich Ärger bekomme oder sogar eine fange, weil ich zu oft gefragt habe, ob Hella nicht doch noch ein kleines Schlückchen bekommen kann.
Ich selbst trinke ständig viel zu wenig. Peinlich ist es mir, zu fragen, ob ich etwas zu trinken bekommen kann. Auch habe ich Angst, dass sie es mir ablehnen. Zweimal habe ich in meiner Kindheit Nierenbeckenentzündung. Dass man Kindern genügend zu trinken gibt, ist einfach nicht im Blick. Hella fordert es sich.
Besonders schwer und schmerzlich wird es für mich, wenn Hella auf den Schoß unserer Mutter will. Ich käme nie auf die Idee, darum zu bitten. Es wäre mir irgendwie peinlich. Sie drängelt unaufhörlich.
Wenn unsere Mutter nicht irgendwo im Haus, Garten oder Keller unterwegs ist, sitzt sie oft an der Nähmaschine. Sie kann sehr gut nähen und die Leute im Dorf wissen das. Sie bestellen Kleider bei ihr. Die näht sie sorgfältig und gut. Gelegentlich kommen Leute zum Anprobieren. Das ist interessant. Sie bringen manchmal eine Kleinigkeit für uns mit, meist Bonbons oder Schokolade. Außerdem ist in dieser Zeit niemand böse, es gibt keinen Anlass, Angst zu haben und niemand hat eine Wut. Was im Haus passiert, bleibt auch da und soll niemand von außen mitkriegen. Es wird

nichts draußen erzählt, egal bei wem. Das ist eine klare Regel, die beide Eltern uns deutlich einbläuen.
„Wer sich daran nicht hält und es kommt raus, dem ergeht es schlecht. Und es kommt immer raus“, sagt mein Vater.

Unsere Mutter sitzt oft an der Nähmaschine. Schöne Kleider näht sie, Kirmeskleider und Kleider für Kinder, die konfirmiert werden. Manchmal ändert sie auch etwas.
Es ist spannend, wenn die Nähmaschine geöffnet wird. Meine Mutter klappt die Holzklappe nach links. Sie kommt auf dem Rand des Kühlschranks zu liegen. Dann kann sie mit einem Handgriff die Maschine aus ihrer Versenkung holen. Mit einem Knacken ist sie oben befestigt. Die offene Klappe bildet nun ein Dach, das den kleinen Zwischenraum zwischen Nähmaschine und Kühlschrank überdeckt. Eine kleine dunkle Höhle ist es, in die ich mich gerne flüchte, wenn es unangenehm wird.
Das wird es zum Beispiel dann, wenn Hella auf ihren Schoß will und nicht mehr nachlässt, das immer lauter einzuklagen und zu erbetteln. Habe ich anfangs noch gesagt, sie soll damit aufhören, so weiß ich doch gleich darauf, dass das umsonst ist, denn sie hört nicht auf zu quengeln, zu betteln und zu nerven.
Ich ziehe mich zurück in meine dunkle Höhle. Ich weiß, was jetzt kommt.
Genervt stoppt unsere Mutter irgendwann die Fußpedale, mit der die Maschine angetrieben wird. Sie nimmt die Hände vom Stoff, dreht sich leicht nach links und nimmt Hella auf den Schoß. Die kuschelt sich an sie, gibt ihr Küsschen und grunzt zufrieden. Mir wird komisch im Bauch da unten in meiner Höhle. Dann steigt ein schmerzliches Gefühl hoch vom Bauch bis in den Hals und dann in die Augen. Mir kommen die Tränen, obwohl ich das nicht will. Ich will niemandem zeigen, dass mich das schmerzt, dass ich auch gerne einen Moment auf ihren Schoß möchte, aber

bei mir sagt sie, wenn ich einmal verlegen frage, immer nein und weiß, dass ich dann nicht mehr frage. Wenn Hella es geschafft hat, kommt sie nicht auf den Gedanken, sie nach einer Weile wieder abzusetzen und mich einmal hoch zu nehmen. Ich verdrücke ein paar Tränen im Dunkeln. Niemand soll es bemerken.
Hella würde mich am Ende auslachen. Mutter würde sagen, ich soll nicht so albern sein, ich wäre doch schon groß.
Dass ich schon groß bin, höre ich oft. Daraus folgt, dass ich immer nachgeben muss, dass ich viel mehr arbeiten muss und dass ich Hella überall hin mitnehmen muss, wo ich auch bin. Spiele ich im Hof, in der alten Scheune oder im Garten, ist sie sowieso immer dabei.
Ich beziehe sie ein, so gut ich kann. Anfangs ist sie so klein, dass ich nur immer auf sie achten muss, damit ihr ja nichts passiert. So ist Spielen anstrengend, wenn man dauernd eine Pflicht im Hinterkopf hat. Unsere Mutter schaut immer mal aus dem Fenster oder kommt die Treppe herunter und will in den Keller. „Ist mit Hella auch alles in Ordnung?", fragt sie dann oft. „Ja", antworte ich. Schließlich ist sie wie mit einer unsichtbaren Schnur an mich gebunden, die mich hindert, frei zu spielen, einfach frei zu sein für kurze Zeit.

Ich liebe Autos. Obwohl wir an der Hauptstraße wohnen, kommen nicht oft welche vorbei. Wenn aber eins kommt, höre ich das Gebrumme und renne an den grünen hohen Bretterzaun, der unseren Hof umgibt. Ich schaue durch die Ritzen und rate, welche Farbe das Auto wohl hat, das jetzt gleich vorüber fahren wird. Oft liege ich richtig, denn viele Autos sind rot, blau oder weiß. Manchmal irre ich mich. Ich mag dieses Spiel. Aber wenn Mutter bemerkt, dass ich zum Zaun renne, ruft sie schon: „Pass auf Hella auf, habe ich gesagt!"

Nach einiger Zeit kann Hella besser mitspielen. Das macht mehr Spaß. Wir haben nicht viele Spielsachen im Hof, aber wir finden viele Dinge, die wir zu Spielsachen machen können. Bretter, Holzklötze und Steine liegen immer irgendwo herum. Wir bauen einen Kaufladen. Auf einem Brett stehen Dinge zum Verkauf: leere Kondensmilchdosen, verschiedene Steine, leere Zwirnrollen aus Holz, eine kaputte Tasse, in die nur noch ganz wenig Wasser gefüllt werden kann, eine kleine Wurzel aus dem Garten, ein paar Sandförmchen. Ich bin meist der Kaufmann. Hella kauft ein. Anstatt Geld wird mit Kieselsteinchen bezahlt.
Weil ich Autos so mag, baue ich eines Tages ein Auto im Hof. Ich schleppe viele Holzscheite zusammen, baue damit ein Oval, lasse ein Stückchen Tür offen. Innen rolle ich einen größeren Holzklotz hin als Sitz. Davor kommt auch ein anderer Klotz. Darauf lege ich eine kleine Holzlatte. Das ist der Lenker. Rechts und links davon lege ich kleine, runde Holzstücke und darauf schräg je ein kleines Brett: Pedalen, Gas und Bremse.
Dass das Lenkrad nicht rund ist, gefällt mir nicht. Aber ich denke mir einfach aus, dass es rund wäre. Später komme ich auf die Idee, ein kleines, schmales Stück Weidenrute im Garten abzuschneiden, rund zu biegen und dann fest zusammenzubinden. Endlich habe ich einen runden Lenker. Für Hella baue ich auch einen Sitz dazu. Sie darf mitfahren. Ich brumme während des Fahrvorgangs und erkläre ihr zwischendurch, wo wir jetzt sind, ob im Wald oder zwischen Feldern oder gar in einer Stadt. Es gefällt ihr anfangs gut. Aber dann hat sie keine Lust mehr und will etwas anders spielen. Meine Überredungskünste sind nicht sehr wirksam. Sie hat eben einen Dickkopf. Was sie will, wird gemacht. Und ich bin die, die da mitmachen muss, die dafür da ist, dass sie bekommt, was sie will. So haben sie es ihr beigebracht.

Geschenke

„Wir sind ganz gerecht mit unseren Kindern“, sagt meine Mutter, sagt auch mein Vater.
„Was eine bekommt, bekommt auch die andere. Da wird kein Unterschied gemacht.“
„Gerecht“, nennen sie das. Ich verstehe es nicht.
Wieder ist Weihnachten. Manchmal werden wir gefragt, was wir uns wünschen, oftmals auch nicht. Es gibt die obligatorische Unterwäsche samt Socken, Schlafanzug, Schokolade, na ja, was man so braucht nach Meinung unserer Mutter.
Ganz selten sind die Geschenke richtig verpackt, so richtig mit Tesafilm zugeklebt. Schleifen gibt es nie. In der Regel drückt sie jedem ein kleines angehäuftes Etwas in die Hand. Über dem Ganzen liegt lose ein Bogen Geschenkpapier, damit man nicht gleich alles sieht. Man braucht nur den Bogen wegnehmen, da wird sie gleich sichtbar, die Unterwäsche, der Schlafanzug, die Strumpfhosen oder Socken.
Manchmal werden wir gefragt. Hella ist schneller im Wünschen als ich.
„Eine Negerpuppe[1]!“, ruft sie einmal laut. Sie will unbedingt eine Negerpuppe. Nein, die möchte ich nicht. Überhaupt möchte ich keine Puppe in diesem Jahr. Die, die ich habe, genügt mir. Ich mag sie. Eine andere will ich nicht. Ich wünsche mir aber Werkzeug, einen kleinen Hammer, eine Zange, eine kleine Säge vielleicht. Ich bastle gerne. Ein bestimmtes Buch wünsche ich mir auch. Und ich sage es ihnen.
Aber ich bekomme eine Negerpuppe, wie meine Schwester. Gerechtigkeit eben.

---

[1] „Negerpuppe“ war der damals gebräuchliche Begriff. Über politische Korrektheit machte man sich in diesem Zusammenhang noch keine Gedanken.

In einem anderen Jahr ist es ein Poncho. Unbedingt einen roten Poncho möchte Hella.
So ein Ding mag ich nicht haben. „Eine Jacke hätte ich lieber - oder einen Anorak", erkläre ich. Aber auch ich bekomme einen Poncho, schwarz, weil mir ja Rot nicht so gut steht.
Ein hässliches Ding.
„Was die eine bekommt, bekommt die andere auch." Sie bleiben ihrer Regel treu.
Die Puppe liegt unbeachtet in einem Winkel des Zimmers, den Poncho allerdings muss ich tragen. Ohne Ärmel herumlaufen und ständig über den Kopf ziehen müssen, das ist kratzig und unangenehm. Kein bisschen kann ich mich wohl fühlen darin. Ganz abgesehen davon zieht oft kalte Luft hindurch. So ein Anorak mit Ärmeln, mit Reißverschluss zum Zuziehen, das wäre es gewesen.
Geschenke sind somit ein Thema, das mich verwirrt, oft schmerzt und mit dem ich als Kind nur schwer zurechtkomme. Zum einen nimmt das mit dem Wünschen und Schenken meist den beschriebenen Gang. Zum anderen gibt es sehr selten aber doch ab und an plötzlich einmal eine Erfahrung, die mich überrascht und freut.
Einmal fragt Tante Anna auch vor Weihnachten, was wir uns wünschen.
Hella wünscht sich wieder eine Puppe, diesmal eine, die die Augen auf und zu macht, wenn man sie bewegt. Außerdem ruft sie dann auch „Mama" aus dem Bauch.
Ich habe gerade in der Schule gelernt, wie man die Uhrzeit abliest von der Uhr. Irgendwo habe ich gesehen, dass es Reisewecker gibt, Uhren eben, die man auf den Nachttisch stellt, die die Zeit anzeigen und wecken können.
Das Besondere daran ist, dass sie in einem kleinen farbigen Kästchen festgemacht sind, das man zuklappen kann. Dann ist die Uhr verschwunden. Man kann aber das Kästchen auch öffnen und die

Uhr in der Öffnung festklemmen. Ach, das gefällt mir so sehr. So wünsche ich mir einen Reisewecker.
Ich stelle mich innerlich schon darauf ein, dass ich natürlich auch wieder eine Puppe bekomme, werde aber an jenem Abend an Weihnachten eines Besseren belehrt.
Niemals kann ich das Bild vergessen, als Tante Anna zur Tür herein kommt mit einem großen, schön eingepackten rechteckigen Kasten. Ich weiß sofort: darin ist Hellas neue Puppe.
Das Wunderbare aber ist, dass auf diesem großen bunten Paket ein kleines Päckchen in das gleiche Papier eingepackt ist. Tatsächlich hat sie meinen Wunsch ernst genommen.
Ich bekomme an diesem Abend meinen grün-goldenen Reisewecker, der mich sehr lange begleitet. Es ist ein wunderbares Gefühl, gehört und gesehen zu werden.

Von einem einzigen Mal kann ich erzählen, an dem selbst meine Mutter mich gehört hat.
Gerade über die Straße haben wir ein Spar-Geschäft. Dort gibt es Lebensmittel, aber auch Geschenkartikel. Und es gibt kleine Schaufenster, in denen immer mal Dinge ausgestellt werden, die neu im Laden sind und zum Verkauf stehen. Oft werde ich beauftragt, schnell rüber zu laufen und das eine oder andere zu holen.
So ist es auch an diesem Nachmittag im Winter. Es dämmert schon. Ich renne über die Straße und das kurze Stück auf dem Bürgersteig entlang, komme an den Schaufenstern vorbei… und bleibe prompt stehen.
Im zweiten Fenster sind einige Kinderbücher ausgestellt. Ich drücke mir die Nase platt an der Scheibe. Wie interessant die aussehen. Eins fällt mir besonders in den Blick. Links oben steht es auf einer Kiste. Ein Schloss ist darauf abgebildet. Hinter dem Eingangstor erkennt man einen Schatten. „Der schwarze Spuk im Ferienschloss“ lautet der Titel.

Mein Herz pocht bis zum Hals. Das ist mein Buch. Das möchte ich haben, unbedingt.
Plötzlich steht Dörthe neben mir. Sie wohnt nur zwei Häuser von unserem entfernt. Ihre Eltern haben eine Wirtschaft. Manchmal muss ich dort hin, um ein frisches Maß Bier zu holen für meinen Vater oder leckere Hähnchen. Dörthe ist genauso alt wie ich. Wir sind in der gleichen Klasse in der Dorfschule, können inzwischen lesen und mögen beide Bücher.
„Schau nur", sage ich, „so schöne Bücher." Sie drückt sich ebenso die Nase platt.
„Das eine da oben, das mit dem Ferienschloss, das würde ich so gerne haben", sage ich.
„Das kannst du nicht bekommen", sagt sie sofort.
Ich erschrecke richtig. „Warum?"
„Meine Mutter war schon hier im Geschäft und hat es für mich reservieren lassen", sagt sie schnell. „Das ist für mich."
Tief enttäuscht und voller Schmerz besorge ich im Laden die Kleinigkeiten und gehe langsamen Schrittes wieder heim. Dort angekommen fange ich gleich damit an, von dem wunderbaren Buch zu erzählen, das ich eben entdeckt habe im Schaufenster. Dass ich mir das soo sehr wünsche, dass es mir soo gefällt, erkläre ich und beginne dann zu weinen.
Was das denn soll, fragt meine Mutter herb. Ich lasse nicht nach und berichte erneut von diesem wunderbaren Buch und dass Dörthe gesagt hätte, ihre Mutter hätte es schon für sie zurücklegen lassen.
„Was die schon sagt", entgegnet meine Mutter barsch. „Wer weiß, ob das überhaupt stimmt. Im Übrigen will ich davon jetzt nichts mehr hören."

Ich schweige. Dieser Gedanke war mir bisher nicht gekommen, dass es vielleicht gar nicht stimmen könne, was Dörthe da berichtet hat. Unsicher und mit einem merkwürdigen Rumoren in der Magengegend muss ich schließlich ins Bett.
Ich gehe an den Tagen darauf öfter an dem Schaufenster vorbei. Das Buch ist weg.
Langsam wird der Schmerz kleiner, wie so oft. Das Gefühl kenne ich gut.
Einige Wochen später, an meinem Geburtstag, traue ich meinen Augen kaum. Von meiner Mutter bekomme ich, ganz gegen jede Gewohnheit, ein verpacktes Päckchen, das das Format eines Buches hat. Und tatsächlich! Es ist „Der schwarze Spuk im Ferienschloss"!
Ich kann mein Glück kaum fassen und mir kommen die Tränen vor Freude. Es ist nicht nur die Freude darüber, dieses so ersehnte Buch nun überraschend doch noch zu bekommen, es ist ebenso die riesige Überraschung, dass mein Bitten doch offenbar heftiger war als sonst und sie mich tatsächlich gehört hat. Ich frage sie wegen Dörthe.
„Ach, das hat die erfunden", sagt meine Mutter. „Die wollte das auch haben, aber das war nicht zurückgelegt. Ich bin gleich am anderen Tag hingegangen und habe es gekauft."
Gleich am anderen Tag ist sie hingegangen... Ich bin sprachlos. Sie lächelt sogar etwas schelmisch, als sie es mir erzählt. Ja, es hatte gewiss eine Rolle gespielt, dass Dörthe davon gesprochen hatte, ihre Mutter hätte es für sie bereits zurücklegen lassen.

Eine weitere wunderbare Geschenkegeschichte gibt es, die so einmalig ist in meinem Kinderleben, dass ich noch heute jede Kleinigkeit davon weiß.
Ganz viele Kinder fahren Rollschuhe. Auch die gibt es in diesem Geschäft mit den Schaufenstern. Rollschuhe, das ist das Größte,

was ich mir vorstellen kann. Aber wir bekommen keine, obwohl auch Hella sich welche wünscht und das lautstark verkündet hat. „Da fallt ihr nur hin und macht euch die Hosen und Strümpfe kaputt“, erklärt unsere Mutter. Außerdem seien die zu teuer und wann würde man denn schon mal damit fahren.
Draußen fahren die Kinder so oft mit ihren Rollschuhen. Manchmal bleiben sie an dem grünen Bretterzaun vor unserem Hof stehen und wir können sie uns ansehen. Sie sind meist rot, haben schwarze Gummiräder und man kann mit den Halbschuhen, die man gerade trägt, da hineinschlüpfen. Vorne werden sie zusammengeschnürt mit Bändeln, hinten ist ein Riemen wie bei Sandalen, den man rundum außen am Fuß mit einer Schnalle befestigt. Hans hat welche, die ganz laut sind, weil es keine Gummiräder sind, sondern irgendein ganz hartes Material, das aussieht und sich anhört, als wäre es aus Stein. Aber er rennt schnell mit seinen Schuhen und kann sogar Kurven fahren.
Wir bekommen keine Rollschuhe. Der Sommer vergeht, der Herbst ist auch bald herum. Es ist feucht und kalt draußen. Kinder mit Rollschuhen sind schon länger nicht mehr zu sehen.

Eines Samstagabends sitzen wir zusammen in der Badewanne, Hella und ich. Das wird immer so gemacht, denn dadurch kann man Wasser sparen. Einen Augenblick dürfen wir im warmen Wasser spielen, dann kommt Mutter aus der Küche und wir werden „herausgewaschen“, wie sie immer sagt. Gerade ist der Spieleaugenblick und wir sind allein im Bad. Da hören wir, wie unser Vater heim kommt.
Er arbeitet jeden Samstag schwarz. Immer baut irgendwer und möchte, dass er am Samstag für ihn arbeitet. „Das gibt gutes Geld“, sagt er immer.
Diesmal hören wir etwas Ungewöhnliches. Unsere Mutter schimpft mit dem Vater.

Nicht so arg, das würde sie sich nie trauen, aber sie hat so eine Tonart zwischen Jammern und Schimpfen, die sie gelegentlich einsetzt. Wir halten sofort den Atem an und lauschen.
Samstagabend gibt es öfter Krach. Schon steigt Angst in mir hoch. „Du bist doch verrückt, du hast sie nicht mehr alle", höre ich sie sagen. „Das ganze schöne Geld. Wie kommst du nur auf so eine dumme Idee?" Seltsamerweise brüllt unser Vater nicht. „Lass doch", höre ich ihn sagen. „Was meinst du, was die für Augen machen. Wenn alle das haben, sollen unsere nicht zurückstehen. Wir sind auch wer. Und nächsten Samstag verdiene ich ja wieder was. Sei nicht so kleinlich", höre ich ihn sagen und habe den Eindruck, dass er beinahe lacht.
Jetzt halte ich es nicht mehr aus bei Hella in der Wanne, steige hinaus und trockne mich in Windeseile ab, mehr schlecht als recht, denn ich ahne etwas, was gar nicht sein kann und mir doch nicht mehr aus dem Kopf will. Hella ruft mir hinterher, dass sie auch raus will und ich sie abtrocknen soll. „Gleich, gleich", kann ich nur sagen und reiße die Tür zur Küche auf.
Mein Vater steht in voller Arbeitsmontour am Tisch und lacht. Meine Mutter steht daneben und schüttelt den Kopf. Auf dem Tisch stehen zwei Kartons, auf denen Rollschuhe aufgedruckt sind. Ich bin sprachlos vor Glück und gleich kommen mir die Tränen. Er hat sein ganzes Samstagsgeld ausgegeben, um uns Rollschuhe zu kaufen!
Ich springe an ihm hoch und drücke ihn fest. Das geht sonst gar nicht, aber diesmal ist es einfach so. Er riecht nach Schweiß und Zement und lacht übers ganze Gesicht.
Unsere Mutter geht ins Bad und wäscht Hella heraus, die ununterbrochen ruft.
Als sie endlich auch herauskommt und die Kartons auf dem Tisch sieht, ist auch sie überwältigt vor Freude. „Euer Vater ist verrückt

geworden", sagt unsere Mutter nur noch. Dann werden die Kartons auf den Schrank gestellt und es gibt Abendbrot. Vor Aufregung bekomme ich fast nichts runter. Die ganze Zeit überlege ich, wie ich denn nun schnell Rollschuhfahren lernen kann, wo doch draußen alles nass ist und kein Kind mehr fährt.
Selbst dafür weiß er eine Lösung: „Unten in der Werkstatt auf dem alten grünen Linoleum, da könnt ihr ja schon mal ein bisschen üben bis zum Frühjahr, wenn man wieder draußen fahren kann."
Tatsächlich kommt es so. Er räumt einige Dinge etwas zur Seite und wir haben einen kleinen Platz, der trocken und glatt ist und etwas bergab geht. Ich weiß nicht mehr, wie viele Male ich dort hinauf- und wieder heruntergefahren bin. Aber bis zum Frühjahr können wir beide fahren, besonders gut sogar. Ich liebe es so sehr, das Rollschuhfahren, fahre schnell und langsam, fahre Schlangen, Kurven und sogar rückwärts. Später, auf der Straße, respektieren mich alle, die mit uns herumfahren.
Das ist ein so einmaliges Erlebnis gewesen, dass es sich für alle Zeiten in mein Gehirn gebrannt hat.
Warum er das wohl gemacht hat, habe ich mich oft gefragt. Es war sonst keineswegs seine Art. Zwei Dinge kamen, denke ich, damals zusammen. Zum einen wollte auch Hella so gerne Rollschuhe und wir hatten einen gemeinsamen Wunsch. Hella war unglaublich hartnäckig. Zum zweiten aber, und das war vielleicht noch wichtiger, - so viele Kinder hatten Rollschuhe und fuhren damit herum, dass man es einfach nicht übersehen konnte. Unser Vater kam aus ärmlichen Verhältnissen. Es war ihm immer wichtig, im Dorf gut dazustehen. Er wollte aller Welt beweisen, dass er etwas konnte und es sollte auch nach außen sichtbar sein, dass wir uns etwas leisten konnten. Natürlich konnte auch er seinen Kindern Rollschuhe kaufen. Das war jetzt für alle zu sehen.

Dennoch, es ist für mich meine mit Abstand schönste Erfahrung im Blick auf Geschenke. Denn es ist die große Ausnahme. Die Regel geht anders. Hella wünscht, quengelt und drängelt - und wir bekommen das, was sie sich wünschte, egal, was ich sage.

Sichtbar und unsichtbar

Immer mehr beschleicht mich das Gefühl, dass meine Eltern mich oft gar nicht hören und sehen. Ich bin unsichtbar. Was ich denke, erlebe, mitteilen will, befürchte oder worauf ich warte, nichts von dem interessiert jemanden. Sie sehen mich nicht.

Geht es aber um Hella, darum, dass ich auf sie aufpassen muss, darauf achten muss, dass es ihr an nichts fehlt, - dann sehen sie mich plötzlich von einem Moment auf den anderen. Überhaupt, wenn es etwas zu tun gibt für mich, dann bin ich plötzlich in ihrem Blick.

Niemand hat mehr einen Blick für mich wie ihn damals meine Oma hatte. Dieses Gefühl, dass sie mich sieht, ihr Blick wohlwollend und liebevoll auf mir ruht, das gibt es nicht mehr. Die Blicke meiner Eltern sind anders.

Da gibt es den Blick von Tante Anna. Sie beobachtet mich fast immer, wenn ich über die Straße renne, meist, um drüben im Spar-Geschäft etwas zu kaufen. Sie hat ihr Wohnzimmerfenster genau auf die Straße hin. Komme ich vom Einkauf zurück, öffne die Haustür, trete in den Flur, schon geht rechts die Tür auf. Sie tritt heraus und sagt: „Warum kannst du nicht langsam laufen? Dein Rock fliegt immer viel zu hoch. Das macht ein ordentliches Mädchen nicht."

Ach ja, ich habe wieder nicht daran gedacht. Es ist so schön, schnell zu laufen.

Sie kontrolliert mich oft, ist dabei strenger als Onkel Hubert. Dass sie mich dennoch mag und manchmal richtig sieht, das merke ich gelegentlich. Komme ich am Abend noch mal rüber in das halbdunkle Wohnzimmer, sitzt sie oft mit dem Onkel zusammen auf dem alten Sofa.

Wie beiläufig fragt sie, was denn drüben so los wäre. Aber ich weiß, dass sie es sehr gerne wissen will. „Sie ist neugierig", sagen

meine Eltern. Aber ich fühle auch: Sie sorgt sich um mich, denn sie weiß, dass mein Vater laut und hart ist und auch nicht vor Schlägen zurückschreckt.
Ich erzähle ein wenig, was es zu essen gab, worüber der Vater geschimpft hat.
Sie machen das Licht erst ganz spät an. In der Dämmerstunde, da zwischen den beiden alten Menschen fühle ich mich ruhig und geborgen, obwohl ich weiß, dass es ganz schnell vorbei ist mit der Ruhe, wenn Vater oder Mutter die Tür aufdrücken.
Tante Anna und Onkel Hubert erzählen, was sie gerade beschäftigt, wer Geburtstag hat in der Verwandtschaft, ob wieder Holz gehackt werden muss, ob die Hasen alle gesund sind und was in der Sonntagszeitung steht. Manchmal erzählen sie auch von früher. Das ist immer besonders interessant, erfahre ich doch hier wieder etwas über meine Oma und wie es war, als Tante Anna und Oma noch nicht verheiratet waren. Wie schwer die Arbeit war auf dem Hof und im Feld, im Pflanzwald und im Garten. Onkel Hubert erzählt vom Steinbruch, in dem er ganz alleine arbeitet und Steine aus der Wand klopft. Wenn er sie behauen hat, pflastert er bei anderen den Hof und Wege. Er ist ein guter Pflasterer. Vom Krieg erzählen sie auch. Onkel Hubert war bei den Soldaten. Dass das nicht gut für ihn war, erzählt er oft, denn er hätte nie einen anderen erschießen können und hatte doch den Befehl dazu.

„Ich hatte einen Kameraden, einen bessren findst du nicht…“, singt er mir leise vor.
Gespannt höre ich zu. „Eine Kugel kommt geflogen, gilt sie mir oder gilt sie dir? Ihn hat es weggerissen, er liegt zu meinen Füßen, als wär‘s ein Stück von mir, als wär‘s ein Stück von mir.“
Ich kann mir alles genau vorstellen und kenne diese Worte auswendig. Immer wieder stelle ich mir vor, wie mein Onkel da im

Krieg mit seinem Kameraden marschiert und plötzlich hört er einen Schuss. Bevor er sich versieht, liegt sein Freund am Boden. Er bückt sich über ihn und weiß, dass er tot ist. Ob das so war bei ihm, frage ich. Er nickt still. Ich glaube, er hat viel Schlimmes erlebt im Krieg und will und kann kaum drüber reden.
Ich mag ihn sehr und bin traurig, dass er so leiden musste. Eine Magenkrankheit hat er auch vom Krieg bekommen. Manches kann er nicht essen. Er verträgt es nicht. Und er braucht immer eine Pause nach dem Essen. Ich bin traurig, wenn ich merke, dass es ihm nicht gut geht. Er merkt es und legt den Arm um mich. Er sieht mich.
Sie erzählen mir viel von der Welt in diesen Abendstunden. Lieder bringen sie mir auch bei.
„Morgen gehe ich mit dir spazieren", sagt er gelegentlich.
„Und wenn es regnet?"
„Dann gehen wir eben im Regen." So antwortet er immer und ich weiß, dass es stimmt.

Meine Eltern sehen mich, wenn Aufgaben anstehen, die sie mir übertragen wollen.
Mich um Hella kümmern, ist sowieso eine Daueraufgabe. Aber da kommen immer mehr dazu, je älter ich werde. Eine Flasche Wasser aus dem Keller holen oder Saft, das ist irgendwann meine Aufgabe. Tagsüber ist das kein Problem, aber wenn es dunkel ist und ich noch in den Keller muss, dann habe ich Angst. Aber das sage ich ihnen nicht. Kaum an der Kellertür angekommen, fange ich an, laut zu singen, suche den Lichtschalter, laufe so schnell wie möglich in die Ecke mit den Getränkekisten, schnappe die Flaschen und trete den Rückzug an. Alles geht ganz schnell. Erst an der Haustür atme ich auf.
„Schau, wie schnell sie ist. Sie ist ja auch schon groß und hat keine Angst", sagen sie.

Ich sage ihnen nicht, wie es wirklich ist. Ich höre so gerne, dass sie etwas Gutes über mich sagen. Wie es tatsächlich in mir aussieht, wissen sie nicht.
Sie sehen mein Außen. Ich bin dünn und relativ groß für mein Alter.
„Sie hat lange Beine, sie ist schon groß. Wir müssen sie bald zur Schule schicken." So reden sie und tun das dann auch. Selbst die Fahrt in die Kreisstadt scheut meine Mutter nicht, weil ich eine Prüfung machen muss, um bereits mit fünf Jahren eingeschult zu werden. „Mit Antrag", sagen sie.
Im Bus, der uns in die Stadt bringt, sind wir nicht alleine.
Benno, ein Junge in meinem Alter, ist mit seiner Mutter unterwegs, soll auch diese Prüfung machen, mit Antrag in die Schule. „Sie ist schon so groß", sagt meine Mutter auch dieser Frau im Bus, die Emmi heißt. „Ja, das stimmt, und der Benno, dem ist immer langweilig. Der braucht Aufgaben." So reden sie über uns im Bus und mir ist die ganze Fahrt über schlecht.
An der frischen Luft geht es wieder und wir sind irgendwann in dem Gebäude, wo wir eine Prüfung machen sollen. Ich weiß nicht, was das sein soll. Dann kommt eine nette Frau und erklärt uns einige Aufgaben auf mehreren Zetteln. Bilder zuordnen, Buchstaben schreiben, kleine Aufgaben rechnen. Das ist leicht für mich und ich bin schnell fertig damit. Die nette Frau staunt. Benno braucht viel länger und kaut am Bleistift.
In dieser Zeit unterhält sich die nette Frau ruhig mit mir in einer anderen Ecke des Raumes. Irgendwie gewinnt sie leicht mein Vertrauen und ich spreche mit ihr.
Endlich ist auch Benno fertig. Wir dürfen hinaus auf den Flur, wo unsere Mütter warten.
„Hoffentlich hat das geklappt", sagt Bennos Mutter. „Ich hab ihm auch versprochen, dass er sich was aussuchen darf zum Spielen,

wenn wir nachher zu Karstadt gehen. Er muss sich aber anstrengen. Das habe ich ihm gesagt."
Meine Mutter nickt. Ich schaue sie an. „Na, du wirst schon auch irgendwas bekommen", sagt sie leicht verlegen. Dann werden wir hineingerufen.
Wir haben beide die Prüfung bestanden und dürfen nun mit Antrag in die Schule. Die nette Frau sagt noch etwas zu meiner Mutter, das ich nur halb verstehe. Es ist etwas Gutes über mich. Dass ich klug wäre und irgendwas mit „gefördert werden". Meine Mutter nickt nur und ich merke, sie ist froh, dass es rum ist und will nur noch hinaus und in die Stadt.
Die Einkaufsstraße in der Kreisstadt ist etwas Besonderes. Da war ich noch nicht oft (nur, wenn wir Einlagen bekamen). Wir gehen im Eilschritt, denn der Bus kommt bald und meine Mutter will noch Unterwäsche für sich kaufen und eine warme Jacke für Hella. Kaffee will sie auch noch mitbringen. Eilig besorgt sie alles und ich muss schnell neben ihr her laufen.
Wir schaffen gerade noch den Bus. Benno und seine Mutter sitzen schon drin. Er hat ein Päckchen auf dem Schoß. Bennos Mutter ist nicht so gehetzt wie meine. Sie erzählt, sie habe nur einen Kaffee getrunken irgendwo und dann haben sie in Ruhe etwas ausgesucht zum Spielen für Benno. Meiner Mutter ist das sichtlich unangenehm. Sie erklärt, dass sie dies und das schnell besorgen musste und die Zeit ja so knapp war.
Benno sitzt einen Sitz vor mir. Ich beuge mich ein wenig zu ihm und frage, was er denn da habe. „Ein Flugzeug", antwortet er voller Stolz. „Und es fliegt von ganz alleine."
O, das gefällt mir. Was für ein schönes Spielzeug! Ich bin ganz begeistert. So etwas habe ich noch nie gesehen.
Warum werde ich nicht belohnt für meine gute Prüfung? Während der Fahrt sagt meine Mutter dieser Emmi wieder, dass ich

ja schon so groß sei und so lange Beine habe. Was wäre das geworden, wenn ich noch ein ganzes Jahr hätte warten müssen mit der Schule!

Sie sieht, dass ich groß bin, sieht meine langen Beine, aber sonst sieht sie mich nicht.

Vielleicht denkt sie ja an eine kleine Belohnung für mich, wenn wir daheim sind.

Nein. Sie denkt nicht mehr daran. Sie eilt mit mir nach Hause. Das Essen muss ja rechtzeitig auf den Tisch.

Am späten Nachmittag muss ich noch einmal durchs Dorf, um meiner Tante Trudi etwas zu bringen. Dabei komme ich auch an dem Haus vorbei, in dem Benno und seine Familie wohnen.

Fröhlich steht er ganz oben auf der Haustreppe und lässt sein Flugzeug fliegen.

Tatsächlich, es fliegt da oben kleine Kreise um ihn herum. Er lacht, sieht mich und winkt.

Die Kinder im Dorf sehen mich manchmal und manchmal nicht.

Mache ich in der Schule etwas gut, so sehen sie mich an und fragen, wie ich das gemacht habe oder ob ich ihnen bei etwas helfen kann. Hans bekommt einfach die Zahlen nicht richtig hin. Ich zeige ihm, wie es leichter geht. Weil ich lange Beine habe, bin ich im Sport bei den Spielen gut, wo man große Schritte machen muss oder einfach schnell Rennen wichtig ist.

Dann sehen sie mich und wollen, dass ich in ihrer Gruppe oder Mannschaft spiele.

Geht es aber um etwas, was ich nicht so gut kann oder wo ich einfach ängstlich bin, dann sehen sie mich nicht. Ich muss schon hartnäckig bitten oder fragen, bis sich jemand bewegt.

Das ist nicht meine Stärke. Ich frage einmal. Bekomme ich eine Absage oder einfach keine Antwort, dann gehe ich weg oder schweige. Ich mag es absolut nicht, zu bitteln und zu betteln.

Nachmittags sehen mich noch weniger Kinder. Zum einen muss ich ja immer hinter dem grünen Bretterzaun bleiben und darf nicht einfach im Dorf herumstromern, wie die meisten.
Zum anderen muss ich ständig auf Hella aufpassen. Darf ich aber mal aus dem Hof heraus, vielleicht, weil Kindergeburtstag ist und ich eingeladen bin, dann muss ich Hella mitnehmen.
„Kannst du sie nicht mal daheim lassen?“, fragen sie oft.
„Meine Mutter erlaubt es nicht“, antworte ich. Auch das führt dazu, dass sie mich so wenig sehen.
Einmal kommen zwei Kinder aus der Nachbarschaft und fragen, ob ich mit ihnen drüben auf die Seitenstraße darf, eine Sackgasse, die kaum befahren ist. Ich gehe ins Haus und bitte meine Mutter inständig, doch mit dahin zu dürfen. „Nein“, antwortet sie kurz, wie fast immer. „Das gibt es nicht“.
Traurig bin ich und ärgerlich zugleich, weil ich wieder einmal nicht mit darf. Draußen unter unserer Haustreppe stehen die beiden noch und warten, ob ich nicht mitkommen würde.
Ich komme aus der Haustüre und muss es ihnen sagen. Weil ich mich ein wenig stark zeigen will, beginne ich, etwas zu maulen.
„Das gibt es nicht, das gibt es nicht. Immer nur: Das gibt es nicht...“
In diesem Augenblick kommt mein Vater mit schnellen Schritten um die Ecke. Er hört das Gemaule, schnappt mich kurzerhand, zerrt mich wieder die Treppe hinauf und in die Küche. Dort zieht er sich den Gürtel aus der Hose, legt mich übers Knie und schlägt mich fest damit auf den Po.
„Ich werde dir helfen, deine Mutter nachzuäffen!“, schreit er. Es setzt eine ordentliche Tracht Prügel und wer weiß, wie schlimm das Ganze noch geendet hätte, wenn nicht wieder einmal Tante Anna hereingekommen wäre.
In dieser Nacht kann ich nicht auf meinem Po liegen, so weh tut er. Andere Nächte sollen folgen.

Onkel Egon gibt es auch noch.
Die erste Zeit nach seiner schlimmen Erfahrung mit meinem Vater vermeidet er es, mich anzusehen. Er sieht mich nicht, denke ich. Das ist gut.
Aber so ist es nicht. Irgendwie sieht er mich doch. Das bemerke ich aber erst einige Zeit später.

Wir sind auch wer

O ja, wir sind auch wer. Dieses Thema zieht sich durch fast alle Bereiche. Es hat Gründe.
Mein Vater kommt aus dem kleinsten Haus unseres Dorfes. Sie waren arm und hatten nie genug. Seine Mutter war eine harte Frau, als sie noch jung war, erzählt er öfter.
Er musste früh viel arbeiten und hat gemerkt, wenn er das tut, wenn er gut ist am Bau und viel kann, dann wird er respektiert. Das ist ihm ungemein wichtig. Immer und immer wieder trägt er auf, übertreibt, gibt an mit dem, was er noch alles vor hat, wie er umbauen, anbauen will, was wir uns bald alles leisten können. Mir ist es oft peinlich, wenn er so angibt, so großkotzig daherredet. Überall tut er das, ganz gleich, ob wir wo zu Besuch sind, jemand zu uns kommt oder wir jemanden auf der Straße treffen.
Auch meine Mutter kommt aus ärmlichen Verhältnissen, einem kleinen Bauernhof mit zwei Kühen, vier Schweinen, ein paar Hühnern und Gänsen. „Wir sind nur arme Leute, wir haben nicht viel zu sagen." Das erklärt sie oft und immer ist etwas Bitterkeit und Schärfe in ihrer Stimme. „Ach die, die meinen, sie wären etwas Besseres, die können sich das leisten."
Immer wieder höre ich diese Worte. Etwas Besseres sein zu wollen ist ein schlimmes Vergehen, das ganz und gar verachtet wird. „Warte nur ab", sagt er oft zu ihr. „Denen allen zeig ich's noch. Die werden noch staunen, mit wem sie es zu tun haben." Ist er guter Laune beim Abendessen, dann erzählt er, was tagsüber am Bau passiert ist, wie er die Situation gerettet hat mir Klugheit und Kraft, wie sie dann alle gestaunt haben, was für ein toller Kerl er ist. Denen hat er wieder gezeigt, was er kann, dass die nur so gestaunt haben. Anfangs glaube ich ihm all das und stelle mir vor, wie das alles war, was er da berichtet. Irgendwann allerdings kommt der Gedanke immer deutlicher ins Bewusstsein, dass es

so oft doch gar nicht möglich ist, dass einer jeden Tag Heldentaten vollbringt. Ich spüre immer deutlicher, dass er zu dick aufträgt, dass manches vermutlich überhaupt nicht so war. Einmal spreche ich meine Mutter darauf an.
„Ach, sei doch still und halt den Mund. Was weißt du schon…"
Das ist ihre Antwort.

Manche Themen sind absolut tabu. Die Sache mit dem Stöhnen nachts und dass sie immer nicht genug Luft bekommt. Die kleinen gelblich-braunen, verklebten Gummitütchen, die ich einmal auf der Toilette gefunden habe, haben mir unvermittelt eine Ohrfeige eingebracht, nur, weil ich gefragt habe, was das denn sei. Die Sache mit seinen vielen Angebergeschichten - und die merkwürdigen Worte, die ich manchmal höre und nicht weiß, was sie bedeuten.
„Ich müsste mal ficken", hat er einmal laut im Bett verkündet. Ich bin noch wach im Nebenzimmer, unserem Schlafzimmer, höre es und frage mich, was er da wohl jetzt tun müsse. Sie gibt keine Antwort. „Was ist?" fragt er barsch. Ich bin alarmiert. O weh, ist es etwas Bedrohliches, was er jetzt machen will? Kommt jemand zu Schaden? Tut er ihr weh?
„Ei ja", sagt sie halblaut.
„Zieh schon das Ding aus", sagt er.
Sie macht einen kläglichen Versuch, das zu umgehen. „Wenn es sein muss…"
„Klar, muss das sein, was ist das sonst für ein Handwerk!"
Er ist lauter geworden. In mir breitet sich Angst aus. Was passiert da?
Hella ist auch wach geworden. „Was ist?", fragt sie verschlafen. „Weiß nicht, irgendwie will er ihr was tun, glaube ich." Da schreit sie: „Mama, ich hab so Durst!" Es raschelt etwas, er murrt laut, sie kommt zu uns ins Zimmer, schimpft nicht einmal mit Hella,

obwohl das in der Regel Ärger gibt, wenn sie nachts nervt mit ihrem Durst, den sie so oft hat. Sie lässt sich Zeit, ihr etwas zu bringen. Hella trinkt genüsslich.
„Jetzt ist aber Ruhe“, sagt sie leise. „Ich will nichts mehr hören.“
Sie schließt die Tür fest hinter sich. Es kommen wohl noch Geräusche durch, aber sehr verhalten.

Wir sind auch wer. Wir haben als erste Familie im Dorf einen Fernseher, die Gastwirtschaft nebenan einmal ausgenommen. Von nun an sind öfter Leute in der Küche.
Manche kommen absichtlich, um etwas mitzubekommen vom Fernsehen, andere kommen zufällig vorbei, wollen eigentlich ein Kleid anprobieren oder meinen Vater etwas fragen. Sie setzen sich einen Augenblick und es fällt ihnen schwer, wieder zu gehen. Samstags ist es am schlimmsten. Der Junge vom Metzger, der jeden Samstag kommt, das bestellte Fleisch für den Sonntag bringt und die Bestellung für nächste Woche aufnimmt, der bleibt am längsten sitzen. Erst wenn sein Vater draußen hupt, steht er schwerfällig auf und geht.
Wir sind auch wer. Das macht mein Vater unmissverständlich deutlich.
Er hat angefangen, abends und am Wochenende das Haus umzubauen. Zuerst wird das Dachgeschoß ausgebaut. So haben wir mehr Zimmer. Später kommt noch ein ganzer Raum an das Haus dran und auch eine halb überdachte Terrasse. Dort kann meine Mutter nun besser die Wäsche aufhängen, auch bei Regen.
Unser Haus ist oft eine Baustelle. Immer stehen irgendwo Zementsäcke, Schubkarre und Bauschippen. Eine Zementwanne steht dauerhaft im Hof. Ich kenne es gar nicht anders, als dass sie da steht. Ein Sandhaufen ist auch immer da. Ich weiß, wie man Zement mischt, noch bevor ich in der Schule bin.

Eigentlich ist es gut, mehr Zimmer zu haben. Aber die Arbeit, die dafür getan werden muss, ist gar nicht gut. Immer, wenn er loslegt, ist er angespannt, schreit rum und ich habe die ganze Zeit Angst, dass er anfängt zu toben oder mit etwas zu werfen. Immer öfter muss ich mitarbeiten, wenn er wieder baut. „Bring Steine!" ruft er dann. Backsteine kann ich tragen, immer einen. „Schneller", treibt er mich an. Manchmal reiße ich mir die dünne Haut an meinen Händen auf. Das stört ihn nicht. Tante Anna sieht es einmal und sagt ihm: „Lass doch die Kleine noch nicht so schwere Arbeit machen. Die tut sich doch weh."

Ja, sie traut sich, ihm etwas zu sagen. Nutzen tut es nichts. „Die soll sich nicht so anstellen", antwortet er unwirsch. „Schließlich mach ich das für uns alle."

Kopfschüttelnd geht sie wieder.

„Dumme Kuh, was weiß die schon", mault er hinter ihr her.

Als ich größer bin, muss ich auch Wasser holen am Hahn im Keller. Das ist eine lange und schwere Aufgabe, denn ich kann die Eimer ja nur halb voll machen, einen rechts und einen links nehmen. Ich schleppe sie an die Zementwanne. Kaum habe ich sie abgestellt, schüttet er alles rasch rein und kommandiert: „Weiter, beeil Dich!" Ich arbeite, so schnell ich kann.

Es ist nicht schnell genug. Er schimpft jedes Mal, wenn ich erscheine. Ich helfe mir mit dem Gedanken, dass ich eine Arbeiterin bin und das nun mal mein Beruf ist, das Wassertragen. Irgendwie kann ich es so besser ertragen.

Arbeiten dauert lange und ist schwer. Wenn er dann aber wenigstens freundlich mit mir wäre. Arbeiten bedeutet immer Angst, Geschimpfe und Gebrülle, oft auch kleine Verletzungen. Gelegentlich ist es so schlimm mit der Angst, dass ich geradezu verzweifelt bin.

Einmal begradigt er die Schräge oben in dem ausgebauten Zimmer unterm Dach. Plötzlich bemerkt er, dass er hinten in der fast zugemauerten Ecke am Boden noch Nägel und einen Hammer liegengelassen hat. Kurzerhand hebt er mich ohne Vorwarnung über die Mauer, drückt mich durch den engen Zwischenraum zwischen Mauer und Dach und lässt mich dahinter wieder los. Ich falle auf die Knie, stehe auf und stehe im Dunkeln. Ich habe furchtbare Angst und beginne zu weinen. „Halt den Mund verdammt noch mal“, schimpft er laut. „Bück dich und such, wo die Nägel und der Hammer liegen. Das brauche ich noch. Hätt ich beinah vergessen.“ Leise weinend und schniefend suche ich auf dem Boden herum, taste mit den Händen auf dem rauen Beton, finde irgendwann die Nägel und den Hammer. Ich reiche ihm den Fund durch die kleine Lücke, die noch offen ist und durch die er mich hineinbefördert hat.

„Na endlich“, sagt er. Ich bin erleichtert, dass ich die Aufgabe bewältigt habe. Die Arme strecke ich ihm entgegen. So schnell wie möglich will ich hier wieder heraus aus diesem dunklen Eck. Da macht er sich einen Spaß und sagt: „Ach, ich kann dich auch hier drin lassen und alles zumauern. Fehlen nur noch wenige Steine. Dann sind wir dich los.“

Jetzt kann ich nicht mehr an mich halten und muss wieder weinen. Fürchterliche Angst habe ich, tatsächlich hier im Dunkeln alleine bleiben zu müssen und eingemauert zu werden.

„Halt den Mund, du dummes Ding“, sagt er laut. „War doch nur ein Spaß.“

„Was ist da oben los?“, höre ich Tante Anna von unten rufen.

Er hebt mich aus dem kleinen Loch, stellt mich auf die Füße und sagt: „Verschwinde, du Heulsuse, damit die Alte Ruhe gibt.“

Schnell laufe ich zum Flur, dann die Treppe hinunter. Unten steht Tante Anna.

„Was hat er denn gemacht?“, will sie wissen.

„Einmauern wollt er mich", sage ich halblaut. Sie schüttelt nur den Kopf.

In einem anderen Fall sind auch sie und Onkel Hubert meine Rettung.
Vor dem Keller betoniert er eine flache Ebene mit einem Abfluss, damit wir einen leichteren Zugang zum Keller haben. Mit einem Brett streicht er den feuchten Beton glatt. Eine dünne Wasserschicht kann man darauf erkennen. Plötzlich läuft eine kleine Katze über den frischen Beton und hinterlässt da ihre winzigen Fußspuren.
„Du verfluchtes Miststück!", brüllt er voller Wut. „Dich schlag ich tot!"
Sagt es, rennt mit seinen großen Gummistiefeln ebenso mitten durch die frische Betonfläche hinter der Katze her, die schnell durch die Tür in den Keller gelaufen ist. Mit der Schippe in der Hand läuft er ihr nach. „Die krieg ich", höre ich ihn hinter der Kellertür noch schreien. „Die ist schon so gut wie tot."
Eine ganz große Angst steigt in mir auf, Angst um die Katze, dass er sie tatsächlich einholen und töten könnte. Ich weine laut und rufe: „Nein, lass sie doch, nein, bitte nicht!"
Wieder steht da plötzlich Tante Anna. Ganz aufgeregt erkläre ich ihr, dass er hinter einer kleinen Katze her ist, weil die über den frischen Beton gelaufen ist.
„Komm hoch, komm rein", sagt sie und ich gehe die Haustreppe hinauf. Sie geht voran in ihr Wohnzimmer, wo auch Onkel Hubert ist. Kurz erklärt sie ihm die Situation.
„Bleib bei uns, bis er sich beruhigt hat", sagt er. Ich setzte mich zu ihm aufs Sofa und schmiege mich dicht an ihn. Die Angst ist noch da. Wenn er jetzt die arme Katze findet und totschlägt… Ich weine immer noch.

„Katzen sind schnell“, sagt er. „Die kriegt er bestimmt nicht mehr. Der beruhigt sich schon.“
Ich bin nicht sicher, ob das so ist. Wenn er eine richtig dicke Wut hat, dauert es lange, bis die langsam wieder weg geht. Ich weine leise vor mich hin. Dann hören wir, wie er die Treppe heraufgestampft kommt. Schnell springe ich auf und laufe ins angrenzende Schlafzimmer der beiden, das nur durch einen Vorhang vom Wohnzimmer getrennt ist. Ihre Betten sind alt und hoch. Während ich flugs darunter krieche und dort instinktiv Schutz suche, hat er schon die Tür zu ihrem Zimmer aufgerissen und schreit: „Wo ist sie? Sofort kommt die herbei!“
„Aber sie kann doch gar nichts dafür“, wendet mein Onkel mit ruhiger Stimme ein.
Das interessiert ihn nicht, macht ihn nur noch wütender.
„Halt dich zurück, alter Mann, sonst fängst du auch noch eine!“, schreit er und sucht wild im Zimmer herum nach mir.
„Lass das Kind in Ruhe“, höre ich die Stimme meiner Tante.
Gleich darauf höre ich, wie er den Vorhang zurückreißt, sich umschaut - und dann herunterbeugt, um unter die Betten zu sehen.
„Da bist du ja, du Miststück“, ruft er und beginnt, mit einem alten langstieligen Schrubber, den er offenbar schon die ganze Zeit bei sich hat, nach mir zu stochern. „Raus da!“, schreit er. „Sonst kannst du heute Nacht nicht auf deinem Hintern liegen.“
Ich winde mich unter den Betten, so gut ich kann, weiche dem Schrubber aus, bekomme ein paar Stöße, einen mitten in den Bauch. Dann höre ich meine Mutter.
„Hör auf, lass das, die hat doch nichts gemacht!“, ruft sie. Offenbar hat Tante Anna sie geholt. Noch ein paar Stöße, dann lässt er von mir ab.
„Was weißt du schon davon“, sagt er. „Dieses Miststück jammert wegen einer Katze. Die kriegt noch ihre Dresche, da kann sie sich drauf gefasst machen.“

Unwirsch wendet er sich ab und geht hinaus. Ich bleibe noch eine ganze Weile unter den Betten, habe Angst, dass er zurückkommt. Irgendwann krabble ich langsam hervor, komme wieder ins Wohnzimmer und suche Schutz zwischen den beiden alten Menschen.
„Der dreht manchmal einfach durch", sagt mein Onkel. Die Tante hat einen Eimer geholt und einen Putzlappen. Sie putzt die feuchten Betonspuren weg, die mein Vater hinterlassen hat.
Ich will an diesem Abend nicht mehr hinüber gehen, zögere es hinaus, so gut ich kann. Tante Anna schmiert mir ein Wurstbrot und gibt mir Tee. Zwischen den beiden sitze ich auf dem alten Sofa und esse langsam.
„Darf ich bei euch schlafen heute Nacht?", frage ich zögernd.
Dabei weiß ich, dass die drüben es nie erlauben würden.
Irgendwann drückt meine Mutter die Tür auf. Es dämmert schon.
„Komm jetzt rüber", sagt sie. Ich zögere und schaue sie ängstlich an. „Er ist noch mal weg gegangen, komm jetzt", sagt sie. Er ist weg. Das ist gut. Ich gehe mit ihr, beeile mich mit dem Ausziehen und Zähneputzen und gehe schnell ins Bett. Da liegt Hella und schläft schon. Sie hat von alledem nichts mitbekommen, denke ich. Am anderen Tag aber fragt sie mich nach der Katze und ob die noch lebe.

Wir sind wer im Dorf, weil wir immer mehr Zimmer kriegen und unser Haus größer wird.
Ich denke, dass wir Rollschuhe bekommen haben, hat auch damit zu tun, - und dass wir schon früh einen Fernseher haben. Im Sommer allerdings wird es noch klarer für alle, denn wir haben auch Fischteiche und ein kleines Häuschen dabei. Weit hinten am Waldrand steht es, ein ganzes Stück weg vom Dorf und den vielen Streuobstwiesen.

Wir können nachmittags baden, so oft wir wollen, lernen schwimmen und tauchen in dem erdigen Wasser des Teiches. Deswegen beneiden uns viele Kinder. Im Sommer sind wir gefragter denn je. Immer mal wieder bittet ein Kind aus der Nachbarschaft oder eins aus der Schule, ob es denn mitgehen darf ins Wasser. Oft will das meine Mutter nicht, gelegentlich aber sagt sie auch: „Na ja, von mir aus, wenn ihr brav seid."
Weil es so wichtig ist, dass wir wer sind, bemerke ich mit der Zeit, dass ich das nutzen kann.
Im Religionsunterricht zum Beispiel hat der Pfarrer angeboten, dass er Dienstagnachmittags im Pfarrhaus Blockflötenunterricht für uns anbieten würde. Meine Klassenkameradinnen sind begeistert. Ich auch. Schon wenige Tage später besitzen sie eine Blockflöte und melden sich an. So gerne möchte ich auch dabei sein. Meine Mutter sagt: „Nein, das braucht kein Mensch. Wofür soll das gut sein?"
Ich versuche, sie umzustimmen. „Das macht Spaß und man lernt Noten. Ist auch umsonst. Der Pfarrer will kein Geld."
„Ich kaufe keine Blockflöte, und jetzt will ich davon nichts mehr hören."
Traurig verziehe ich mich nach oben. Im Flur gibt es ein Regal, auf dem die meisten unserer Spiele stehen. Ich erinnere mich, dass dort auch eine kleine blaue Spielzeugflöte aus Blech liegt, die ich vor Jahren von einer Tante geschenkt bekam. Die lege ich in meinen Schulranzen. Am anderen Tag nach dem Religionsunterricht zeige ich dem Pfarrer die rostige Blechflöte. Ob es wohl damit auch geht, frage ich ihn ängstlich. Bedauernd schüttelt er den Kopf. „Leider nein, sagt er. Das ist nur eine kleine Kinderpfeife. Aus der kriegt man keine sauberen Töne." Er ist ein guter Mann, der mich sieht. Er weiß, dass ich gerne kommen würde, um Flötespielen zu lernen.

„Ich würde dir gerne helfen“, sagt er. „Aber Blockflöten und Zahnbürsten kann man nicht ausborgen.“
Die anderen lachen mich schon aus, als sie bemerken, was ich da für ein kleines Blechding angeschleppt habe. Ach, ich bin traurig und auch ein wenig ärgerlich. Auf dem Nachhauseweg denke ich still vor mich hin.
Dann fällt mir etwas ein, das ich noch versuchen könnte. Kaum bin ich zur Tür herein, berichte ich meiner Mutter: „Der Pfarrer hat mich heute gefragt, ob ich nicht auch mitmachen wolle beim Flötenunterricht. Ich habe ihm gesagt, dass ich nicht darf. Die anderen haben mich ausgelacht. Sie haben alle schon Flöten. Ausleihen kann man die nicht, sagt der Pfarrer und lässt schön grüßen und fragen, ob ich nicht doch eine bekommen könnte und mitkomme zum Unterricht.“
„Was?“, fragt sie überrascht. „Der Pfarrer selbst hat dich gefragt? Na ja, die anderen sollen den Mund mal nicht so voll nehmen. Dann kriegst du halt auch eine. Nächste Woche fahren wir in die Kreisstadt. Ihr bekommt neue Einlagen für die Schuhe. Dann gehen wir ins Kaufhaus und suchen eine raus.“
Ich bin glücklich. Tatsächlich habe ich es geschafft. Es hat sein Gutes, wenn man auch wer sein will. Der Unterricht hat schon zweimal stattgefunden, als ich dazu komme. Der Pfarrer freut sich. Die anderen Kinder sehen neugierig nach meiner Flöte, die in einer schmalen hellen Schachtel liegt. Vorsichtig nehme ich sie heraus. Sie ist nicht von einer bekannten Firma, aber sie ist aus hellbraunem Holz und hält die Töne.
Der Pfarrer schaut sie sich kurz an, nickt nur freundlich und gibt sie mir zurück.
Die ersten beiden Stunden habe ich schnell aufgeholt und spiele bald genauso gut wie die anderen. Ich lerne Noten schreiben und lesen und erste einfache Lieder spielen. Beim Spielen merke ich immer, wie ein Glücksgefühl durch mich hindurch strömt.

Voller Stolz spiele ich Tante Anna und Onkel Hubert meine ersten Lieder vor und zeige mein Notenheft. Sie loben mich und freuen sich mit mir. Das ist so schön, dass ich es kaum beschreiben kann. Tante Anna sagt, dass ich bestimmt an Weihnachten schon Weihnachtslieder spielen kann. Ein schöner Gedanke für mich, aber dennoch kann ich mich nicht so richtig darauf freuen. Denn drüben soll ich nicht üben.
„Das Gedudel nervt nur", sagt mein Vater. Dass es wieder ein richtig schlimmes Angst-Weihnachten werden würde, weiß ich zu dem Zeitpunkt noch nicht. Auch nicht, dass er meine Flöte im hohen Bogen gegen die Wand werfen wird.

An den Teichen

Ja, wir haben etwas Besonderes, das uns klar zu denen macht, die etwas sind. Irgendwann kommt mein Vater auf die Idee, Fischteiche anzulegen. Dazu hat er sich das feuchte Grundstück ganz hinten am Waldrand, etwa zwei Kilometer vom Dorf entfernt, von meiner Oma geben lassen, etwa zwei Jahre bevor sie starb. Es war für die Landwirtschaft nichts wert, denn das Kuhfuhrwerk blieb immer wieder in den feuchten Wiesen stecken. Das Gras mochten die Kühe nicht, denn es war hart und mit viel Schilf drin. Ich bin noch klein und Hella ein winziges Baby, als er anfängt, mit einigen Freunden samstags einen Teich dort auszuheben.

„Der Papa macht einen Fischteich", erklärt mir Onkel Hubert. „Wollen wir doch mal schauen, wie der das macht."

Natürlich will ich mit. Es regnet ein wenig. Was das denn soll, fragt meine Mutter. Aber er lässt sich nicht beirren.

„Es ist doch nicht kalt", sagt er. „Und das bisschen Regen hört bald wieder auf."

Es passt ihr nicht, aber sie sagt nichts mehr. So holt er das Rad mit dem Kindersitz vorne hinter dem Lenker. Dort hebt er mich hinein. Rechts und links kann ich meine Füße auf kleine Halterungen stellen. Er fährt los. Ich weiß noch genau, dass ich mich freue und ab und an auf meine bunten Ringelkniestrümpfe schaue. Weil es regnet und sie feucht werden, rutschen sie immer ein wenig weiter nach unten, bis sie fast bei den Schuhen angelangt sind. Ich wundere mich, dass er nichts dazu sagt. Mutter hätte längst geschimpft und angehalten.

Ein ganzes Stück aus dem Dorf hinaus fahren wir. Irgendwann biegt er links ab in einen Feldweg. Den fahren wir nun immer weiter, bis wir fast am Wald angelangt sind. Der Regen hat aufgehört, aber der Weg ist matschig. Manchmal spritzt etwas Dreck hoch bis zu meinen Strümpfen. Er sagt nichts dazu. Nun sehe ich einen rostigen Zaun, an dem mehrere Fahrräder stehen. „Hier sind wir richtig“, sagt mein Onkel, hebt mich aus dem Sitz und stellt mich auf die Beine. Das Rad lehnt er auch an den Zaun. Von weitem höre ich Männerstimmen. Wir gehen durch eine kleine Öffnung im Zaun, laufen über das feuchte Gras eines Trampelpfades.

Meine Schuhe werden nass und ein wenig schmutzig. Wir gehen ein Stück, da plötzlich sehe ich weiter vorn meinen Vater stehen. Um ihn herum sind noch vier weitere Männer.

Wir kommen näher. Jetzt nimmt mich mein Onkel hoch. Ich kann alles besser sehen.

Die Männer haben große Gummistiefel, die voller Erde sind, auch an den Hosen klebt dick der Lehm. Alle haben Spaten und graben unentwegt ein großes weites Loch in den Boden.

Mein Onkel erklärt mir, dass sie ganz viel graben müssen und tatsächlich dann irgendwann ein Teich daraus entsteht mit viel Wasser drin, Fischen und vielleicht sogar Seerosen.

Jetzt hat mein Vater uns entdeckt. Etwas unwirsch, aber auch irgendwie stolz, ruft er: „Was willst du denn hier? Das ist nichts für Kinder und alte Leute!“

Mein Onkel lässt sich nicht beirren. „Wir wollen doch mal sehen, was du hier schaffst“, sagt er nur. Das genügt, um ihn freundlicher zu stimmen. Er kommt sogar ein paar Schritte auf uns zu und erklärt dem Onkel, wie genau das geplant ist und später einmal aussehen soll. Mein Onkel nickt anerkennend.

Dann gehen wir wieder und treten die Rückfahrt an. Zuhause angekommen, tritt gleich Tante Anna aus der Haustür.

„Na, wie war‘s?“, fragt sie.

Kaum will mein Onkel anfangen zu berichten, kommt auch meine Mutter aus der Tür. „Was für eine Sauerei!“, schimpft sie sofort los. „Sieh dir nur ihre Schuhe und Strümpfe an, alles feucht und

dreckig. Wenn man dich mit der Kleinen alleine lässt, passiert nur immer was."
Er hebt mich vom Rad. Ich ziehe auf der Treppe schon Schuhe und Strümpfe aus. Ihr Geschimpfe macht mich traurig. Dass Kinder nur immer Arbeit machen, sagt sie oft. Nun muss sie meine Strümpfe waschen und die Schuhe säubern. Ich habe ein schlechtes Gewissen, dass ich ihr nun Arbeit gemacht habe.
Dabei war doch der Ausflug so schön.
Als ich größer werde, gehen wir oft an unsere Teiche. Inzwischen ist es eine ganze Anlage mit vier Teichen.
Die anderen drei wurden mit einem Bagger ausgebaggert. Aber mein Vater legt all die Jahre ganz viel Wert darauf, immer wieder davon zu erzählen, dass der erste Teich mit dem Spaten ausgehoben wurde.
Ein winzig kleines, selbstgezimmertes Holzhäuschen gibt es bald auch. Wir können sogar darin übernachten auf alten Feldbetten. Das macht Spaß. Aber mit den Eltern auf so engem Raum in der Nacht, ist immer auch anstrengend und ich bin froh, wenn es wieder Tag ist. Dann gibt es gewisse Freiheiten hier hinten im Tal, die es oben im Dorf so nicht gibt.

Ja, ich muss auch hier wieder arbeiten. Ganz früh schon lerne ich, wie man auf den Knien sitzt und mit einer Sichel mäht. Ich weiß, wie ich mit dem Gaskocher Wasser koche für Kaffee, Tee oder auch Suppe. Holz muss ich holen für den Ofen. Auf Hella aufpassen, ist auch immer dran. Dennoch kann ich ab und an länger im Wald herumstromern, mir Stöcke schnitzen mit einem kleinen Küchenmesser, das mein Vater mir dafür gegeben hat. Hella spielt auch gerne draußen und ich kann sie ab und zu auch mal ein wenig alleine lassen, so lange ich sie im Blick habe.
„Dass sie bloß nicht ins Wasser fällt", sagt meine Mutter.
Ich passe auf.

An einem Zulauf zum Teich liegt eine dicke Holzbohle. Darauf dürfen wir sitzen und die Füße im Wasser baumeln lassen, so lange wir noch nicht schwimmen können. Das mögen wir sehr und denken uns allerlei Spiele aus auf diesem dicken rauen Brett. Aber nicht nur dort ist Spielen möglich. Das ganze Gelände wird zu einem potentiellen Spielfeld. Büsche und Bäume, Wassergräben und Bretter als Stege, unsere kleine Hütte und selbst das Plumpsklo, das unser Vater weiter hinten am Graben aufgestellt hat, lassen der Phantasie freien Lauf. Wenn ich kann, verschwinde ich hinter irgendwelchen Büschen und tauche erst wieder auf, wenn sie rufen. Nur Hella muss ich im Blick behalten. Aber nicht so arg wie daheim. Sie spielt auch viel, oft mit ihren Püppchen auf einer Decke, manchmal auch mit Steinen und Hölzchen.

Irgendwie ist das Leben an den Teichen hier unten im Tal etwas leichter, - zunächst wenigstens, als wir noch kleiner sind. Unsere Mutter ist entspannter. Sie erlaubt uns kleine Freiheiten. In diesen Tagen entdecke ich mich selbst irgendwie anders.

Es gefällt mir sehr, meinen alten dünnen Anorak anzuziehen, die kurzen Hosen, darüber einen alten Gürtel, hinter den ich das Messer stecke, das ich zum Schnitzen haben darf. Ich streiche zwischen Büschen und Bäumen herum, manchmal durch tiefes Gras. Stöcke schneide ich mir und schnitze Muster hinein, ritze sogar meinen Namen in eine Baumrinde, wie ich es einmal woanders gesehen habe. Es ist schwerer als ich dachte. Tom - steht da. Das bin ich.

So nenne ich mich, wenn ich spiele. Im Fernsehen habe ich einmal einen Film gesehen, wo ein Junge spannende Abenteuer bestehen muss, sich viele Tage durch Wälder und raues Gelände schlägt, ganz allein. Er heißt Tom.

Hier bin ich Tom. Mutig bin ich und allein auf mich gestellt. Heimlich schleiche ich mich durchs Gebüsch. Keiner soll mich

bemerken. Ich habe Geheimnisse, die niemand entdecken soll, traue keinem und lasse mich nicht beirren auf meinem Weg...
„Ich muss aufs Klo", ruft Hella. Damit ist mein Abenteuer erst einmal wieder unterbrochen. Ich steige aus dem Gebüsch oder komme hinter irgendeinem Baum hervor, gehe zu ihr hin und begleite sie bis zum Holzhäuschenklo hinten am Graben. Es dauert etwas, denn der Weg am Damm entlang ist lang. Ich öffne die Holztür. Da drin stinkt es immer etwas. Hella kann schon selbst ihre Hose herunterziehen und sich auf das Brett mit Loch setzen. Jetzt will sie, dass ich die Türe von außen schließe und auf sie warte. In der Tür sind kleine Astlöcher. Da hinein stecke ich Grashalme. Das freut sie und sie jubelt immer, wenn sie einen neuen entdeckt, der irgendwo plötzlich innen herauskommt. Dieses Spiel haben wir uns ausgedacht.
Die Sitzungen dauern deshalb länger. Irgendwann ist sie fertig. „Ordentlich abgeputzt?", muss ich fragen. „Ja ja", antwortet sie meist und wir treten den Rückzug an.

Das sind die guten Tage an den Teichen. Es kommen später schlimme. Aber diese Tage am Anfang unseres Teichlebens sind oft helle Tage.

Ein Schulkind

Dass ich ein Schulkind bin, erfüllt mich mit Stolz. Die Dorfschule hat vier Klassen in einem einzigen großen Raum. Ganz vorne sitzt die erste Klasse, zu der ich auch erst einmal gehöre. Die anderen Klassen sitzen immer weiter hinten. Die hinteren Bänke und Stühle sind größer und höher. Vorne links steht das Lehrerpult, an dem Frau Paulsen oft sitzt, wenn es warm genug ist. Ansonsten steht sie ganz rechts an der Wand am großen Ölofen.

Rechts neben dem Lehrerpult hängt die große grüne Tafel an der Wand, die sich aufklappen lässt. Rechts steht der Ständer, an dem Landkarten aufgehängt werden.

Ganz hinten an der Wand steht das Interessanteste für mich. Da gibt es links in der Ecke den großen alten Schrank, der oben Glastüren hat. Darin sind ganz viele Kinderbücher, die man am Samstag ausleihen kann. Daneben steht das schwarze Klavier. Samstags ist Singen dran. Wir sitzen dann alle um das Klavier, singen aus dem Liederbuch und Frau Paulsen spielt dazu. Ganz rechts in der Ecke steht ein weiterer großer, hellerer Schrank. Darin sind Werkzeuge und Materialien für den Werkunterricht der Buben. Mädchen dürfen da nicht dran.

Im ganzen großen Klassenraum steht ein bestimmter Geruch. Zum einen kommt der durch die öligen schwarzbraunen Holzdielen, die von der Putzfrau von Zeit zu Zeit nachgeölt werden.

Da hinein aber mischen sich unterschiedliche Gerüche, die nur schwer in ihrer Gesamtheit zu beschreiben sind. Es sind Gerüche, die durch die Kinder hereingetragen werden, der Geruch der müffeligen Landkarten, der Ölofengeruch und manchmal riecht auch die feuchte Kreide. Insgesamt aber nenne ich ihn den Geruch der Angst. Lange rieche ich ihn noch, selbst, als ich längst nicht mehr in diesem Klassenraum bin.

Zuhause gibt es keine Zweifel, dass wir auch wer sind. In der Schule ist das längst nicht so klar. Bei der Paulsen sind einige Kinder recht wichtig, andere eher nicht - oder gar nicht.
Hetti Schulze zum Beispiel ist bei ihr eindeutig niemand.
Jetzt ist Unterrichtsende und wir stehen alle hinter unseren hochgestellten Stühlen. Hetti steht drei Schritte weit weg von mir hinter ihrem Stuhl. Es kann nur noch Sekunden dauern, bis die Paulsen das bestimmte Wort sagt. Dann dürfen wir aus dem Klassenzimmer gehen und nach Hause. Nur wenige Augenblicke noch, kein Grund mehr, sich zu ängstigen, bedroht zu fühlen, aber Hetti zittert. Sie zittert so sehr. Ich verstehe erst nicht. Doch dann sehe ich, wie ein kleines Rinnsal unter ihr immer größer wird. Aus ihrem viel zu kurzen Hosenbein fließt es gnadenlos unaufhörlich heraus auf die öligen Dielen, rinnt durch die Ritzen weiter nach vorne. Kinderurin, der nach Angst riecht. Aber das riecht die Lehrerin nicht.
Sie hört nur, wie jemand sagt: „Igitt... die Hetti pinkelt."
Mit ihrem festen harten Schritt nähert sie sich unserer Reihe. Ihre kurzen harten Absätze schallen laut und dumpf durch den Raum. Ich rieche Hettis Angst. Hilfe suchend schaut sie zu mir herüber. Dann bricht das Unwetter los.
Harte, verächtliche Worte... Aus welchem Schweinestall sie denn kommt und ob das üblich ist bei ihnen daheim, ob das da alle machen... Einige fangen an zu lachen. Das hat sie ganz gerne, die kräftig gebaute Paulsen, die grünberockte Lehrerin mit dem lauten Klopfschritt. Von hinten tritt sie an Hetti heran, greift in ihr Haar und zieht ihren Kopf heftig hin und her.
„Ja her amal! Bist du ein Schwein? Antworte!"
Hetti antwortet nicht, schüttelt nur den Kopf, zittert und schluchzt erbärmlich.
„Schweine haben in der Schule nichts verloren, hörst du!"

Wieder lachen einige. Dann endlich bekommt Hetti die Anweisung, die Sauerei schnellstmöglich aufzuwischen, sie wisse ja, wo Eimer und Lappen lägen. Und wehe, es wäre nicht ordentlich und mit Wasser und überhaupt…

An diesem Tag vermischen sich Hettis Urin, das Putzwasser und ihre Tränen auf den alten dunklen Holzdielen. Dabei ist Hetti längst nicht die einzige, der dieses Malheur passiert. Dem Bertel ist es nur wenige Tage zuvor auch so gegangen. Nur steht der direkt neben der Landkarte, die vorne aufgehängt ist. Er soll etwas darauf zeigen, was er nicht zeigen kann. Als Frau Paulsen im grünen Rock und mit ihren lauten Absätzen sich ihm Schritt für Schritt zügig nähert, ihre Stimme immer fordernder wird und ihn immer mehr bloßstellt, da passiert es auch ihm. Es tropft durch die Lederhose hinunter auf die Kniestrümpfe mit den Rauten, ergießt sich auf die abgetretenen Sandalen und landet wieder auf den öligen Holzdielen.

Nun könnte irrtümlich der Gedanke entstehen, eine allgemeine Blasenschwäche hätte sich unter den Kindern breit gemacht. Das Gegenteil ist eher der Fall. Dieser Klassenraum mit der Paulsen drin ist das beste Blasentraining, das es gibt. Angst trainiert Blasen. Meine ist hoch trainiert über viele Jahre.

Das Training fängt im ersten Schuljahr an. Ich kann mich nicht erinnern, jemals auf der Toilette gewesen zu sein in den ersten vier Schuljahren. Wenig trinken morgens…viel zu wenig… und es halten, bis die Schule zu Ende ist. Eine Not mit der Notdurft. Die Ursache ist Angst, einfach nur Angst, lächerlich, kümmerlich zu erscheinen, bloßgestellt zu werden. Keinen Moment sind wir davor sicher.

Mit ziemlicher Sicherheit wird man schon bloßgestellt, wenn man nur zur Toilette muss, - so als wäre es primitiv und unanständig, einfach zu müssen.

Beinah immer gibt es einen Kommentar. „Pinkelheini, bist wohl noch ein Baby. Na ja, bevor du dir in die Hosen machst." Das muss sich jeder anhören, der meldet, er müsse mal schnell. Nur selten und bei ganz guter Stimmung kann es sein, sie nickt nur. Die Erleichterung kann man dann förmlich hören.
Bloßgestellt wird man aber auch, wenn man etwas nicht kann. Auf der Landkarte nicht gleich das richtige Gebirge finden, beim Kopfrechnen nicht schnell genug, spazieren mit tz schreiben und schon heißt es spöttelnd: „Ach ja, die Spatzen irren... wo irren die denn hin? Die irren bei dir im leeren Kopf herum." Die anderen lachen.
Sie lachen auch beim Singen. Denn Frau Paulsen hat plötzlich mitten im Lied aufgehört, Klavier zu spielen. Ihre kräftigen Hände mit den zwei dicken Ringen liegen still auf den Tasten.
„Hier brummt einer", sagt sie und schaut nach links. Wir sitzen beim Singen immer um sie herum mit unseren Stühlen; sie spielt und wir singen. Jetzt schaut sie nach links. Gott sei Dank. Ich sitze rechts.
„Hier brummt einer", sagt sie lauter. Schon weicht bei einigen, die links sitzen, die Farbe aus dem Gesicht. Denn nun müssen sie alle der Reihe nach alleine das Lied singen, das gerade dran ist, - alleine, ohne Klavier, ohne die anderen. Und schon hat sie den Übeltäter. Hanno brummt. Hanno brummt immer, - und das weiß sie längst. Sie führt ihn vor. Er muss lauter singen. Hanno brummt lauter.
„Dummkopf und Brummkopf zugleich!", sagt sie.
Einige lachen. „Dann brumm wenigstens leiser oder halt ganz den Mund", sagt sie. Einige lachen, denn das befreit. Sie lachen auch, weil SIE das mag. Und es tut gut, etwas zu tun, was sie mag. Endlich fängt sie wieder an zu spielen. Hanno ist erlöst für dieses Mal.

Hanno pinkelt nicht, wenn er bloßgestellt wird. Er grinst ein wenig, guckt dann unter sich und wartet, bis das Unwetter vorbei ist. Er ist einiges gewöhnt.

Eigentlich ist Singen das schönste Fach. Samstags die letzte Stunde, dann kommt nur noch Bücher ausleihen vom Bücherschrank in der Ecke, dann ab nach Hause.

Ein schönes Liederbuch haben wir. Es hat nachdenkliche, traurige und lustige Lieder mit wunderhübschen Bildern dabei. Ich kann ganz gut singen. Ja, das schönste Fach ist Singen, außer, wenn es Noten gibt. Dann ist Vorsingen, allein und ohne Klavier. Alle haben Angst, dass sie hart urteilt über unseren Gesang. Ich singe immer zu leise. Die Angst, mich zu blamieren, schnürt mir die Kehle zu. Es kommen dann nur noch leise Töne durch. Jedes Jahr sagt sie es wieder: „Piepsstimme, man hört ja kaum was. Na ja, bestenfalls eine drei."

Ich kann singen. Ich weiß es. Wenn keiner zuhört, kann ich prima singen, laut und kräftig und die Melodie stimmt auch. Ich habe ein gutes Gehör für Melodien, sagt der Pfarrer beim Flötenunterricht.

Im vierten Schuljahr trainiere ich schon Wochen vorher fürs Vorsingen. Ich ärgere mich so sehr, dass ich singen kann und dann doch „bestenfalls eine drei" bekomme.

Dann ist es wieder so weit. Vorsingen. Ich fasse mir ein Herz und singe, erst leise, dann lauter, kräftig und richtig, wie ich es geübt habe daheim im Keller.

„Von allen blauen Hügeln reitet der Tag ins Land…", singe ich. Nicht ganz leicht, aber ich mag dieses Lied und singe es laut, deutlich und mit allem Mut, den ich aufbringen kann.

Und tatsächlich - sie hat es bemerkt.

„Nanu, da tut sich ja was", sagt sie. „Es geschehen noch Zeichen und Wunder. Na, dann wollen wir mal eine zwei geben."

Ich atme auf, lächle in mich hinein. Ein kleiner Schritt auf einer langen Reise zu mir selbst. Ich muss es schaffen, wie meine Oma gesagt hatte.

„Von allen blauen Hügeln reitet der Tag ins Land. Er reitet mit wehenden Zügeln, er reitet mit weiter Hand. Er rücket stolz zu Felde und schlägt die Nacht entzwei. Er nimmt sie ganz gefangen und macht die Erde frei."
Dieses Lied hat auch mich ein klein wenig frei gemacht an diesem Tag beim Vorsingen, nachdem ich drei Jahre lang die „Piepsstimme" war mit der „bestenfalls drei".

Bücher ausleihen ist schön. Viele sind schon abgegriffen, aber in ihnen verbergen sich wunderbare Geschichten. Manchmal erinnern sie mich an die Bücher auf dem alten Dachboden, als meine Oma noch lebte und ich mit ihr zum Wäscheaufhängen gehen durfte.
Damals konnte ich noch nicht lesen. Wie gerne hätte ich ihr jetzt etwas vorgelesen vom verhexten Telefon, Tannenwalds Kinderstube oder den Münchhausener Lügengeschichten.
Das hätte ihr bestimmt gefallen und sie hätte mich gelobt, dass ich schon so gut lesen kann.
Daheim lobt mich keiner. Es ist irgendwie selbstverständlich, dass ich das kann und alles andere auch. Sie sagen nur manchmal: „Sieh zu, dass du ja mitkommst und uns keine Schande machst."
Ich mache keine Schande.

Manchmal ist es auch friedlich im Klassenraum. Der Ölofen bullert, alle Kinder sitzen über ihrer stillen Arbeit. Frau Paulsen mit dem grünen dicken Rock steht mit dem Rücken zum Ofen, räus-

pert sich manchmal und hat alles im Blick. Es gibt diese friedlichen Momente, aber sie können umbrechen im nächsten Augenblick.
Ein besonders friedlicher Moment ist die frühe, dunkle Morgenstunde im Winter, wenn man Tafeldienst hat. Man muss früher kommen, privat bei ihr klingeln, bekommt meist wortlos den Schlüssel gereicht, springt übern Hof, die Treppen hinauf und in das große Klassenzimmer. Zwei Lampen macht man an, nicht alle, das reicht für die Arbeit. Die großen dunklen Gardinen zurückschieben, alle Stühle von den Tischen herunter auf den alten Holzboden stellen, alle Schreibunterlagen auf die richtigen Plätze legen und die Tafel wischen. Das ist das Wichtigste. Alles ist friedlich und still. Wenn man sich beeilt, hat man noch Zeit, sich das eine oder andere näher zu betrachten: die Landkarten, den ausgestopften Vogel auf dem Schrank mit den Werksachen. Oft liegen da auch Dinge, die die Buben im Werkunterricht gemacht haben. Besonders gefallen mir die Figuren aus Sperrholz. Ich bin ganz gut in Handarbeit, aber Werken würde ich lieber machen.
Andererseits: Handarbeiten ist friedlich. Dafür kommt extra die ältere Frau Luft. Im Sommer kommt sie mit dem Rad, ab Herbst dann mit dem hellen Käfer. Sie hat eine warme Stimme, ist verständnisvoll und gütig; ein bisschen, wie Oma war. Wenn etwas nicht gleich gelingt, ist sie geduldig und erklärt es wieder und wieder. Ich will, dass sie mich lobt, dass sie mit ihrer warmen Stimme zu mir spricht. Schon deshalb strenge ich mich an in Handarbeit. Stoffreste und bunte Fäden fallen auf die öligen Holzdielen. Meine ersten Topflappen benutze ich heute noch.
Ab und zu kommen noch andere Gäste zu uns. Regelmäßig jede Woche kommt der Pfarrer für Religion. Alle sechs Monate kommen zwei Mitarbeiter der Sparkasse. Beides ist friedlich und interessant.
Selten gibt es besondere Erlebnisse.

Einmal kommen vier Zigeunerkinder für drei Tage. Die gehen immer dort zur Schule, wo sie gerade lagern mit ihrem Wagen. Nun lagern sie eben draußen bei der alten Brücke hinterm Dorf. Die Zigeunerkinder behandelt Frau Paulsen vorsichtig. Sie werden gar nicht bloßgestellt, nur herantastend befragt. Überhaupt gibt es keine Bloßstellungen und nur wenig harte Worte in diesen drei Tagen. Vielleicht sollen die Zigeunerkinder einen guten Eindruck bekommen. Kaum aber sind sie weg, riecht es im großen Klassenzimmer wieder nach Angst und Ungerechtigkeit.
Ungerecht ist, dass Irmi nur selten geschimpft wird, obwohl sie bestimmt nicht die Schnellste und Klügste ist. Aber gelegentlich in den Pausen kommt ihre Mutter auf den Schulhof mit einer roten Wurst in der Schürze. Die gibt sie der Frau Paulsen und sagt: „Die essen Sie doch so gern."
Ungerecht ist, dass Mädchen und Buben ihr oft nicht zeigen können, was sie wirklich wissen und können. Sie bekommen keine Antwort heraus, weil sie Angst haben. Gibt man eine falsche Antwort, muss man sich oft Übles anhören. Man wird wieder bloßgestellt. Also meldet man sich lieber nicht. Je mehr Angst im Raum ist, je weniger kann man lernen.
Gerade noch hat mir Berti in seinem Atlas den großen Fluss gezeigt, doch jetzt, da vorne an der Karte, da findet er ihn nicht gleich. Sie lässt ihm keine Zeit zum Suchen. Schon schallt ihre Stimme zu ihm herüber, ob er denn Tomaten auf den Augen ... oder mal wieder nichts gelernt hat. Berti kennt den Fluss. Er ist nicht dumm. Er hat Angst. Je mehr er zittert da vorne an der Karte, je mehr er nach Angst riecht, je weniger weiß er auch nur irgendetwas. Heute ist ein ganz schlechter Tag. Ihr Stuhl scheppert ein wenig nach hinten, als sie aufsteht. Berti zittert und stottert, er wisse eigentlich,... aber gerade könne er nicht,... - da ist sie schon bei ihm. Und nun geschieht eines der grausigsten Dinge, die ich je in diesem Raum erlebt habe. Mit der linken Hand dreht

sie den Perlenring an der rechten Hand nach innen. Schon schallt laut die Ohrfeige durch den Raum. Berti heult los. Seine Tränen fallen auf die alten Dielen. Dann endlich darf er sich setzen. Ein klein wenig Blut tropft von seiner Wange.
So geht es aus an den ganz schlimmen Tagen. Die sind so wirkungsvoll, dass es immer ein wenig nach Angst riecht und Ungerechtigkeit in diesem großen alten Raum.
Ungerechtigkeit geschieht fast jeden Tag, auch dann, als der größere Karl sich von hinten über mich beugt und mir mein schönstes Lesezeichen mit einem Handgriff aus meinem aufgeschlagenen Lesebuch stibitz. Ich bin sprachlos. Meist traue ich mich nicht, mich zu wehren. Aber das ist zu viel. So dreist ist das, mitten im Unterricht in einem unbeobachteten Moment mir mein wunderschönes altes Lesezeichen zu stehlen, das noch aus der Schulzeit meiner Mutter ist. Da platzt es aus mir heraus, dass er es mir genommen hat und ich es wieder haben will. Frau Paulsen blickt auf von ihrem Platz vorm Ofen.
„Karl“, fragt sie. „Hast du das getan?“
„Nein, hab ich nicht getan“, antwortet er.
„Dann spinn hier nicht so rum und pass eben auf deine Sachen auf“, bekomme ich zu hören. Damit ist der Fall erledigt.
Die Ungerechtigkeit würgt mir im Hals. Leicht könnte ich erbrechen.
Mein heißgeliebtes Lesezeichen bekomme ich nie wieder.
Angst bewegt mich auch, als ich das erste und einzige Mal nachsitzen soll. Nachsitzen ist nichts, was ich mit mir in Verbindung bringen kann. Außerdem: Der Grund ist wieder einmal Ungerechtigkeit. In meiner Bank haben zwei leise einen Witz gemacht und gelacht. Sie hat es gemerkt und mich mit in die „Nachsitzhaft“ genommen. Den Rest des Unterrichts kann ich an nichts anderes denken als ans Nachsitzen. Nein, ich doch nicht. Das wird daheim

niemand verstehen. Vielleicht setzt es auch Prügel, wenn der Vater das erfährt. Offenbar ist die Angst vor ihm noch größer als die Angst vor der Paulsen. Ich bin schnell, sehr schnell. Als die Schultür aufgeht, stürme ich hinaus und die Dorfstraße hinauf. Hinter mir höre ich Irmi rufen: „Die haut ab! Die muss doch nachsitzen!" Ich bin schnell, renne zum Dorf hinaus in die Gegenrichtung zu unserem Haus, biege bald in den Feldweg ein, der ins Tal zu unseren Teichen führt. Dort hin wollten wir ohnehin an diesem Mittag im Sommer. Irgendwann kommt meine Mutter mit Hella auf dem Rad. Dass sie auf mich gewartet hat und was denn um Himmels Willen los sei, fragt sie. Ich erzähle aufgeregt, was war. Keiner schimpft. „Das ist ja ungerecht", sagt sie nur. Mein Vater sagt das am Abend auch. Aber was wird nun die Paulsen wieder sagen - oder gar tun?

Am nächsten Morgen muss ich genau da wieder hin. Vor Angst zittern mit die Knie, als ich den Klassenraum betrete. Seltsam. Die erste Stunde vergeht und sie sagt kein Wort. Die zweite Stunde vergeht. Sie sagt immer noch nichts. Ich schlucke vor Angst.

Dann ist Pause. Keinen Bissen vom Pausenbrot bringe ich hinunter. Auf dem Schulhof spielen wir: „Mutter, Mutter, wie viel Schritte darf ich gehen..." Sie steht an die Hausmauer gelehnt und beobachtet uns. Irgendwann ruft sie meinen Namen.

„Marie!"

Mein Herz klopft bis zum Halse. Ich stehe vor ihr und sie fragt, weshalb ich denn gestern weggelaufen wäre.

„Ich hatte Angst, dass mein Vater schimpft, wenn ich ungerecht nachsitzen muss. Ich hab gar nichts gemacht."

„Aha", sagt sie nur - und dann: „Na, dann spiel weiter..."

Ich stehe wie vom Donner gerührt. Unfassbar, es passiert weiter nichts. Schnell gehe ich hinüber zu den anderen. Wir spielen weiter: „Mutter, Mutter, wie viel Schritte darf ich gehen?“ Ich darf einen Himmelsschritt gehen, jawohl, einen Himmelsschritt. Während ich ihn mache, erlebe ich noch einmal innerlich die Szene, als ich gerade vor Frau Paulsen stand. Da weiß ich, dass es das Wort VATER war, das sie verhalten gemacht hat, vorsichtiger im Augenblick. Offenbar stimmt es doch, dass wir auch wer sind. Oder hat sie gehört, dass er sehr laut und böse werden kann? Sie war vorsichtig.
Dass diese Vorsicht durchaus angebracht ist, erfährt sie erst viel später.

Als Hella im ersten Schuljahr ist, wird sie von ihr zu Unrecht einer bösen Tat bezichtigt. In den Kitt der Toilettenfester sind die Abdrücke von Fingernägeln hineingedrückt worden. Hella wird als die Täterin bezichtig, weil sie als letzte auf der Toilette war. Die behauptet aber, sie war es nicht und ist erbost über diese Ungerechtigkeit.
Sie wird zornig und sagt der Lehrerin, dass sie es nicht war. Die wird noch wütender und schreit: „Der Apfel fällt nicht weit vom Stamm!“
Das versteht Hella nicht und erzählt es lauthals daheim. Am selben Abend noch klärt der „Stamm“ die Paulsen lautstark und unter Androhung von Schlägen darüber auf, wie gefährlich es sein kann, solch einen Satz auszusprechen und dazu noch seine Jüngste zu Unrecht zu verdächtigen. Die ganzen Leute rundum hätten zugehört, erzählt mein Vater später, als er wieder daheim ist.
Wir sind auch wer. Das war klar geworden. Und doch denke ich: Es ist nicht so wie bei Irmi und Roland, deren Eltern immer mit ihr schöntun und ihr ab und an etwas bringen. Es ist, weil sie irgendwie Angst vor ihm hat.

Arbeiten

Arbeiten ist das Wichtigste überhaupt. Vater arbeitet viel und hart. Deshalb sind wir wer und werden wir immer mehr wer. Unsere Mutter arbeitet im Haus und Garten und hat ganz viel zu tun. Wir haben schon früh eine Waschmaschine. Ein Glück, sagt sie, denn nun muss sie nicht immer spucken, wenn sie gar zu schmutzige Sachen wäscht. Die Arbeitsklamotten von ihm muss sie nicht mehr mit der Hand wringen, was sehr schwer ist. Die Maschine hat eine Schleuder.

Ist unsere Mutter nicht im Keller oder Bad oder in der Küche, dann ist sie im Garten. Täglich läuft sie oft in den Keller und wieder hinauf. Durch die kleine Tür im Keller geht sie in den Hühnerstall, um Eier zu holen oder Hühner zu füttern. Kartoffeln holt sie oder anderes Gemüse, das im Keller aufbewahrt wird. Oft ist sie gerade oben und dann fällt ihr ein, dass sie unten etwas vergessen hat. Sie kann nicht gut planen.

Meist bin ich dann zuständig, um das zu holen oder zu tun, was sie vergessen hat.

Zuerst ist der Boden im Keller festgetrampelte Erde. Das riecht immer gut. Aber irgendwann ist auch hier Betonboden, hat er auch hier alles umgebaut. Den alten Keller mochte ich mehr.

Hier habe ich Geheimverstecke für Stöcke, die ich gefunden habe im Laufe der Zeit. In einer dunklen Ecke, in die man selten kommt, habe ich hinter einem kleinen Strohballen einen Karton versteckt mit Kostbarkeiten drin, von denen niemand etwas weiß.

Den Strohballen hatte eines Tages Tante Anna dort hingeschleppt, um Äpfel drauf zu lagern. Das hat sie nun aber schon lange nicht mehr getan und der Ballen liegt unbeachtet herum.

Bin ich gerade abkömmlich oder übersieht man mich gerade, verstecke ich mich dort und spiele. Ein kleines Heft von Onkel Hubert liegt im Karton mit einem winzigen Bleistift dran. Darin hatte er schon kleine Zeichnungen gemalt. Ich musste raten, was es ist. Jetzt male ich selbst ab und an etwas hinein.
Maiskolben gibt es, denen ich Gesichter gemalt habe. Ich spiele mit ihnen wie mit Puppen und kämme ihnen mit einem alten Kamm, dem schon etliche Zinken fehlen, behutsam das lange, etwas feuchte Haar.
Ein beinahe leeres Parfümfläschchen gibt es hier auch. Tante Trudi hat es mir einmal geschenkt. Wenn ich es öffne, strömt ein feiner Geruch heraus.
Während ich spiele, lausche ich, ob sie mich rufen. Selbst wenn sie es nicht tun, werde ich bald unruhig und schiebe den Karton wieder in die Ecke hinter dem Stroh zurück, stehe auf, stromere noch ein wenig durch den Keller und gehe dann wieder nach oben. Oft fragt unsere Mutter, wo ich denn wieder war und erklärt, dass Arbeit auf mich wartet: Holz oder Kohlen hoch holen (später auch Öl mit der Ölkanne), Wäsche zusammenlegen und Taschentücher bügeln, einkaufen, putzen, mit Hella spielen und auf sie aufpassen.
Wenn wieder gebaut wird, abends oder am Wochenende, dann muss ich Wasser holen und kleinere Steine, etwas festhalten, etwas bereithalten, Werkzeuge reichen. Nie geht es ihm schnell genug. Immer schimpft er beim Arbeiten.
Am schlimmsten ist für mich, die Außentreppe zu putzen, wenn es Winter ist und friert. Dann tun die Finger noch mehr weh als sonst, ich bekomme den Putzlappen weniger trocken gewrungen und der feuchte Lappen klebt samt den Fingern an der rauen Betontreppe fest.

Immer wieder habe ich Schrammen an den Händen. „Stell dich nicht so an“, sagt sie nur und klebt mir Pflaster auf die schlimmsten Stellen.
Weil ich lange Beine habe und schnell bin, werde ich auch irgendwann beauftragt, etwas draußen zu tun, außerhalb von Hof und grünem Bretterzaun. Ich darf durchs Dorf gehen.
Fertige Kleider, die meine Mutter genäht hat, trage ich zu Leuten. Das Geld, das sie mir für unsere Mutter geben, muss ich sorgsam in meine Tasche in der Schürze stecken und daheim abliefern. „Renn nicht so“, sagt sie immer wieder, „damit du das Geld nicht verlierst.“
Ich muss aber auch im Spar-Geschäft einkaufen, was sie aufgeschrieben hat. Ganz hinauf auf den Berg laufe ich manchmal, zu Onkel Wolfgang und Tante Irma. Ich muss etwas hinbringen oder abholen oder auch nur etwas ausrichten. Manchmal hole ich Milch bei der Milch-Irma mitten im Dorf. Die Kanne muss vorsichtig getragen werden, weil sonst die Milch überschwappt.
Ein ähnlicher Fall ist das, wie beim Schlachten. Wir schlachten im Winter und an einem Samstag, wenn mein Vater auch Zeit hat. Schlachten ist grausig am Anfang und viel Arbeit den ganzen Tag. Wenn das Schwein, das von einem Bauern nebenan gebracht worden ist, im Hof festgebunden ist, wird es totgeschossen mit einem extra Schussapparat. Das ist schrecklich und ich weigere mich, den Hof zu betreten, bleibe in der Küche und halte mir die Ohren zu, weil das Schwein so verzweifelt quiekt vor dem Schuss. Tante Anna muss mit raus in den Hof, Blut rühren, sagen sie. Das stelle ich mir furchtbar vor. Das Schweineblut tropft in einen Eimer und muss dauernd gerührt werden, damit es nicht gerinnt und später in die Blutwurst getan werden kann. Der Metzger Willi ist da und schneidet das tote Schwein in zwei Hälften. Die hängen dann an einem hohen Gestell mitten im Hof. Darunter ist noch

eine Blutlache. Die Gedärme werden gereinigt, sagt unsere Mutter, damit sie später als Wurstpelle verwendet werden können. Das mit den Gedärmen will ich gar nicht so genau wissen.
Der Metzger Willi ist ein kleiner dicker Mann, der freundlich zu Kindern ist.
„Bald gibt es gute Wurst", ruft er mir zu, als ich an der Haustür erscheine und vorsichtig hinausgucke. Ich muss zurück in die Küche, den Tisch decken, das Geschirr und das Besteck auslegen, alles vorbereiten. Der Tierarzt kommt bald. Ich muss den Schnaps aus dem Kühlschrank holen und mit Gläsern nach unten bringen. Wenn der Tierarzt seinen lila-blauen Stempel auf die Schweinehälften gedrückt hat, wird erst einmal Schnaps getrunken. Der Tierarzt, Willi und mein Vater kippen ihn in den Mund und gleich muss noch ein zweiter hinterher.
„Auf dass es gute Wurst gibt und besten Braten", sagt Willi.
Dann holt er eine Handsäge und zerschneidet nach und nach die Hälften. Es gibt Fleisch, das eingekocht wird in Gläser, Koteletts werden geschnitten und Braten. Die Zubereitung der Wurst ist am spannendsten. Unterschiedliche Stücke Fleisch kommen in die Maschine und werden zu einem Brei vermahlen, der in eine große Holzwanne läuft. In diesen Brei werden dann noch andere Sachen gemischt, Blut und Speckwürfelchen für die Blutwurst, verschiedene Gewürze, Leber für die Leberwurst, Schwartenstückchen für den Schwartemagen. Das Ganze wird in die Stopfmaschine getan. Dann kommen unten die Würste heraus, rote Wurst und Blutwurst. Es gibt auch Blasen. Das ist auch Blutwurst, Leberwurst und Schwartemagen. Wenn Wurst gemacht wird, ruft mich Tante Anna. Dann darf ich zuschauen. Fertige Blasen werden in einen großen Kessel mit kochendem Wasser gelegt mit einem riesigen Sieb mit Stiel. Wenn die Wurst gekocht ist, ist die Brühe Wurstsuppe. Vorher aber gibt es eine Pause.

Alle versammeln sich zum Essen in der Küche. Ein großer Topf mit Wellfleisch, gekochter Leber, Herz und Nieren wird auf den Tisch gestellt. Dazu gibt es Brot, Senf und Salz. Ich muss allen zu Trinken bringen, Bier vor allem, aber auch Kaffee.
Nach dem Essen darf ich mit in den Keller, wo die Wurst kocht. Jetzt beginnt meine beste Arbeit. Ich muss Milchkannen mit Wurstsuppe gefüllt in die Nachbarschaft tragen. Dazu gibt es kleine Versuchswürstchen, Leber- und Blutwürstchen. Die bekommen nur gute Nachbarn und nahe Verwandte. Ich muss mindestens zehn bis zwölf Kannen Suppe holen und damit wieder da und dort hin gehen. Mein Vater schöpft die Kanne immer wieder voll mit einem riesigen Schöpflöffel. Die Suppe und kleine Fettstückchen rinnen außen an der Kanne herunter. Die Würstchen sind in Frühstückspapier gepackt. Die Leute, denen ich das bringe, schütten die Suppe gleich in einen Kochtopf und bedanken sich. Manchmal bekomme ich auch eine Kleinigkeit, ein Bonbon oder sogar einen Zehner. Zurück kann ich rennen mit der leeren Kanne, die gleich darauf wieder vollgemacht wird. Es geht weiter. Er sagt mir immer, zu wem ich jetzt noch gehen muss. Wenn ich schnell bin, lobt er mich sogar manchmal, denn Wurst kochen ist entspannend und die meiste Arbeit ist gemacht. Dann trinkt er Bier und füllt mir immer neu die Kanne.
Leider aber steht mir eine Arbeit noch bevor, die ich geradezu verabscheue. Ich muss zurück hinauf in die Küche und Schlachtgeschirr waschen helfen. Alle Geräte, Maschinen, Messer und die Holzbottiche müssen gewaschen werden mit ganz heißem Wasser, damit das Fett sich löst. Das ist grausig, weil ich das Fett nicht mag, den Geruch, den ganzen Dampf in der Küche und vor allem das furchtbar heiße Wasser, in das ich immer wieder hineingreifen muss mit den Händen, auch wenn sie schon ganz rot sind. Wenn ich weine und nicht weiter machen will, schimpft meine Mutter. Normalerweise muss ich spätestens um acht ins Bett.

Wenn Schlachtabend ist, wird es oft später als zehn wegen des Schlachtgeschirrs.
Wie oft schaue ich hinauf auf die große runde Uhr über der Küchentür. Ihre Zeiger wollen sich gar nicht weiterdrehen. Manchmal kommt Tante Anna und hilft uns. Aber das hat meine Mutter nicht gern. Abends soll sie hier nicht mehr in der Küche sein bei uns, hat sie einmal gesagt.
„Sie hat ganz rote Hände. Die Haut ist noch zu weich und zart", sagt Tante Anna zu meiner Mutter.
„Ach, das ist bei der immer so. Die soll beizeiten lernen, was alles gemacht werden muss", antwortet sie nur.
Auch diese Abende gehen irgendwann herum. Am nächsten Tag tun mir noch die Hände weh von dem heißen Wasser. Sie merkt es nicht - oder will es nicht sehen.

Kleine Fluchten, die nicht bleiben

Dass es kleine Bereiche gibt, in denen man sich verstecken kann, Zuflucht nehmen kann, das lerne ich früh. Unter den Betten von Tante und Onkel, das ist so eine Stelle. Dunkle Winkel im Keller oder die linke Ecke ganz hinten im Holzschuppen, sind weitere.
Lesen mag ich sehr. Endlich kann ich in dem alten roten Buch lesen, das mir Oma einmal geschenkt hat, damals auf dem alten Dachboden. „Schwabs Sagen des klassischen Altertums" heißt es. So spannende Geschichten werden da erzählt. Schwierig ist es, einen Platz zu finden, wo ich ungestört bin. Meine Kellerecke ist so ein Platz. Nur ist es dort recht dunkel. Von Onkel Hubert habe ich eine alte Taschenlampe bekommen. Damit lese ich heimlich hinter meinem Strohballen.
An Geburtstagen wünsche ich mir immer Bücher. Meine Eltern ignorieren das meist. Tante Anna meint auch, dass ein Goldrandteller oder ein versilberter Löffel für mich besser sei, weil man ja an die Aussteuer denken muss. Die Teller und Tassen, die Löffel, Gabeln und Messer interessieren mich nicht. Trotzdem bedanke ich mich brav und lege sie zur Seite. Unsere Mutter ist stolz auf jedes Teil, das wir zur Aussteuer geschenkt bekommen, bedankt sich beinah übermäßig und sagt immer: „Dann ist es doch nicht so teuer, wenn sie mal heiraten."
Heiraten, das kann ich mir so gar nicht vorstellen. Wenn ich meine Eltern erlebe, dann denke ich, Heiraten ist eine schlimme Sache. Ob es nicht doch auch für Mädchen andere Möglichkeiten gibt, zu leben, überlege ich schon früh. Ich rede nicht darüber. Ich weiß, dass das nur Spott und Ärger einbringt.
Tante Irma aus der DDR, die mit Onkel Wolfgang verheiratet ist und eine kleine Tochter hat, redet auch immer vom Heiraten.
„Hast du schon einen Freund?" fragt sie mich mein halbes Kinderleben lang. Sie fängt damit an, als ich etwa acht Jahre alt bin. Aber

sie schenkt mir auch eines Tages das dritte Buch meines Lebens: „Grimms Märchen".

Eine Patentante habe ich, die ich nicht richtig kenne. Sie lebt weit weg in einer Stadt. Zuerst hat sie auch in unserem Dorf gelebt und ist mit meiner Mutter zur Schule gegangen. Dann aber hat sie früh geheiratet und ist bereits vor Jahren mit ihrem Mann nach Süddeutschland gezogen, als ich gerade mal ein Jahr alt war. Das Wunderbare aber ist, dass sie mir immer Bücher zukommen lässt, wenn Weihnachten ist. Dann muss ich zwar zu ihrer Mutter gehen, die ich nicht mag, weil sie keine guten Worte hat. Aber dennoch gehe ich hin und hole mir am zweiten Feiertag mein Geschenk. Es ist immer ein Buch. Sie schenkt mir auch das erste Buch, das ich nach Omas Dachbodenbuch bekomme. „Fips, der Affe", heißt es. Sogar eine Widmung hat sie hineingeschrieben. „Für die kleine Marie, die nun schon bald lesen kann." Was für ein wunderbares Geschenk!

Inge, die jüngere Schwester meiner Mutter, schenkt mir auch oft ein Buch. So kommen „Hanni und Nanni", „Der Trotzkopf", „Andersens Märchen" und weitere Bücher in meinen Besitz.

„Fix und Foxi" darf ich mir nun auch kaufen, wenn das Heft erscheint.

Das hat mein Vater so angeordnet. Mutter war gar nicht begeistert darüber. „Jeden Monat fünfzig Pfennig, das ist zu viel für sie." Aber er hat seine Vorstellung davon, was dazugehört, um zu zeigen, dass wir auch wer sind. Bei Kollegen hat er gehört, dass sie ihren Kindern erlauben, sich Hefte zu kaufen. Das sei bei uns auch so, hat er gesagt. Und von da an bekomme ich monatlich ein „Fix und Foxi" Heft.

Ich vergesse es nicht, danach zu fragen, wenn Monatsanfang ist. Sie schimpft zwar immer ein wenig, gibt mir dann aber doch das Geld und ich springe über die Straße zum Laden.

Wenn ich die Betten machen muss, beeile ich mich manchmal ganz arg, um dann hinter dem hinteren Bett zu hocken und zu lesen. Eigentlich darf ich nicht lesen beim Arbeiten. Lesen ist nichts, was wertgeschätzt würde. Es gilt als Spielerei in der Freizeit. Die aber ist sehr rar und Arbeiten viel wichtiger.
„Warum dauert das so lange?", ruft meine Mutter von unten. „Bin gleich fertig!", rufe ich zurück, verstecke schnell das Buch oder Heft, streiche noch einmal schnell über die Decke und das Paradekissen, damit alles schön glatt aussieht. Dann beeile ich mich, in die Küche zu kommen, wo sie in der Regel schon wieder einen neuen Auftrag für mich hat.

Unten an den Teichen gibt es viele Verstecke. Doch dort sind wir nur am Wochenende.

Ganz hinten im Garten gibt es ein Hühnerhaus. Daran angrenzend steht noch eine stattliche Hütte. Mein Onkel wäre ein Hüttenbauer, sagt mein Vater. „Schmiede" nennt Onkel Hubert diesen Schuppen. Wirklich schmiedet er darin Eisen. Manchmal darf ich zusehen, muss aber etwas Abstand halten. Er macht eine richtig starke Glut in einem Kasten aus Metall. Unter diesem drückt er mit dem Fuß immer wieder auf eine Art Pedal. Da wird die Glut nur noch stärker, weil Luft hineinkommt. In der Glut liegen Hufeisen, Scharniere von alten Türen und andere Eisenstücke, die bearbeitet werden müssen, wenn sie heiß genug sind, dass sie sich biegen und klopfen lassen. Sind sie heiß genug, nimmt er sie mit einer langen Zange heraus, hält sie damit auf dem Amboss fest und schlägt mit einem dicken Hammer fest auf das Metall ein, dass die Funken sprühen. Er hämmert so lange, bis das Eisen so ist, wie es sein soll. Dann wirft er es in einen Eimer mit Wasser, dass es nur so zischt.

Schöner ist, wenn er im Winter schmiedet. Dann braucht er keinen Eimer und wirft das heiße Eisen einfach in den Schnee. Es zischt heftig. Rund um das Eisen schmilzt der Schnee und das grüne Gras darunter wird sichtbar.
Ich liebe diese Schmiede noch aus einem ganz anderen Grund. Mein Onkel schmiedet nicht so oft und hat in dem Schmiedeschuppen allerlei interessante Dinge aufbewahrt. Ein altes Fahrrad steht da, das keine Reifen hat. Ein altes Moped gibt es auch und sogar ein Motorrad.
Damit kann er noch fahren, auch wenn er es immer seltener tut und sagt, es sei alt und müsse ständig repariert werden. Wenn ich ihn bitte und schönes Wetter ist, stellt er Fahrrad und Moped draußen an die Holzwand. Dann darf ich drauf steigen und spielen, ich würde fahren.
Ich liebe dieses Spiel, sitze auf dem Sattel, lenke und brumme, steige ab, klettere auf den Sitz des Mopeds und spiele wieder, dass ich fahre. Das mag ich so sehr und kann es ganz lange spielen. Er sagt nur, dass ich aufpassen soll, damit ich nicht runterfalle und er Ärger bekommt mit meiner Mutter. Ich passe auf. Ich falle nicht runter.

„Mein Onkel kann alles bauen, was er will“, sage ich einmal am Tisch beim Abendbrot.
Was das für ein Unsinn sei, bekomme ich zu hören. „Was kann der denn schon“, sagt mein Vater. „Was der zurechtzimmert, das hält nicht lange.“
Es passt ihm nicht, dass ich das gesagt habe. Das merke ich sofort. Ich glaube, er will alleine derjenige sein, der alles bauen kann, was er will.
Ja, er betoniert und mauert und baut alles Mögliche. Aber er tobt und schreit meist dabei und wirft auch mal mit Sachen um sich. Onkel Hubert aber ist ganz ruhig bei der Arbeit. Schritt für

Schritt erklärt er mir, was er macht und noch vorhat. Ich verstehe alles und bin neugierig, was da entsteht. Er bringt mir vieles bei. Wir gehen öfter spazieren. Er sagt zu mir: "Schau immer mal, ob was auf der Straße liegt. Die Leute lassen da manches fallen, was man noch gut brauchen kann."
Ich lerne, was er meint. Wir finden Schrauben und rostige Nägel, kleine Unterlegscheibchen und einmal sogar ein handgroßes Stück Eisen, aus dem er noch etwas schmieden kann.
„Das gibt einen neuen Distelstecher", erklärt er. Ich bin beeindruckt.
Was freue ich mich, wenn ich selbst einen Nagel gefunden habe. Stolz reiche ich ihn ihm. Er lobt mich. Zuhause gehen wir in den Holzschuppen. Dort ist ein kleiner Tisch. Er holt einen Hammer und klopft den Nagel wieder gerade. Dann wirft er ihn in eine Dose, in der noch viele andere sind. Der Nagel wird später wieder benutzt. Er nagelt so einiges. Bretter haben wir immer. In vielen Ecken stehen welche.
Manchmal bitte ich ihn, etwas für mich zu bauen.
Das erste ist eine Schaukel. Nebenan habe ich eine gesehen. Mein Vater sagt, dass wir kein Geld für so etwas haben. Onkel Hubert aber gräbt plötzlich zwei Schritte von der alten Gartenhütte entfernt ein Loch und stellt ein richtig großes hohes Kantholz dort hinein. Sogar etwas Speis rührt er in einem Eimer an. Das Holz wird einbetoniert und wieder Erde darüber geworfen. Dann muss ich geduldig sein bis zum nächsten Tag. So gespannt bin ich, dass ich es kaum erwarten kann. Am anderen Nachmittag verbindet er dieses Holz ganz oben mit einem anderen Querholz und nagelt es fest. Dazu muss er schon auf eine kleine Leiter steigen. Das Gestell ist fertig. Jetzt geht er hinunter in den Keller und sucht eine Weile. Irgendwann kommt er mit zwei längeren Ketten und einem Kuhkummet heraus. Die Ketten werden um das Querholz fest verschlungen und hängen herab. Unten befestigt er

nun zuletzt das Kummet. Es ist alt, leicht gewölbt, mit dunklem Leder überzogen und hat rechts und links Metallringe. Durch die können die Ketten nun gezogen und befestigt werden. Ich bin überwältigt. Die Schaukel ist fertig. Und wie schön sie ist! Er kann eben alles, Schritt für Schritt. Und ich verstehe jeden Schritt. Fest umarme ich ihn und bin so glücklich, dass er das für MICH getan hat. Ein bisschen muss ich weinen.
„Das war doch gar nicht so schwer", sagt er nur und hebt mich auf die Schaukel. Er schubst mich sanft an. Ich kann schaukeln, obwohl ich es nie vorher gemacht habe. Eine Sternstunde in meinem Kinderleben.
Manchmal verschwinde ich im Garten und schaukle. Dort auf der Schaukel kann ich singen und mir Geschichten ausdenken. Sie gehört nun auch zu meinen kleinen Fluchten.

Irgendwann bitte ich ihn, mir ein Zelt zu bauen. Ich stelle es mir wunderbar vor, ein Zelt zu haben. Hinter der Schule am Hang haben größere Jungs eins gebaut und spielen darin Indianer. Ach, so ein Zelt, das wäre so wunderbar. „Aber das kann ich doch nicht", sagt er zuerst. „Du kannst alles, das weiß ich doch", entgegne ich.
Es dauert nicht lange, und er sucht Sachen zusammen. Ich merke, er hat etwas vor und schleiche um ihn herum.
„Was machst Du?"
„Ich probier was…"
„Ein Zelt?"
„Na ja, ich probier's mal."
Wenn er so redet, bin ich immer gleich ganz aufgeregt. So fängt es oft an: Er probiert etwas. Und dann wird es auch was, schneller als ich es mir vorgestellt habe.

Einen alten rostigen Metallring hat er gefunden. Nun schneidet er mehrere Bohnenstangen etwas kürzer. Die steckt er dann kurzerhand oben in den Ring und lässt sie gleichmäßig nach außen spreizen. Er steckt sie fester in die Erde. Das Zeltgerüst ist schon fertig. Nun zerrt er eine milchigfarbene helle Plane aus einer Ecke hinterm Gartenhaus hervor. Sie ist etwas schmutzig. Er legt sie auf den Boden und kehrt sie ab. Dann befestigt er sie rundum an den Stangen. Oben über dem Ring bindet er sie fest zusammen. An einer Stelle überlappt sich die alte Plastikplane. Dort ist der Eingang zum Zelt.
Nun habe ich auch noch ein Zelt. Hier kann ich Indianer spielen oder wieder Tom sein, der Abenteuer besteht. Ich kann mich aber auch verstecken. Das ist wichtig.

Bin ich mit Onkel Hubert unterwegs, dann fühle ich mich sicher. Es gefällt ihnen nicht immer, wenn er mich mitnimmt und wir Spaziergänge unternehmen, aber sie sagen nicht viel.

„Lauf nicht wieder mit ihr im Regen herum“, mahnt meine Mutter gelegentlich. Oder sie sagt: „Bleib nicht zu lang. Sie muss noch auf Hella aufpassen! Und dass sie nicht wieder mit verdreckten Schuhen heimkommt!“
Er nickt nur leicht. Ich glaube, er vergisst es danach schnell. Denn wir gehen immer wieder mal im Regen. Er nimmt einen Schirm mit. Dann zeigt er auf die Fenster in den Straßen, durch die wir laufen.
„Schau nur“, sagt er zu mir, „schau, wie sie alle hinter den Fenstern stehen und sich nicht trauen, im Regen zu laufen wie wir. Sieh nur, da bewegt sich wieder eine Gardine. Dahinter stehen die Leute.“
So gerne bin ich mit ihm unterwegs. Selbst, wenn wir daheim irgendetwas zusammen machen, habe ich viel weniger Angst.

Umso schlimmer ist es deshalb, dass die Zeit mit ihm auf einmal weniger wird, weil er öfter sagt, dass er nicht bei mir sein kann. Manchmal liegt er mittags schon im Bett, ist müde und hat Bauchweh.

„Das ist der Magen, sein altes Kriegsleiden“, sagt Tante Anna, macht ihm eine Wärmflasche und kocht Tee für ihn.

Es dauert nur wenige Tage, als plötzlich ein Krankenwagen kommt. Auf einer Liege tragen sie Onkel Hubert hinaus. Er kann nicht mehr alleine laufen, solche Schmerzen hat er.

„Sie bringen ihn ins Krankenhaus“, erklärt meine Mutter.

„Darf ich ihn besuchen?“, frage ich sofort, obwohl mir gar nicht geheuer ist bei dem Gedanken, wieder in diesem Krankenhaus zu sein…

„Wir werden sehen“, antwortet sie nur und verschwindet wieder in der Küche.

In mir steigt ein großes Angstgefühl auf. Ich atme viel schneller und in meinem Bauch dreht sich alles. An Oma muss ich denken, wie sie da in diesem Zimmer lag und was da geschehen war. Mit Tränen in den Augen wende ich mich an Tante Anna.

„Aber er kommt doch wieder zu uns. Er bleibt nicht dort im Krankenhaus…“

Sie fasst mich leicht an den Schultern.

„Komm jetzt rein“, sagt sie. „Wollen wir hoffen, dass er gesund wird.“

An ihrer Stimme höre ich, dass sie sich da keineswegs sicher ist.

Am kommenden Tag bemerke ich nicht, dass Tante Anna plötzlich nicht mehr da ist. Sie muss das Haus verlassen haben, ohne es mir zu sagen. Den ganzen Nachmittag bin ich unruhig, frage meine Mutter oft, wann ich denn zu Onkel Hubert darf und ob er denn bald wieder zu uns kommt. Schließlich ist sie es leid und droht mir eine Ohrfeige an, wenn ich nicht endlich den Mund halte. Deshalb verschwinde ich leise, gehe in den Keller in mein

Versteck, kämme meine Maiskolbenpuppen, bete ein wenig zum lieben Gott, dass er den Onkel gesund macht und er bald wieder zu mir kommt.
Aber irgendwie scheint der liebe Gott es nicht gehört zu haben oder es war zu spät mit dem Beten. An diesem Abend muss ich früh ins Bett. Tante Annas Rückkehr bekomme ich nicht mit, obwohl ich lange wach bin, still liege und lausche.
Am anderen Morgen klopft schon früh jemand an unserer Haustür und ruft nach Tante Anna. Ich bin noch im Schlafanzug, höre, wie sie öffnet. Die Stimme kenne ich. Es ist Grete von nebenan. Sie haben schon ein Telefon. Obwohl ich die Worte nicht richtig verstehe, begreife ich doch, dass es etwas Schlimmes ist, was sie der Tante berichtet. Meine Mutter läuft auch in den Flur, befiehlt mir aber, in der Küche zu bleiben und auf Hella aufzupassen.
Nach einem Augenblick kommt sie wieder herein. Ihre Augen sind feucht. Mein Herz klopft wie wild vor Angst.
„Der Onkel ist heute früh gestorben“, sagt sie leise.
Da platzt alles aus mir heraus, was ich die ganze Zeit über zu verbergen versucht habe.
„Nein, das will ich nicht, der soll wieder kommen und gesund sein! Nein, nein, er soll wieder kommen…“
Obwohl ich normalerweise immer Angst habe vor harten Worten und Schlägen, ist es mir diesmal egal. Der Schmerz ist einfach größer. Meinen Kopf lege ich auf den Tisch, die Arme schützend darum. Ich weine laut. Mein ganzer Körper ist ein einziges Schluchzen und schüttelt sich heftig. „Nein, nein, nein“, schluchze ich immer wieder und rufe nach meinem Onkel Hubert.
„Jetzt reiß dich zusammen“, sagt sie nur. „Wir können es doch auch nicht ändern.“
Weil ich mich aber gar nicht beruhigen will, wird sie dann doch laut mit mir und droht mir eine Tracht Prügel an, die ich von meinem Vater bekommen würde, wenn er heim kommt.

Ich stürme im Schlafanzug aus der Küche. Sie holt mich ein, zerrt mich am Ärmel und brüllt mich an, ich solle mich gefälligst anziehen und meine Arbeit machen.
Zurück in der Küche schaue ich nach Hella. Sie sitzt in ihrem Kinderstühlchen und spielt mit einem kleinen Löffel. Unruhig ist sie, versteht aber nicht, was vorgefallen ist.
Rasch ziehe ich mich an. Ich soll frühstücken und auf Hella aufpassen. Aber alles sträubt sich in mir. Ich kann einfach nicht tun, als wäre alles ganz normal - und will auch nicht. Wieder renne ich aus der Küche. Diesmal kommt sie nicht hinter mir her. Sie ruft nur: „Pass bloß auf, was dein Vater heute Abend mit dir macht, wenn ich ihm das sage."
„Dann soll er mich halt schlagen, - von mir aus, soll er doch!"
Es ist das erste Mal, dass ich trotzig bin und nicht mache, was sie sagen. Ja, ich bin traurig, wütend und trotzig, obwohl eigentlich Hella trotzig ist und ein Dickkopf, auch wenn sie noch so klein ist. So sagen sie öfter. Es stimmt irgendwie. Wenn ihr etwas nicht passt oder sie etwas will und nicht gleich bekommt, dann wird sie schnell wütend und lässt nicht ab, zu betteln und zu lamentieren. Jetzt bin ich es, die trotzig ist. Wieder laufe ich in den Keller, suche meine geheime Ecke auf, weine heftig und lange.
Irgendwann kommt jemand in den Keller. Ich höre, wie die kleine Tür zum Hühnerhaus geöffnet wird, dann, nach einigen Minuten wieder verschlossen. Jetzt ruft Tante Anna nach mir. Langsam komme ich aus meinem Versteck, gehe durch den kleinen Gang auf sie zu. Sie steht vor der Tür zum Hühnerhaus und hat Eier in der Schürze, die sie mit der rechten Hand hoch hält, so dass keines heraus fällt.
„Komm jetzt, du musst etwas essen. Du hast noch gar nichts in deinem Bauch."
Ihre Stimme ist anders als sonst. Sie ist sehr traurig und hat wohl auch geweint. Mit der linken Hand streicht sie über meinen Kopf.

Ich gehe hinter ihr her aus dem Keller und die Stufen hinauf ins Haus. Mit gesenktem Blick gehe ich hinter ihr her. Außer ihr will ich niemanden sehen.
Unbehelligt kommen wir in ihre kleine Küche. Wortlos setze ich mich auf den Stuhl, auf dem immer Onkel Hubert gesessen hat. Zuerst öffnet sie die rechte untere Tür vom Küchenschrank und legt die Eier vorsichtig in ein großes Sieb. Danach schenkt sie mir Milch ein und sich Kaffee. Dann legt sie Brotscheiben auf den Herd. Bald riecht es nach geröstetem Brot. Sie legt für mich eine Scheibe davon auf ein Holzbrettchen, schmiert Butter und Marmelade darauf, wie sie es immer für den Onkel getan hat. Schweigend frühstücken wir zusammen. Zwischendurch muss ich immer noch mal weinen und merke, dass auch sie Tränen in den Augen hat. Sie gibt mir eines der großen Taschentücher. Ich schnäuze fest hinein. Dann esse ich weiter.
„Wir können öfter zusammen frühstücken“, sagt sie irgendwann. Ich nicke, bin aber sehr unsicher, ob die Eltern mir das erlauben würden.
Gott sei Dank, ist sie wenigstens noch da.

Prügel und andere Gefahren

Dass überall Gefahren lauern, weiß ich schon sehr früh. Deshalb lerne ich, wie man ihnen aus dem Weg geht oder sich daraus befreit, wenn das irgendwie möglich ist. Manchmal ist es nicht möglich. Das ist am schlimmsten.

Wenn mein Vater seine Wut hat, vielleicht dazu auch noch betrunken ist (was etwa alle vier Wochen der Fall ist), dann ist höchste Gefahrenstufe. Hier gibt es in der Regel keinen Ausweg. Manchmal kommt seine Wut so schnell, dass ich gar keine Zeit habe, mich in Sicherheit zu bringen. Schon fliegt die Wasserwaage an meinen Kopf. Ich taumele und falle in den Sandhaufen. „Kannst du nicht schneller schippen!“, schreit er, dabei ist die Schippe viel zu groß und der Brei in der Speiswanne zu dickflüssig. Weine ich, wird er nur noch wütender. Deshalb versuche ich, das Weinen zu unterdrücken, schluchze kurz auf, wenn es gar nicht anders geht.

Die Beule an meiner Stirn, die durch die Wasserwaage gekommen ist, die er nach mir geworfen hatte, ist ziemlich dick und blau. Später in der Küche sagt meine Mutter nur, dass ich mir ein kaltes Messer flach darauf drücken soll, dann würde es besser. Mehr sagt sie nicht.

Ist Hella in der Nähe, wenn er seine Wut hat, dann ist es noch schwieriger. Manchmal nervt sie ihn, wenn sie ihren Dickkopf hat und lamentiert. Dass sie den Mund halten soll, schreit er dann und Hella fängt an, zu weinen. Ich gehe schnell zu ihr und beruhige sie. Manchmal klappt es, aber nicht immer. Inzwischen kann sie so allerlei, ist flink und räumt oft Schränke aus.

Irgendwann hat sie Schüsseln und kleine Töpfe aus einem Schrank geräumt, klappert mit den Deckeln, schlägt mit ihnen auf die Töpfe und spielt laut damit.

„Hör auf!“, schreit er sie an. Sofort beginnt sie zu weinen… und macht weiter. Sie ist eben ein Dickkopf.
„Hör jetzt auf, komm“, sagt nun auch meine Mutter, steht vom Tisch auf und geht zu ihr hin. Sie nimmt ihr die Sachen weg, stellt sie wieder in den Schrank. Nun bringt sie sie in die Spielecke.
„Hier kannst du spielen“, beschwichtigt sie Hella.
Die ist aber böse, dass man ihr den Spaß mit den Töpfen und Deckeln genommen hat. Sie fängt an zu brüllen. Jetzt passiert es. Mein Vater springt vom Tisch auf, läuft auf sie zu und will ihr eine Tracht Prügel verpassen. Sofort springe ich auch auf, renne zu ihr und stelle mich vor sie.
„Nein, Papa, nicht!“, rufe ich, aber ich weiß genau, es ist vergeblich.
Er schnappt mich, legt mich übers Knie und ich bekomme Dresche. Es tut sehr weh und ich weine. Hella schaut mit großen Augen zu.
„Nein, nicht“, höre ich sie sagen.
Als er mich endlich loslässt, murrt er nur: „Du hast dich da nicht einzumischen! Das solltest du langsam kapiert haben.“
So passiert es öfter. Furchtbare Angst habe ich vor ihm, aber die Angst, dass er Hella etwas tun könnte, ist noch schlimmer. So kriege ich Prügel wegen ihr und ihrem Dickkopf. Später bekommt sie irgendwann auch Prügel. Wir beginnen damit, zu zählen, wer im Laufe des Jahres die meisten Abzüge bekommen hat. Immer bin ich es, was kein Wunder ist.

Gefahr ist auch im Verzug, wenn wir irgendetwas gemacht haben, was nicht richtig ist oder nicht geduldet - und er ist nicht da. Dann sagt unsere Mutter: „Das sage ich heute Abend eurem Vater!“
Etwas Schlimmeres könnte sie kaum sagen. Denn nun haben wir den ganzen Tag über Angst vor ihm und seinen Schlägen. Wir lamentieren an ihr herum, sie soll es ihm doch bitte nicht sagen.

Hella kann besonders gut lamentieren. Manchmal klappt es und Mutter sagt: „Na gut, aber dann müsst ihr jetzt ganz brav sein und so etwas nie mehr machen."
Wir versprechen es hoch und heilig und bemühen uns sehr, ganz brav zu sein.
Manchmal kappt es aber auch nicht. Sie bleibt hart und wir haben den ganzen Tag Angst vor dem Augenblick, in dem er heimkommt und sie ihm unsere Untat berichtet.

Eines Morgens hat Hella eine gute Idee. Jedenfalls denkt sie das. Wir haben einen kleinen neuen Schuhschrank bekommen. Er hat drei Klappen übereinander.
Man kann viele Schuhe darin unterbringen. Sie streicht um das neue Schränkchen herum, begutachtet es von allen Seiten. Schließlich öffnet sie das unterste Fach. Die Holzklappe liegt waagerecht vor ihr und gibt den Blick frei auf die Schuhe. Offenbar gefällt ihr diese Klappe. Auf einmal setzt sie sich drauf wie auf ein kleines Bänkchen. Es hat genau die Größe, die für Hella gut passt, um darauf zu sitzen. Schon ist es passiert. Es knirscht an den Seiten, die Scharniere reißen aus dem dünnen Furnier. Die Klappe fällt auf einer Seite ganz herunter.
Unsere Mutter ist entsetzt, schreit Hella an, was sie da Schlimmes gemacht hat, dass das doch noch ganz neu ist und ein Schuhschrank, keine Sitzbank für Kinder.
„Na, das sage ich heute Abend eurem Vater. Was meinst Du wohl, was dann passiert…"
Hella fängt an zu weinen und weint immer lauter.
„Nein, nicht Papa sagen, nicht sagen!", schluchzt sie heftig. Ich stimme sofort ein.
„Nein, bitte, sag das nicht dem Papa. Der schlägt sie, das darfst du nicht tun, bitte nicht!"
Sie bleibt hart.

„Da kann ich jetzt auch nichts machen", sagt sie. „Das kriegt er sowieso raus, wenn er den Schuhschrank auf macht. Ich sage es ihm gleich. Wie kann man auch nur so dumm sein..."
Alles Lamentieren und Weinen hilft nichts. Sie bleibt dabei. Und wir bleiben den ganzen Tag voller Angst, reden über nichts anderes als über die kaputte Klappe und wie böse er wieder mit uns sein wird, wie weh er uns tun wird. In unserer Not gehen wir zu Tante Anna und klagen ihr unser Leid.
„Ach, das muss eure Mutter doch nicht sagen. Vielleicht kann man es ja kleben und er merkt dann nichts."
Wir schöpfen Hoffnung, berichten unserer Mutter von der Idee, aber sie bleibt hart.
„So ein Unsinn", sagt sie. „Das geht doch gar nicht. Und er merkt das sowieso."
Der Tag ist furchtbar und die Stunden vergehen langsam. Als er endlich kommt, sitzen wir brav am Tisch, zittern und schauen ihn nicht an. Gleich beginnt unsere Mutter mit ihrem Bericht. Zum Beweis der bösen Tat öffnet sie das untere Fach des Schuhschränkchens.
Die Klappe hängt rechts herunter. Man sieht die Holzsplitter. Hella fängt an zu weinen.
Er schnappt sie, hebt sie vom Stuhl, setzt sich, legt sie übers Knie und will zuschlagen. Das kann ich nicht ertragen, springe von meinem Stuhl, laufe zu ihm, versuche, seine Hand festzuhalten und rufe, er soll Hella nichts tun. Sie habe doch gar nichts Böses tun wollen, sie wäre doch noch klein. Da lässt er von ihr ab und ich werde an ihrer Stelle verprügelt. Als er von mir ablässt, tut mir mein Po so weh, dass ich laut weinen muss. Nun schnappt er Hella und verprügelt sie auch. Diesmal ist es so schlimm, dass wir beide nicht mehr auf den Stühlen sitzen können.
„Sofort ins Bett, - ohne Essen!" schreit er.

Schnell gibt uns unsere Mutter unsere Schlafanzüge und schiebt uns ins Bad. Oben im Schlafzimmer gehen wir gleich in die Betten.
Jede von uns hat inzwischen ein Bett. Sie stehen nebeneinander. Wir können nicht auf dem Rücken liegen vor Schmerzen. Sie schiebt jedem das dicke Paradekissen unter den Po, damit wir liegen können.

Ab und zu kommen Leute zu uns, die mir Angst machen, die ich als Gefahr einstufe. Der Hexenmeister, der eigentlich Karl heißt, kommt manchmal auf den Hof, weil er etwas mit unserem Vater besprechen will. Inzwischen arbeitet er auch in der Baufirma im Dorf, zwar nur als Hilfsarbeiter, ist aber deshalb ein Kollege von ihm. Weil ich von diesem Mann schon so böse und seltsame Sachen gehört habe, mache ich einen großen Bogen um ihn. Er soll Leute verhexen können, die er nicht mag. Man soll ihn auch nie in einen Kinderwagen schauen lassen, in dem ein kleines Kind liegt. Wenn er es anschaut, könnte es krank werden.
Angst habe ich vor diesem Mann und gehe ihm aus dem Weg, wo es nur geht.
Nur manchmal klappt das nicht, wenn Vater nämlich sagt, ich soll Karl etwas raus bringen oder zeigen, wo etwas steht. Dann muss ich in seine Nähe. Ich merke, wie er mich seltsam anschaut.
„Mach schon, wie der Papa gesagt hat“, fordert er mich auf und ich erledige schnell, wozu ich beauftragt worden bin.
„Bist ein mageres Ding“, sagt er einmal, „dünne lange Beine, nichts weiter dran an dir, dazu noch beinah rotes Haar. Kannst du denn überhaupt schon gescheit zupacken?“
Ich nicke nur und beeile mich, um schnellstmöglich wieder in einen sicheren Abstand zu ihm zu kommen. Im Dorf erzählen sie auch, wenn er bestimmte Bauersleute nicht mag, geht er an deren

Stall vorbei und verhext die Kühe. Dann geben sie plötzlich keine Milch mehr.

Ab und an kommt gegen Abend der Einarmige zu uns.
Alle nennen ihn so. Seinen richtigen Namen erfahre ich erst Jahre später. Er heißt Wilhelm. Auch vor ihm habe ich anfangs mächtige Angst. Der rechte Ärmel hängt schlapp herunter und ist immer in die Jackentasche gesteckt. Mit der linken Hand tut er alles, was getan werden muss. Er kommt von der Versicherung, sagen sie. Aus seiner Aktentasche holt er eine Karte, von der er ein kleines Pappquadrat abschneidet. Meine Eltern müssen einen Betrag bezahlen, dann gehört ihnen das kleine Pappquadrat als Quittung. Nachdem ich ihn öfter gesehen habe, verliere ich die Angst vor ihm. Er ist ein ganz ruhiger, freundlicher Mann, der mich mit der Zeit etwas an meinen Onkel Hubert erinnert.

Eine merkwürdige Frau kommt gelegentlich zu uns, weil unsere Mutter für sie Kleider näht. Irgendwie sieht sie anders aus als die anderen Frauen im Dorf.
Sie ist eine Zugeheiratete und alle nennen sie die Brücken-Elsbeth. Das hat damit zu tun, dass sie weiter vorne im Dorf direkt hinter der Brücke wohnt. Ihre Stimme ist merkwürdig hoch, sie spricht irgendwie anders, hochdeutsch mit einem merkwürdigen Klang dabei. Sie hat Lippen, die mit einem Lippenstift knallrot angemalt sind, trägt mehrere goldfarbene Ringe an ihren Händen und riecht nach viel Parfüm. Freundlich ist sie und sehr betulich.
„Ach, die netten Kinderchen, wie sind sie schon so groß“, sagt sie und schenkt uns oft eine Mark. Das ist viel Geld für uns. Ich staune immer, dass sie so große Geschenke macht. Von Tante Trudi bekommen wir auch oft Geld. Es ist aber ein Zehner. Darüber freuen wir uns. Aber eine ganze Mark…

„Das ist doch nicht nötig, Elsbeth“, sagt unsere Mutter immer. Dann gibt sie die Anweisung, es sofort in die Spardose zu stecken. Obwohl die Brücken-Elsbeth so freundlich ist, mag ich sie nicht, habe Angst, wenn sie plötzlich in der Tür steht. Ihre Stimme, ihr Geruch, einfach alles erscheint mir gefährlich.
Ich verstecke mich regelmäßig, wenn sie kommt. Hella scheint es nichts auszumachen, wenn sie da ist. Sie lacht und ist freundlich mit ihr.
Als sie wieder einmal gegangen ist und ich langsam aus meinem Versteck im Keller komme, weil Mutter gerufen hat, schimpft sie mich aus. Dass es jetzt reicht mit den Dummheiten, dass die Elsbeth eine gute Frau ist und nichts dafür kann, dass sie etwas anders aussieht. Sie meine es gut mit uns Kindern, sei außerdem eine gute Kundin, die immer wieder einmal etwas zum Nähen hat.

Es gibt noch jemanden, der mir ab und zu eine ganze Mark hinhält.
Das ist Onkel Egon.

Gelegentlich sehe ich ihn. An Geburtstagen kommt er mit Tante Trudi zum Kaffee. Sie ist ja die Schwester meines Vaters. Die Irmchenoma kommt auch mit. Ja, auch sie ist unsere Oma, die Mutter unseres Vaters. Aber ich kann das nicht so fühlen. Sie heißt Irmchenoma, weil Tante Trudi und Onkel Egon eine Tochter haben, die etwa ein Jahr älter ist als ich und Irmchen heißt.
Sie ist freundlich zu uns, schenkt uns ab und an etwas. Aber sie ist eben die Irmchenoma.
Unser Vater erzählt wüste Geschichten über sie aus der Zeit, als er noch ein kleiner Junge war. Ich freue mich, wenn sie kommt. Auch Tante Trudi stört mich nicht, obwohl sie immer so viel re-

det. Aber vor Onkel Egon hüte ich mich. Ich versuche es zumindest. Kaum ist er in unserem Haus, sucht er mich schon mit seinen Augen. Das merke ich genau.
Ich habe nie vergessen, was er mit mir gemacht hat und wie das damals alles war. Mir scheint, alle anderen haben es längst vergessen oder wollen einfach nicht mehr daran denken. Dass er sein böses Spiel fortsetzen könnte, daran glaubt keiner. Schließlich hat mein Vater ihn damals so verprügelt, dass man nur schwerlich auf den Gedanken kommen könnte, er würde sich noch irgendetwas trauen, was nicht in Ordnung sei. Sie irren sich und ich merke es. Sitzt er bei uns am Kaffeetisch, dann schaut er oft zu mir hin. Ich vermeide es, ihn anzusehen, tue, was mir aufgetragen wird, helfe, die Gäste zu bewirten.
Solange viele um mich herum sind, ist keine Gefahr. Das ändert sich schlagartig, wenn meine Mutter mich zum Beispiel beauftragt, in den Keller zu gehen und Flaschen mit Wasser zu holen oder Apfelsaft. Ich weiß, dass er aufsteht und hinter mir her geht. „Hab viel Kuchen gegessen“, sagt er. „Geh mal an die frische Luft.“
Ich beeile mich, in den Keller zu kommen, hole die Flaschen und laufe schnell wieder zur Kellertür. Weiter komme ist nicht, denn da steht er schon mitten in der Tür und versperrt mir den Weg. „Na, was ist?“, fragt er und lächelt komisch. „Willst du nicht ein wenig gut mit mir sein?“
Er fasst nach meinem Oberarm.
„Nein!“, sage ich laut. „Ich muss die Flaschen nach oben bringen. Sonst schimpft mein Papa.“
Der letzte Satz lässt ihn leicht zurückweichen. Schnell dränge ich mich an ihm vorbei, lasse die Kellertür offen und laufe zur Haustreppe, steige hinauf und bin in Sicherheit.

Solche und ähnliche Situationen gibt es öfter, aber es gelingt mir immer, dass er mich wieder loslässt, wenn ich meinen Vater erwähne.
Eines Abends erzähle ich meiner Mutter davon.
„Das glaube ich nicht", sagt sie schroff. „Der hat doch damals die Hucke so voll gekriegt, der traut sich so was nicht mehr."
„Tut er doch", sage ich, spüre aber, dass sie mir nicht glaubt und es wieder auf die alten Sätze hinausläuft: Du bildest dir das nur ein, du bist zu empfindlich. Halt jetzt den Mund.
Meine Oma hatte recht. Ich bin wirklich sehr allein.

An einem Abend im Winter muss ich noch zu ihnen in die alte Gasse im Hinterdorf, um Wurstsuppe zu bringen. Es ist schon dunkel. Ich steige die hohe Treppe zur kleinen Wohnung hinauf, drücke die Tür auf und bin gleich bei ihnen in der Küche. Sie haben keinen Flur. Erleichtert atme ich auf, denn nur die Irmchenoma sitzt am Tisch. Tante Trudi steht am Herd. Er ist nicht da.
Freudig nimmt Tante Trudi die Kanne mit der Suppe entgegen und auch das Versuchswürstchen für Irmchen. Die freut sich und lacht.
Sie ist etwas seltsam in ihrer Art. Man weiß nie, ob sie im nächsten Moment lacht oder böse ist. „Sie hat einen leichten Dachschaden", sagen sie. Das käme von Onkel Egon.
Aber wir haben uns an sie gewöhnt und wissen sie zu nehmen.
Nachdem die Tante die Kanne geleert und ausgespült hat, nehme ich sie wieder an mich und verabschiede mich. Ich steige die Treppe hinunter und bin froh, wieder heim gehen zu können.
Gerade an der letzten Stufe angelangt, öffnet sich links die Tür zur Waschküche. Er kommt heraus und fasst mich hart am Arm.
„Lass mich!", sage ich aufgeregt. Meine Stimme ist etwas leise von dem Schreck.

Er hört nicht, sondern zerrt mich schnell in die Waschküche und schließt die Tür.
„Jetzt komm und sei gut zu mir!", sagt er. Sein Ton ist diesmal ungeduldig und barsch.
„Ich will nicht", sage ich in weinerlichem Ton. Noch immer kann ich nicht laut sprechen, bin starr vor Schreck.
„Mach schon, stell dich nicht so an", sagt er barsch, hält mich am Arm fest, zerrt mich zu sich auf einen alten Stuhl und setzt mich auf seinen Schoß. Diesmal habe ich keinen Rock an. Er fasst mir an den Hosenbund und öffnet den Knopf. Da kommt meine Stimme zurück und ich werde laut.
„Lass mich los!", schreie ich und werde immer lauter.
„Still jetzt", ruft er, wird aber unsicherer. „Ich will dich nur ein bisschen anfassen, sonst nichts."
Jetzt schreie ich, so laut ich kann. Oben geht die Haustür auf, jemand kommt die Treppe herunter. Schnell stellt er mich auf den Boden, zieht meine Jacke gerade, als Tante Trudi schon die Tür öffnet.
„Was machst du hier?", fragt sie nervös.
Bevor er antworten kann, sage ich: „Er wollte mich anfassen, ich will das aber nicht."
„Ach was", sagt sie beschwichtigend. „Der wollte doch nichts Böses, der meint es doch nur gut mir dir."
Wie zur Bestätigung tut er, was er damals auch schon gemacht hat. Er fasst nach seinem Geldbeutel, öffnet ihn und reicht mir eine Mark hin.
„Da siehst du es", sagt Tante Trudi. „Er will dir nur was schenken."
Ich laufe aus der Waschküche, an Tante Trudi vorbei und auf die Straße. Ich beeile mich, nach Hause zu kommen nach diesem Schrecken. Zuhause erzähle ich nichts mehr von diesen Dingen. Sie glauben mir ohnehin nicht. Und ich kann ihre Sätze nicht mehr

hören: Du bildest dir das nur ein. Du bist zu empfindlich. Halt jetzt den Mund.

Irmchenoma auf dem Dachboden

Nur wenige Tage später muss unser Vater in die Alte Gasse zu seiner Mutter.

Er muss unbedingt und unverzüglich da hin, sagt Grete, die wieder einmal schnell über die Straße gekommen ist, um Neuigkeiten zu berichten. Diesmal hat es aber nichts mit dem Telefon zu tun. Das halbe Dorf würde schon darüber reden, sagt sie aufgeregt. Nur er wisse noch von nichts.

„Was gibt's denn da hinten schon wieder?", fragt er ungeduldig, aber auch etwas neugierig und leicht beunruhigt.

„Deine Mutter!", ruft Grete aufgeregt. „Seit drei Tagen sitzt sie auf dem Dachboden und kommt nicht mehr herunter. Sie klagt und weint laut, jammert den ganzen Tag, dass es die Leute hören, die am Haus vorüber gehen. Auf dich hört sie. Du musst hingehen und sie da runter holen!"

Mürrisch zieht er seine Jacke an und schimpft dabei laut: „Die Alte spinnt wieder mal! Hab ich ihr vor Jahren gesagt, sie soll diesen Mist lassen. Warte nur, die ist schnell wieder unten!"

„Keiner hat es geschafft, dass sie wieder herunter kommt. Ein paar Leute haben von der Straße aus gerufen, sie solle doch wieder hinunter gehen, aber sie hat nur weiter gejammert", sagt Grete und wendet sich dabei an unsere Mutter.

Während er die Treppe hinunterstürmt, sehe ich Mutter fragend an.

„Warum macht sie das?"

Grete zuckt nur mit den Schultern und geht dann wieder. Hella und ich müssen zurück in die Küche. Nun fragt auch Hella, warum die Irmchenoma das denn mache. Ob sie denn dort oben überhaupt schlafen könne und ob sie da etwas zu essen habe. Unsere Mutter antwortet knapp: „Ach, die hat ab und zu ihren Knall. Was weiß ich, warum die das macht. Der Papa ärgert sich immer

furchtbar, wenn sie wieder auf dem Dachboden ist. Jetzt war jahrelang Ruhe und dann fängt die plötzlich wieder an mit dem Unsinn."
Ein altes Bett stünde da wohl noch, aber die Decken wären staubig und da würde sich doch kein normaler Mensch rein legen.
„Und was isst sie?", fragt Hella interessiert.
„Das weiß ich nicht", lautet die knappe Antwort.
Das ist eines der wenigen Male, wo Hella und ich innerlich gespannt sind, wann er zurückkommt und was er erzählt. Es dauert nicht so lange. Dann hören wir wieder seine kräftigen Schritte auf der Treppe und durch den Flur. Die Tür zur Küche fliegt auf und schon poltert er los.
„Diese alte Kuh macht einen zum Gespött im ganzen Dorf. Sitzt die doch schon den dritten Tag da oben und jault rum! Nur Ärger machen die einem da hinten. Furchtbares Volk! Man müsste sie alle auf den Mond schießen, damit endlich Ruhe herrscht."
Wir trauen uns nicht recht, ihn genauer zu befragen. Still sitzen wir am Küchentisch und hören zu, wie er sich mit unserer Mutter unterhält. Dass sie das nur mache, um Aufmerksamkeit zu bekommen, erklärt er immer noch wütend. Sie hätte sich wohl wieder einmal mit Tante Trudi gestritten und das wäre dann so eine Art Rache gewesen. In der Küche von Irmchenoma und Tante Trudi gibt es eine Art Falltreppe nach oben. In der Ecke steht ein Stock mit einem Haken oben dran. Wir haben schon erlebt, wie Tante Trudi den Haken in den Metallring an der Decke steckt und zieht. Eine Luke öffnet sich und eine Holztreppe klappt sich auf. Wenn man die unten auf den Küchenboden stellt, kann man hinaufsteigen auf den Dachboden. Ich erinnere mich, dass ich einmal mit Tante Trudi hinaufsteigen durfte, um Kisten mit Weihnachtsschmuck dort abzustellen. Ich weiß noch, dass es eine offene kleine Fensterluke im Giebel zur Straße hin gibt. Auch ein altes, staubiges Bett steht dort im vorderen Bereich. Hinten links stehen

alte Körbe, Kisten und eine Blechwanne. Kalt, staubig und zugig muss es dort wohl sein die meiste Zeit im Jahr. Nur jetzt ist Sommer und man muss wohl nicht sehr frieren. Wenn ich mir allerdings vorstelle, dass Irmchenoma dort auch die Nacht verbringt, mache ich mir schon Sorgen, es könnte ihr kalt geworden sein da oben.

„Friert sie nicht in der Nacht?“, frage ich unseren Vater.

„Ach, die hat da alte Säcke und Decken gefunden“, sagt er unwirsch.

„Außerdem ist mir das wurscht. Soll sie doch frieren, wenn sie schon so einen Quatsch macht.“

„Aber sie hat doch gar nichts zu essen da oben, oder?“

„Was geht's dich an“, antwortet er genervt.

Ich weiß, jetzt darf ich nichts mehr sagen, sonst bekomme ich Ärger.

Viele Gedanken mache ich mir noch darüber, weshalb Irmchenoma so etwas gemacht hat.

Mutter erwähnt am nächsten Tag fast nebenbei, dass sie sich wohl nachts heruntergeschlichen hat, als alle schliefen. Sie sei dann heimlich an den Kühlschrank gegangen und habe sich etwas Essbares herausgenommen, sei dann aber offenbar flugs wieder auf den Dachboden gestiegen und habe die Falltreppe ordentlich eingezogen.

Das imponiert mir geradezu. Ich wundere mich, dass die anderen das nicht gehört haben.

Jahre später wird mir immer klarer, warum das damals so geschehen war. Das Häuschen war furchtbar eng. Ganz klein und schmal war die Küche. Dazu gab es zwei Zimmer. In diesen Räumen wohnten sie alle vier, Onkel Egon, Tante Trudi, Irmchenoma und Irmchen. Sie müssen sich wohl mitunter gehörig auf den

Nerv gegangen sein. Tante Trudi hatte manchmal ihre hysterischen Phasen und oft hörte man sie bis auf die Straße mit ihrer Mutter streiten.
Das nahm gelegentlich heftige Formen an. Mehrmals habe ich selbst gehört, wie sie sich gegenseitig aufs ärgste beschimpften und sich gegenseitig den Tod wünschten.
Unserem Vater war das immer peinlich und er schimpfte derb und laut auf die „Bagasche aus der Alten Gasse".
Es gibt keinen Tag, an dem ich gerne dort hingegangen bin.
Heilfroh bin ich, dass in unserem Haus Tante Anna wohnt. Sie ist besonnen und zuverlässig für Hella und mich. Ja, manchmal ist sie neugierig. Das erwähnen unsere Eltern gelegentlich. Aber das finde ich gar nicht schlimm. Im Gegenteil. Sie lebt eben auch bei uns und schließlich war es ja einmal ihr Haus. Dass sie ganz gerne wissen will, was so passiert, auch bei uns passiert, die wir doch nur über den Flur wohnen, das halte ich für ganz in Ordnung.
Und wie oft hat sie mich durch ihre Neugierde schon bewahrt vor ungerechten Schlägen und anderen Strafen.
Es käme ihr nie in den Sinn, solche Dinge zu tun oder zu sagen, wie sie in der „Alten Gasse" wohl an der Tagesordnung sind.

Nächtlicher Besuch

Samstagabends gehen unsere Eltern manchmal ins Gasthaus. Als wir noch ganz klein waren, ging er allein, aber nun heißt es: „Du bist ja schon groß und kannst auf Hella aufpassen. Sie schläft ja ohnehin." Mir gefällt das. Ganz egal, ob Hella schläft oder nicht, es ist allemal besser, wenn beide nicht da sind.
Ich weiß, im Gasthaus gibt es Bier, Wein und Schnaps. Trinkt man zu viel davon, wird man betrunken. Das ist schrecklich. Ich hoffe immer, dass er nicht zu sehr betrunken ist, wenn sie nachts zurückkommen. Denn dann gibt es Aufregung, Lärm und Angst. Diesmal sei auch Tanz, sagen sie, und dass es spät werden kann. Tante Anna hat es mitbekommen und vorgeschlagen, dass wir doch bei ihr schlafen können.
Ich staune. Sie erlauben es tatsächlich. Wir freuen uns mächtig. Bei Tante Anna schlafen, scheint uns das Größte. Es ist das erste Mal, obwohl doch neben ihrem nun schon eine Weile das leere Bett von Onkel Hubert steht.
Sie soll uns aber nichts durchgehen lassen, sagt unsere Mutter streng. Außerdem sollen wir pünktlich ins Bett ohne Aufschub.
„Ja, gewiss", antwortet Tante Anna. „Das wird schon alles seine Ordnung haben."
Und die hat es dann auch. Alles hat eine ganz wunderbare Ordnung an diesem Abend.

Pünktlich erscheinen wir in Pantoffeln und Schlafanzug, steigen in das hohe Bett, das einmal das Bett von Onkel Hubert gewesen ist.
„Ich liege aber näher an Tante Anna dran", sagt Hella.
„Da will ich auch liegen", sage ich, sage es aber nicht zu laut, damit nur niemand auf die Idee kommt, am Ende die Aktion noch abzublasen. Ein dunkler Vorhang trennt das kleine Schlafzimmer

vom Wohnzimmer. An diesem Vorhang steht plötzlich unsere Mutter und überwacht den ordnungsgemäßen Ablauf des Geschehens.
„Die Größere gibt nach“, sagt sie, und wenn wir uns hier streiten wollten, dann könnten wir gleich oben schlafen. Tante Anna ergänzt, dass wir das nächste Mal ja abwechseln können. Damit gebe ich mich zufrieden, obwohl es vermutlich lange dauern wird bis zu einem nächsten Mal.
„Dürfen wir noch einen Augenblick das Licht anlassen?“
„Fünf Minuten, dann wird geschlafen.“
Nachdem sie gegangen ist, sehen wir uns im Zimmer um. Wir kennen es, aber irgendwie ist es immer etwas Besonderes geblieben. Hier gibt es keine Tapeten an den Wänden, dafür zarte, blau-grüne Blumenmuster, die irgendwer vor langer Zeit einmal aufgedruckt hat. Onkel Hubert hatte mir einmal erzählt, das sei mit einem großen Stempel gemacht worden, den irgendwann jemand an die Wände gedrückt hatte, immer wieder und wieder.
Die Bettdecke ist viel dicker und schwerer als unsere eigene. Wie ein Berg türmt sie sich vor uns auf, ein Berg von kleinen lila Blümchen.
„Genau so eine Decke haben auch die Oma und der Opa von Susi“, sagt Hella.
„Ja, und die Oma von Dörthe hat auch so eine“, sage ich.
Vielleicht haben ja alle alten Leute solche Bettdecken? Jedenfalls scheint es uns in diesem Moment so.
Tante Anna steht plötzlich am Vorhang. „Schlaft gut“, sagt sie. „Ich mache jetzt das Licht aus.“
Sie dreht an dem braunen Schalter, es knackt und das Licht verlöscht.
„Wann kommst du ins Bett?“, fragt meine Schwester.
„Später“, sagt sie. „Ich lese noch ein wenig in der Sonntagszeitung. Und vergesst nicht, zu beten.“

Wir hören, wie der Vorhang ganz zugezogen wird. Nur schwach schimmert der Schein des kleinen Leselämpchens noch durch den dunklen schweren Stoff.
Jetzt setzt sie sich an den Tisch und blättert die Zeitung auf. Dann ist es ganz still. Kaum hörbar flüstert Hella: „Wir bleiben einfach wach, bis sie kommt."
„Was spielen wir denn?", frage ich ebenso leise.
Weil es oft vorkommt, dass wir früh schlafen gehen sollen, aber noch nicht müde sind, haben wir uns Spiele ausgedacht, die nichts weiter brauchen, als unsere Phantasie. Davon haben wir unerschöpflich viel. Jedes Spiel hat einen Namen. Drei davon weiß ich heute noch. Aber es sind wohl mehr gewesen, damals.
An jenem Abend bei Tante Anna einigen wir uns auf „Zwei starke Männer".
Dieser Name hat einen Grund, der mir erst viel später klar wird. Die Frauen, die wir kennen, erscheinen uns nicht stark. Und wir gehören zu dieser Spezies…
Wir wollen *auch* stark sein, vielleicht auch uns selbst beschützen durch diese Phantasiefiguren. Also sind wir an diesem Abend wie an vielen zuvor die „zwei starken Männer". Gütig sind diese Männer allerdings. Ständig kommen sie in Situationen, in denen sie anderen zur Hilfe eilen. Sie lösen Probleme, helfen Schwachen, bauen wunderbare Gefährte, mit denen man fahren und fliegen kann, fahren mit Kindern in schönen Schiffen übers Meer, begleiten sie durch tiefe, geheimnisvolle Höhlen - und bewahren sie vor beißenden Hunden, prügelnden Erwachsenen und allerhand weiteren üblen Gesellen, die einem das Leben schwer machen können.
Auch an diesem Abend in Onkel Huberts Bett tun sie wieder ihr Bestes, tun so viel, dass sie tatsächlich müde werden und gerade am Einschlafen sind, als plötzlich bestimmte Geräusche sie ganz schnell wieder wach werden lassen.

„Da ist jemand gekommen“, flüstert Hella.

Eine Tür ist geöffnet und gleich darauf wieder geschlossen worden. Holzdielen knarren, Stühle werden geschoben. Mit gedämpfter Stimme spricht Tante Anna zu einer anderen Person. Nicht alle Worte können wir verstehen, und doch ist schnell klar, dass sie einer anderen Person erklärt, die möge sich leise verhalten, weil wir nebenan schlafen. Wo die jungen Leute denn hingegangen sind, fragt die Stimme, die wohl einer älteren Frau gehört und mir nun bekannt vorkommt. Tante Anna erzählt ausführlich, wie alles zusammenhängt. Irgendwie merke ich, es gefällt ihr, dass wir bei ihr schlafen und sie allein auf uns und das Haus aufpasst. Jetzt berichtet die andere Frau etwas. Sie spricht so leise, dass wir es nicht verstehen können.

„Was sagt sie?“, fragt meine Schwester.

„Versteh es auch nicht“, antworte ich.

„Ich will aber wissen, was sie sagt“, zischt es neben mir.

„Sei leise!“, zische ich zurück, „sonst müssen wir noch oben schlafen.“

Das wirkt, - wenigstens für den Moment. Draußen ist inzwischen die große Lampe angemacht worden. Der Schein durch den Vorhang hindurch ist heller geworden. Jetzt wird die Stimme der Besucherin etwas lauter. In diesem Moment weiß ich, wer es ist: *Buchwalds Erna*.

Ja, kein Zweifel, sie ist es, - ist am späten Abend noch einmal hinausgegangen aus ihrem roten Backsteinhaus hinten am Buchenwald. Zu uns heruntergekommen ist sie, um ein bisschen mit Tante Anna zu reden. Sie weiß allerlei Neuigkeiten zu berichten. Irgendwer im Dorf hat seine Frau verprügelt nach einer durchzechten Nacht. Einem anderen ist beim Holzfällen ein dicker Ast auf den Fuß gefallen. Der Fuß ist gebrochen und an Holzfällen so schnell nicht mehr zu denken.

„Die arme Berta“, höre ich Tante Anna sagen. „Jetzt sitzt ihr der Alte den ganzen Tag im Haus und redet ihr in die Arbeit rein. Glaubst du, der tät ihr mal die Kartoffeln schälen? Dazu braucht man ja bekanntlich keine Füße... Aber nein, das macht der im Leben nicht. Der ist halt schon immer so ein Glotzauge. Was will man da machen. Mein Hubert, der war nicht so. Der hat auch mal die Kartoffeln geschält. Aber so ist das immer. Die guten Leute sterben viel zu früh. Die andern will der Herrgott so schnell nicht bei sich haben. Die werden hier alt und quälen die Menschheit.“

„Ja, Anna, so ist es“, pflichtet die Buchwalds Erna bei und tut einen tiefen Seufzer.

Jetzt hören wir genau, dass Tante Anna aufgestanden ist und hinüber geht zum Vertiko. Sie öffnet es und wir hören das leise Klirren von Gläsern.

„Ich habe Durst!“, sagt Hella.

„Sei still!“, zische ich, fürchte aber, dass alles nun kein gutes Ende nehmen wird. Es hat eben noch nie ein gutes Ende genommen, wenn meine Schwester diesen Satz ausgesprochen hat und wir schon früh im Bett sind. Denn nach diesem Satz muss ich ihr etwas zum Trinken besorgen, koste es, was es wolle, Gebrüll aus der Küche, wilde Drohungen väterlicherseits, - alles egal. Nur ein einziges Mal hatte ich es geschafft, das Problem ohne Drama über die Bühne zu bringen.

Da hatte auf dem kleinen Schränkchen die Wärmflasche von vorgestern noch gestanden mit altem Wasser drin. Wenn sie wirklich so großen Durst hat, dann soll sie doch daraus trinken, schlage ich vor. Erst hat sie mich ungläubig angeschaut. Dann aber ist sie zunehmend beeindruckt von dieser Idee. Schließlich trinkt sie aus der alten eisernen Wärmflasche.

Dieses eine Mal habe ich das Problem in den Griff bekommen, aber jetzt, im Schlafzimmer von Tante Anna, sieht alles danach

aus, als ob der nächste große Ärger kurz bevorsteht. Da ist er auch schon wieder an meinem linken Ohr, dieser unheilvolle Satz:
„Ich hab Durst, hörst du!“
„Wenn du jetzt etwas trinken musst, dann müssen wir bestimmt hier raus und oben schlafen.“
„Wenn ich aber doch Durst hab“, sagt sie beharrlich und gar nicht mehr so leise wie vorher.
Noch bevor ich antworten kann, geht das Licht an. Tante Anna steht vor dem halb zurückgeschobenen Vorhang und sieht uns an. Dass ich nichts dafür kann, will ich gerade sagen, werde aber übertönt von meiner Schwester: „Ich hab Durst!“
Dass jetzt wohl alles aus ist, ahne ich bereits, dass wir jetzt hinauf müssen, jede in ihr eigenes, kaltes Bett, dass das Abenteuer vorbei ist - und alles nur, weil Hella wieder einmal Durst hat.
Ängstlich hebe ich den Kopf, sehe unsere Tante an, sehe in ihr Gesicht, das...lächelt.
Ja wie, - ja was bedeutet das? Kein Unwetter, keine Strafe?
Sie steht da einfach am Vorhang und lächelt uns an. Hinter ihrem Rücken taucht jetzt die Buchwalds Erna auf. Ihr Gesicht lächelt auch. Ich traue meinen Ohren kaum, als sie sagt: „Lass doch die Kinder noch ein bisschen zu uns kommen. So spät ist es ja auch noch nicht.“
„Au ja“, ruft Hella sofort, ganz begeistert von der unerwarteten Wendung des Geschicks.
Aufgeregt tritt sie mit dem Fuß gegen mein Bein, als wollte sie sagen: „Pass auf, gleich passiert was Großartiges.“
Ihr Fuß hat recht.
„Na, dann kommt mal raus aus den Federn“, erklingt beinah fröhlich die Stimme unserer Tante. „Und vergesst nicht, die Pantoffeln anzuziehen!“

Die beiden alten Frauen sind noch nicht drei Schritte zurück ins Wohnzimmer gegangen, als wir beide schon aus dem Bett gesprungen und an ihnen vorbei zum Tisch gelaufen sind.
Die Sonntagszeitung liegt zusammengefaltet auf einer Ecke. Von der Tischmitte lachen uns zwei dicke Stücke goldgelber Rührkuchen an, mit Puderzucker bestreut.
Eine Flasche und zwei kleine, grünlich schimmernde Gläschen stehen daneben. Sie sind noch leer. Tante Anna geht zum Vertiko und nimmt zwei weitere Gläschen heraus. Sie sehen anders aus, sind etwas größer und haben einen kunstvoll verzierten Stiel. Golden prangen kleine Weinreben darauf.
Es sind die Sonntagsgläschen, die eigentlich geschont werden. Noch nie haben wir daraus getrunken. Zuerst gießt sie nur das kleine Glas von Buchwalds Erna voll, dann ihres hinterher. „Wir wollten gerade mal ein Schnäpschen auf die Gesundheit trinken", sagt sie und verschließt die Flasche. Meine Schwester sieht sie mit großen Augen an.
Tante Anna geht zum Fensterbrett. Von dort holt sie eine andere Flasche und schenkt uns daraus ein. Der dunkelrote Johannisbeersaft fließt in die Sonntagsgläschen und verbreitet seinen kräftig-würzigen Duft.
Hella nimmt ihr Glas und trinkt es leer ohne abzusetzen. „Nochmal", sagt sie froh und zunehmend zufrieden. Sie bekommt ein weiteres Mal eingeschenkt, ohne dass darüber auch nur ein Wort verloren wird. Jetzt wird sie es sich einteilen. Das weiß ich. Ich sehe sie an und lache. Über ihrer Oberlippe prangt ein roter Bogen von Saft.
Tante Anna kramt in ihrer Schürzentasche. Sie holt ein großes, blaukariertes Herrentaschentuch hervor und putzt Hella damit die rote Mondsichel weg.

Neben der Buchwalds Erna sitze ich, sehe sie von der Seite an und werde plötzlich einen hellen, großen Fleck gewahr, eine weiße Wolke auf ihrer dunklen Schürze.
„Was hast du da?", frage ich.
„Ach, das ist vom Puderzucker. Sollte keiner merken, dass ich noch mal fort bin und Kuchen mitgenommen habe. Hab ihn einfach in die Schürze geworfen und mich aus dem Staub gemacht."
Sie gefällt uns richtig gut, die Buchwalds Erna, wie sie so dasitzt, uns schelmisch zublinzelt und noch einmal genau von dem Abenteuer ihres Kuchenraubs erzählt und ihrem heimlichen Aufbruch, obwohl es schon etwas dunkel war.
Tante Anna öffnet indessen die Tischschublade und holt ein kleines altes Küchenmesser heraus. Damit zerteilt sie die Kuchenstücke. Säuberlich zerreißt sie Pergamentpapier. Darauf bekommt jede von uns ein halbes Kuchenstück.
„Dann brauch ich nichts zu spülen", erklärt sie, putzt das Küchenmesser behutsam an der Schürze ab und legt es zurück in die Schublade.
Nun geht sie zum Ofen und legt ein Scheit Holz nach.
Nachdem die beiden ihr zweites Gläschen auf die Gesundheit getrunken haben, beginnen sie, zu erzählen. Gespannt hören wir zu. Irgendeine Luise aus dem Nachbardorf kann keine Torten backen. Zu allen Familienfesten gibt es immer nur Hefekuchen, man stelle sich vor…
„Andere Dörfer, andere Sitten", sagt Tante Anna. Plötzlich fängt sie an zu lachen. Glucksend fragt sie: „Ja, Erna, warst du denn noch nicht auf dem Friedhof die Tage?"
„Nein", antwortet Erna verwundert. Auch wir verstehen nicht, was es denn gerade auf dem Friedhof zu lachen gäbe.
„Da musst du hingehen und sehen, was die gemacht haben. Andere Dörfer, andere Sitten sag ich nur. Der alte Michel, der im Frühjahr gestorben ist, der kam doch nicht von hier. Der war ein

Eingeheirateter. Seine Verwandtschaft, stell dir nur vor, was die gemacht haben. Vor kurzem haben sie das Grab besucht, jetzt, im November. Haben die doch tatsächlich dem alten Michel Christbaumkugeln übern Kopf gehängt!"

„Christbaumkugeln?"

„Ja, stell dir vor, Christbaumkugeln auf dem Grab, - dem Michel übern Kopf gehängt."

„Ja, du liebe Zeit", lacht jetzt auch Erna los. „Ja was ist denn das für eine Mode? Und das dem Michel! Dem war doch immer egal, ob es Weihnachten war oder Ostern. Hauptsache, das Vieh war gesund und die Scheunen voll."

„Ja, so war der Michel eben", bestätigt Tante Anna. „Wenn der noch könnte, der hätte ihnen das schnell ausgetrieben mit den Christbaumkugeln."

Ihr Lachen ist ansteckend und wir lachen mit. Und es sollte so schnell nicht aufhören. Sie wissen noch viele lustige Geschichten. Warm ist es in der Stube. Aus dem Ofen knistert leise das brennende Holz. In kleinen Schlückchen trinke ich den Saft und beobachte, wie die dicke rote Flüssigkeit sich im Glas bewegt. Der ganze Raum riecht ein wenig süß, eine Mischung aus Johannisbeere, Holzfeuer und alten Frauen.

Wie lange dieser Abend gedauert hat, weiß ich heute nicht mehr, - nur, dass er von mir aus nie hätte enden müssen.

Gewiss, irgendwann steht die Buchwalds Erna auf und sagt, dass es nun höchste Zeit ist, heimzugehen. Nachdem Tante Anna die Tür hinter ihr abgeschlossen hat, erwarte ich, dass sie uns eilig ins Bett schickt. Aber das tut sie nicht.

In aller Ruhe räumt sie auf, bringt die Gläser in ihre kleine Küche, beseitigt nach und nach alle Spuren der abendlichen Begegnung. Wir sitzen nur da und sehen ihr zu.

„So", sagt sie dann und geht zum Lichtschalter an der Tür.

„Jetzt geht schon mal vor ins Bett. Ich mache das Licht aus und komme gleich nach."
Wir gehen durch den Vorhang, ziehen die Pantoffel aus und kriechen unter die Decke mit den lila Blümchen. Jetzt verlischt das Licht im Wohnzimmer. Alles ist dunkel. Wir hören Tante Annas Schritte. Sie kommt ins Schlafzimmer, zieht ihre Kleider aus und das Nachthemd an, das schon auf ihrer Bettdecke bereitgelegen hat. Wir hören, wie sie in das Bett neben uns steigt. Die Sprungfedern knarren. Noch ein, zwei Mal dreht sie sich um und liegt schließlich ganz still.
„Das war so schön", sage ich leise.
„Ja, das war schön", sagt sie ebenso leise und seufzt.
„Braucht ihr ja nicht zu erzählen morgen früh..."
„Nein, das erzählen wir niemandem."
„Niemandem", wiederholt meine Schwester. Dabei dachte ich, sie ist längst eingeschlafen.

Clarence - oder die neue Frau

So gut wie in dieser Nacht, habe ich lange nicht geschlafen. Als es Morgen wird, das erste Licht durch den Vorhang schimmert und ich langsam wach werde, fühle ich mich leicht und froh. Es ist Sonntag. Hella schläft noch fest. Tante Anna liegt nicht mehr im Bett. Vom Wohnzimmer her klappert Geschirr. Vorsichtig stehe ich auf und strecke den Kopf durch den Vorhang. Sie deckt den Tisch. Normalerweise frühstückt sie allein in ihrer kleinen Küche. Heute will sie es offenbar schön machen für Hella und mich und deckt den Tisch im Wohnzimmer ein. Jetzt hat sie mich bemerkt, lächelt und fragt: „Na, gut geschlafen?"
Ich nicke. „Ja, ganz prima gut."
„Wir frühstücken jetzt zusammen. Wasch dich schnell und zieh dich an. Hella wird bestimmt auch gleich wach."
Ich beeile mich und sitze bald darauf mit ihr am Tisch. Gerade hat sie eine Brotscheibe auf meinen Teller gelegt, als die Tür aufgeht und unsere Mutter herein kommt. In diesem Moment fällt mir zum ersten Mal auf, dass Tante Anna stets anklopft, bevor sie zu uns in die Küche kommt. Umgekehrt aber ist es anders. Unsere Mutter klopft nicht an bei Tante Anna. Sie drückt plötzlich die Tür auf und redet los. So auch dieses Mal.
„Was soll das denn hier?", fragt sie unwirsch.
„Lass uns doch noch bei Tante Anna frühstücken", bitte ich sie.
„Unsinn", sagt sie. „Ist Hella noch nicht wach? Die ist doch sonst immer so früh."
Hella schläft noch immer fest.
Sie geht quer durch den Raum, öffnet den Vorhang und ruft nach ihr.
Jetzt höre ich, wie Hella sich im Bett bewegt und gähnt.
„Steh schon auf!", sagt unsere Mutter zu ihr.

„Um halb zehn müssen wir im Oberdorf sein. Ich hab drüben in der Küche schon alles hergerichtet."
Zu mir gewandt sagt sie: „Und du stehst auf und kommst sofort mit rüber."
Tante Anna sagt kein Wort, wirkt wie versteinert. Hilflos zucke ich mit den Schultern, um ihr zu zeigen, dass ich gehen muss, obwohl ich gar nicht will und gerne mit ihr frühstücken würde. Hella ist inzwischen aufgestanden und macht ein mürrisches Gesicht. Müde trabt sie hinter Mutter her und ich folge ihnen.
So schön war es bei der Tante. Und so schnell ist es wieder vorbei.
„Ist doch Sonntag, da könnten wir doch noch ein wenig bei Tante Anna…", unternehme ich einen letzten Versuch, ganz gegen meine Gewohnheit.
„Warum ins Oberdorf?", fragt Hella.
Es gab eine Zeit, da musste unsere Mutter oft ins Oberdorf, um Opas Bein zu verbinden, das einfach nicht zuheilen wollte. Aber in letzter Zeit ist das seltener geworden, denn endlich hat ein Arzt es geschafft, dass das Bein heilt.
Es gibt also gar keinen Grund, dort hinzugehen. Ich selbst gehe schon lange nicht mehr gern dort hin, seit Oma nicht mehr da ist.
„Opa hat eine Haushälterin bekommen. Die sollen wir kennen lernen."
„Aber Tante Inge wohnt doch noch bei Opa und hilft ihm. Und er kann schon wieder viel selbst machen. Warum braucht er denn eine Haushälterin?"
Ich verstehe gar nichts mehr. Warum reicht es nicht, dass die jüngere Schwester unserer Mutter da wohnt? Eine Haushälterin, das kommt mir so seltsam vor. In einem meiner Bücher habe ich einmal gelesen, dass es eine Haushälterin gab. Das war jedoch im Haus eines feinen Herrn, der ein Graf war. Ich habe ein ganz merkwürdiges Gefühl. Es gefällt mir ganz und gar nicht, dass da

plötzlich eine Frau bei Opa ist, die viele Dinge tut, die Oma früher getan hat.
Andererseits bin ich ein wenig neugierig, wie diese Frau ist.

Hella sagt an diesem Morgen ungewöhnlich wenig und tut leicht unwillig, was man von ihr verlangt. Gleich nach dem Frühstück packt unsere Mutter ein paar Kleinigkeiten in ihre Tasche und wir treten zügig den Weg ins Oberdorf an. Dort angekommen hören wir schon im Hof, wie Opa sich mit kräftiger Stimme mit einer unbekannten Frau unterhält. Ein Fenster ist schräg geöffnet und Mutter beeilt sich, die Treppen hinauf zu kommen. Ich würde am liebsten wieder umkehren. Aber sie hält uns beide fest am Arm. Wir gehen gleich links ins Wohnzimmer.
Opa sitzt breit lächelnd an seinem Platz am Kopfende des Tisches. Eine kräftige Frau mit einem grell-bunten Kleid sitzt seitlich am Tisch neben ihm. Sie steht etwas schwerfällig auf und begrüßt uns überschwänglich, so, als würden wir uns gut kennen und nach langer Zeit wiedersehen. Mutter gibt der Frau die Hand und begrüßt sie freundlich. Wir sollen es ebenso machen. Hella tut es verlegen lächelnd. Ich will nicht.
„Sofort gibst du die Hand", kommandiert sie, „sonst kriegst du eine hinter die Löffel. Du bist doch sonst nicht so unfreundlich."
Zögernd halte ich der Frau die Hand hin.
„Das ist die Liesel", sagt Opa. „Sie macht mir jetzt den Haushalt. Das ist doch alles zu viel für mich. Dann muss auch die Inge nicht mehr so viel tun."
Es hört sich so an, als wolle Opa viele Gründe dafür nennen, die allesamt bestätigen, dass es ja gar nicht mehr anders geht als mit der Haushälterin, die Liesel heißt.
Liesel ist groß und auch recht dick. Sie hat ganz viele graue lockige Haare auf dem Kopf, trägt eine große goldene Brille. Als sie uns anschaut, blickt sie oben über den Rand der Brille, als ob sie durch

das Glas nicht genau sehen könnte. Ihre Augen wirken seltsam auf mich. Irgendwie gierig sieht sie aus, so, als wollte sie ganz viel haben und wissen.
Dann aber auch wirkt es auf mich so, als ob sie etwas verbirgt. Ich traue ihr nicht.
Hella und ich müssen uns nun mit an den Tisch setzen. Es gibt Kekse. Wir sind still, brav, wie gewünscht. Es ist interessant, einfach nur zu hören und zu sehen.
Opa erzählt, dass er vom Nachbarn den „Landbauern" bekommen habe. Hinten auf der letzten Seite hätten Anzeigen gestanden. Opa hat auf so eine Anzeige geschrieben und hat dann Liesel kennengelernt. Zuerst haben sie telefoniert. Dazu ist Opa unten in den Gasthof gegangen. Sie haben sich verabredet. Ihr Sohn Karl-Heinz habe sie dann hier her gefahren zum Opa, damit er sieht, dass es eine gute Frau ist und sie ihm den Haushalt führen kann. Sie bleibt eine Woche, vielleicht länger.
Sie kommt aus einem Dorf, etwa anderthalb Stunden von hier. Köllehausen heißt es.
Liesel erzählt viel von ihrem Heimatort, dass sie zwei Kinder hat, die längst erwachsen sind und Familien haben. Ihr Mann sei ihr weggelaufen, als sie noch jung war. Sie habe es ganz schwer gehabt, so allein mit den Kindern und der vielen Arbeit. In der Landwirtschaft habe sie geholfen bei Nachbarn. Sie könne alles, was man sich nur denken kann, erzählt sie, Kochen, Bügeln, Putzen, Waschen und vieles mehr. Opa nickt anerkennend, so, als könne er alles schon bestätigen. Dabei ist sie doch erst gestern Abend gekommen.
„Sie weiß auch in allem Bescheid", sagt er stolz.
Und wirklich weiß sie zu allem etwas zu sagen. Unsere Mutter erwähnt, dass ich bald mit dem Schulbus in die Kleinstadt zur Schule muss. Hella müsse aber noch hier in die Dorfschule gehen.

Sofort erzählt Liesel, wie klug ihre Kinder und Enkel seien und wie gern sie in die Schule gegangen sind.
Als unsere Mutter übers Kochen und Backen spricht, ist Liesel gar nicht mehr zu halten. Sie kennt die besten Rezepte, backt die schönsten Torten vom ganzen Land und ihr Braten wird so gut, dass selbst ein Graf schon einmal wollte, dass sie für ihn kocht.
Ich bemerke, wie unsere Mutter einsilbiger wird. Bald sagt sie, dass wir nun aber wieder gehen müssen, damit rechtzeitig das Essen auf den Tisch käme.
Auf dem Rückweg redet sie nicht viel. Ich glaube, es gefällt ihr nicht, dass Liesel alles so gut kann. Braten machen kann sie auch sehr gut. Und Torten sind ihr Lieblingsthema. Tatsächlich kommen oft Leute zu uns, die Hochzeit, Taufe oder Konfirmation haben. Dann soll sie kommen und Torten backen für sie. Im ganzen Dorf ist sie bekannt für ihre schönen und leckeren Torten. Und jetzt will diese große dicke Liesel plötzlich alles besser können… Das gefällt ihr nicht.
Daheim angekommen, steht Tante Anna schon hinter der Haustür und will gleich wissen, wie die Frau denn so ist, die jetzt beim Opa den Haushalt macht. Mutter macht es kurz.
„Ach, wie soll sie schon sein, groß und dick, redet viel und kann alles am besten."
„Na hoffentlich kann sie dem Ernst-August gut zur Hand gehen und nicht nur drüber reden", sagt Tante Anna und verschwindet in ihr Wohnzimmer.
„Da hat sie mal recht", murmelt unsere Mutter und beeilt sich, in die Küche zu kommen und ihre Arbeit aufzunehmen.
Mittags berichtet sie unserem Vater, was wir morgens erlebt haben.
Der hatte den Vormittag an den Teichen verbracht und war gerade zum Mittagessen eingetroffen.

„Was will der Alte mit einer Haushälterin?“, kommentiert er laut. „Der kommt doch alleine klar. Und die Inge ist ja auch noch da. Außerdem läufst du alle Augenblicke hin. Der alte Narr sucht nur eine Frau!“

„Ach was“, beschwichtigt ihn unsere Mutter. „Der will es nur bequem haben. Dann brauche ich auch nicht mehr so oft hinauf zu gehen zu ihm. Du musst übrigens auch noch mal vorbei gehen heute Nachmittag. Du sollst sie dir doch auch ansehen.“

„Was soll ich? So ein Quatsch. Der spinnt doch.“

„Ach, geh doch kurz vorbei nach dem Essen. Du musst dich ja nicht lange aufhalten. Er ist doch so stolz und freut sich.“

„Na, von mir aus, aber nur ganz kurz.“

Aber den Nachmittag verbringt er mit ganz anderen Dingen und geht erst gegen Abend los. Bei seiner Rückkehr sind wir schon im Schlafanzug und wollen gerade die Treppe hoch. Da hören wir seine Schritte. Wir warten gespannt, bis er die Haustür öffnet, hereinkommt und berichtet. Er ist noch nicht in der Küche, da poltert er schon los. „Du lieber Himmel, da hat sich der Alte aber eine gegeben!“, tönt er lachend und irgendwie schadenfroh. „Die zeigt ihm, wo‘s lang geht. Bei der hat er bald nicht mehr viel zu melden, wirst sehen; ein Clarence ist das, dick und faul, mit einer Mähne und guckt schief aus der Wäsche.“

Er lacht immer mehr.

„Jetzt übertreib nicht“, mahnt Mutter leise.

Wir sitzen auf der Treppe und haben alles gehört. Den schielenden Löwen haben wir im Fernsehen schon oft gesehen. Clarence. Man kann sagen über ihn, was man will, aber manche Dinge bringt er einfach auf den Punkt. Von diesem Tag an sagt er nur noch Clarence, wenn er von ihr redet. Jeder lächelt. Nur selten traut sich jemand, es auch zu sagen.

Dunja

Im Dezember gehen wir immer oben auf den Berg zu Onkel Wolfgang und Tante Irma. Wolfgang ist Mutters Bruder. Roswitha, ihre Tochter, hat Geburtstag. Obwohl alle freundlich zu mir sind, gehe ich nicht so gerne dort hin. Tante Irma fragt mich immer noch, ob ich schon einen Freund habe, dabei bin ich zehn Jahre alt und komme nach Ostern ins fünfte Schuljahr. Dazu muss ich dann mit dem Schulbus fahren in die nahe Kleinstadt. Sie fragt nicht, ob ich Angst habe davor.

Ich habe Schulfreunde. Mit Hanno fahre ich manchmal Fahrrad. Benno ist auch in meiner Klasse. Seit der Grundschule im Dorf sind wir schon Freunde. Er hatte damals in der Kreisstadt die Prüfung für die Schule mit mir zusammen gemacht. Aber Tante Irma meint etwas anderes. Jemanden zum Schmusen, Küssen und Heiraten.

Wir spielen mit Roswitha im ihrem Zimmer. Svenja ist ihre kleine Schwester. Sie ist noch ein Baby und schläft im Kinderwagen. Vor dem Fenster steht der Kirschbaum, unter dem ich früher manchmal mit Oma gesessen habe. Das Haus, das Onkel Wolfgang gebaut hat, steht im Garten, der früher Omas Garten war.

Hella muss mal und verschwindet im Flur. Kurz darauf kommt sie ganz hektisch zu mir gerannt. Sie kann kaum sprechen vor Aufregung. Dann sprudelt es langsam aus ihr heraus. Als sie von der Toilette gekommen ist, musste sie an der Küche vorbei. Die Tür war nur angelehnt und sie hat plötzlich gehört, wie sich Tante Irma, Tante Inge und unsere Mutter darüber unterhalten, dass unsere Mutter noch ein Baby bekommt.

„Die haben uns nichts gesagt! Das ist böse von ihnen. Sie erzählt es den anderen und uns nicht. Gemein! Und Dunja soll es heißen, weil‘s ja doch wieder ein Mädchen wird. Das denken sie jedenfalls. Dunja soll‘s heißen, weil der Papa das so will.“

Sie ist ganz außer Atem und so aufgeregt, dass ich ihre Hand nehme und versuche, sie zu beruhigen. Dabei bin ich innerlich genauso aufgewühlt und enttäuscht wie Hella.

„Find ich auch gemein!“, sage ich. „Aber wir können jetzt nichts sagen, sonst kriegen wir Ärger. Vielleicht heute Abend, wenn wir daheim sind.“

Wir haben keine Lust mehr, zu spielen. Immer geht uns diese neue Nachricht im Kopf herum.

Als wir endlich abends daheim sind, kann Hella nicht mehr an sich halten.

„Du bekommst ein Baby und hast uns nichts gesagt! Das ist gemein!“, schimpft sie los.

Unsere Mutter wird blass. „Woher weißt du das?“

„Sie hat euch in der Küche sprechen hören“, antworte ich für Hella und stelle mich demonstrativ dicht hinter sie. Diesmal sind nicht wir es, die böse waren, sondern sie.

Unsere Mutter merkt, dass etwas nicht richtig ist.

„Jetzt setzt euch mal hin“, sagt sie.

Wir setzen uns an den Küchentisch. Dann erklärt sie uns, dass es tatsächlich so ist, dass sie ein Kind bekommt. Sie hätte gedacht, es wäre besser, wenn wir noch nichts davon wissen, damit wir nichts erzählen können im Dorf.

„Aber jetzt hast Du es ja selbst andern erzählt“, sagt Hella vorwurfsvoll.

„Ja, weil es nun gar nicht mehr so lange dauert und bald hätt ich‘s euch ja auch gesagt.“

„Aber du hast es zuerst den andern erzählt, das ist fies“, beharrt Hella.

„Ach, ich dachte einfach, ihr seid noch zu klein dafür.“

„Sind wir nicht“, entgegnet Hella. „Und wir wollen es zuerst gesagt bekommen, wenn du noch mal ein Kind bekommst. Versprich uns das!“

„Ja, das verspreche ich euch. Aber so weit wird es nicht kommen. Drei Kinder, das ist mehr als genug. Wenn ich nur an die viele Arbeit denke…“

Ja, ich denke auch an die viele Arbeit, die da vermutlich wieder auf mich zukommt. Nun auch noch auf Dunja aufpassen… Aber die Freude ist größer. Hella und ich streiten bald darüber, wer dann den Kinderwagen schieben darf.

Warum das Kind Dunja heißen soll, fragen wir einige Tage später. Und ob es denn sicher ist, dass es ein Mädchen wird.

Sie soll so heißen, weil unser Vater immer Schallplatten von Ronny hört. Mit seiner tiefen Stimme singt er ein Lied, in dem eine schöne Dunja vorkommt. Das gefällt ihm so, dass er bestimmt hat, dass das Kind so heißen soll. Und ein Mädchen wird es, weil wir immer Mädchen bekommen haben und jeder sich das eben so denkt. Wissen tut es niemand.

Drei Monate später kommt unsere Mutter mit Wehen ins Krankenhaus. Das machen jetzt alle so. Die Kindfrau-Else arbeitet nicht mehr.

Tatsächlich bekommen wir ein Mädchen.

Wieder ist Grete zu uns gekommen. Ihr Mann arbeitet als Pfleger im Krankenhaus. Und sie haben ein Telefon. Bei wichtigen Dingen ruft er an und sie geht in die Nachbarschaft, um es zu berichten. Schon an der Haustür ruft sie laut: „Es ist wieder ein Mädchen, ein Mädchen!“

Tante Anna öffnet ihr und die beiden reden freudig im Flur darüber, dass das Kind nun da ist.

Hella und ich sind aus der Küche gekommen und hören aufgeregt, was Grete berichtet. Es habe seine Zeit gedauert, aber nun sei es da, das Kind. Alles sei gut gegangen, Gott sei Dank.

Wir freuen uns, dass Dunja nun da ist. Die Erleichterung der beiden Frauen springt auf uns über. Nachdem Grete wieder gegangen ist, sagt Tante Anna etwas nachdenklich zu mir: „Dann setz dich mal aufs Rad und fahr ins Neubaugebiet am Wald. Du sollst doch deinem Vater Bescheid sagen."

Ich ziehe meinen Anorak an und befolge ihre Anweisung mit gemischten Gefühlen.

Dass es wieder ein Mädchen ist, wird ihn wohl nicht so sehr begeistern. Aber er wird auch froh sein, dass das Kind da ist, denke ich mir und steige auf das alte Fahrrad.

Onkel Hubert hat mir auf diesem Rad bereits das Fahren beigebracht, als ich noch ein ganz kleines Kind war und kaum über den Lenker schauen konnte.

Ich weiß, wo unser Vater arbeitet. Er hat es mir genau erklärt. Ich fahre durchs Dorf und den Heckenweg entlang, biege dann links ins Neubaugebiet. Ganz oben in der Ecke am Wald bauen sie ein Haus. Als ich ankomme, sehe ich mehrere Männer den Keller mauern. Alle stehen in dem Rechteck auf dem Betonboden. Mein Vater sieht mich und schaut mich fragend an.

„Das Kind ist da!", sage ich aufgeregt.

„Gut", antwortet er. Seine Kollegen haben aufgehört, zu mauern. Sie gehen zu ihm hin, klopfen ihm auf die Schulter, gratulieren ihm.

„Na, Dicker, hat's nun geklappt mit dem Buben?"

Skeptisch schaut mein Vater mich an. Er ahnt, dass es nicht so ist.

„Es ist ein Mädchen", sage ich.

„Na ja, egal, Hauptsache gesund", brummt er. Ich merke, er ist enttäuscht, will aber nicht, dass die andern es merken.

„Heut Abend gibst du einen aus", fordern sie ihn auf.

„Klar", sagt er nur und alle wenden sich wieder ihrer Arbeit zu.

Langsam radle ich zurück. Ob er damals auch schon enttäuscht war, als ich geboren wurde und danach Hella? Weil ich nur ein

Mädchen war, sollte ich auch deshalb so oft bei Oma bleiben? Warum aber war er dann zu Hella freundlicher? Sie war doch auch ein Mädchen…

Am anderen Morgen fahre ich wieder mit dem Schulbus in die nahe Kleinstadt.

Den ganzen Morgen über bin ich sehr aufgeregt und kann mich kaum konzentrieren. Nach der Schule soll ich ins Krankenhaus gehen und meine Mutter besuchen. Vielleicht zeigen sie mir auch das Kind. Aber ich bin noch nie von der Schule aus zum Krankenhaus gelaufen. Wie soll ich den Weg finden?

In der großen Pause frage ich den Hausmeister nach dem Weg. Er ist ein freundlicher Mann. Deshalb traue ich mich, ihn anzusprechen. Er erklärt mir, wie ich gehen muss.

Das Herz schlägt mir noch immer bis zum Halse, als ich mich nach dem Unterricht auf den Weg mache. Immer geradeaus, dann rechts über die Straße und ich würde das Gebäude schon sehen. Tatsächlich ist alles so, wie er gesagt hat. Als ich die große Tür öffne, ist mir mulmig zumute. Schon allein der Geruch erinnert mich an die schlimmsten Tage meines Lebens. Auf dem Flur begegnet mir zum Glück der Mann von Grete, der hier ja arbeitet.

„Du willst bestimmt zu deiner Mutter", sagt er. „Die liegt gleich dort links die Türe rein."

Ich klopfe an, drücke dann vorsichtig die Klinke herunter. Zwei Frauen liegen in den weißen Betten. Vorne am Fenster, das ist meine Mutter. Sie lächelt, als sie mich sieht.

„Na, hast du es gefunden?"

„Ja, der Hausmeister hat es mir erklärt. Wie geht es Dir? War es schlimm?"

„O ja, es waren furchtbare Schmerzen und es hat lange gedauert. Sie mussten mich noch nähen bei vollem Bewusstsein. Na ja, es ist rum. Zum Glück."

Aus meiner Schultasche packe ich aus, was ich für sie mitgebracht habe: eine Rolle Kekse und eine kleine Flasche Traubensaft. Tante Anna hat das ausgesucht.
Ich bin froh, dass die Tasche nun leichter ist, fühle mich aber ganz unsicher und unwohl in diesem Raum mit ihr. Rechts neben ihr liegt eine jüngere Frau. Sie weint leise vor sich hin.
„Was ist mit ihr?“, flüstere ich meiner Mutter ins Ohr. Halblaut erklärt sie: „Sie hat heute früh ihr Kind bekommen. Gerade war ihr Mann hier. Als er gehört hat, dass es wieder ein Mädchen ist, hat er nur gesagt: ‚So ‘n Mist, wieder eine Büchse‘. Dann hat er sich umgedreht und ist gegangen. Sie haben schon ein Mädchen.“
Ich erschrecke über so viel Lieblosigkeit. Laut sage ich: „Das ist aber ein dummer Mann!“
Die junge Frau hat es gehört. Sie nickt.
„Und, wie geht's daheim?“, fragt meine Mutter. „Machst du auch alles, was ich dir aufgetragen habe? Wie geht es Hella? Kannst du alleine dem Vater die Brote schmieren und die Schuhe binden?“
Ich beruhige sie und beantworte alle ihre Fragen. Ja, alles klappt. Ich sage ihr nicht, dass es mir zu viel wird, morgens nun noch früher aufzustehen, seine Brote zu machen, seine Schuhe zu binden, vor allem aber, ihn auszuhalten. Natürlich bekomme ich geschimpft, weil ich die Schuhe nicht fest genug binde. Ich muss die Bändel schließlich so fest ziehen, dass sie mir in die Finger schneiden. Aber irgendwie geht es.
Hella verlässt sich noch mehr auf mich als ohnehin. Aber ich bin geduldig und schaffe alles, was sie mir aufgetragen hat. Manchmal kommt Tante Anna und hilft ein wenig.
„Darf ich die Kleine mal sehen?“
„Das geht jetzt nicht. Die schläft vorne im Säuglingszimmer. Wenn ich heim komme, kannst du sie sehen.“
Ich bin enttäuscht.

Bald muss ich gehen. Der Linienbus, mit dem ich nun heimfahren muss, fährt zum Glück genau gegenüber vom Krankenhaus ab.
„Jetzt geh rüber zur Haltstelle", sagt sie. „Damit du den Bus nicht verpasst."
Ich nehme meinen Schulranzen auf den Rücken, verabschiede mich, schau noch mal verlegen nach der jüngeren Frau, die jetzt ganz still liegt und schläft. Dann gehe ich.
Draußen an der frischen Luft atme ich tief durch. Der Bus kommt bald. Noch vier Tage, hat sie gesagt. In vier Tagen kommt sie mit Dunja heim.
Noch vier Tage ganz früh aufstehen, Brote schmieren, Schuhe binden, alles machen, was er will, damit er zufrieden ist. Dann Hella wecken, für sie Frühstück machen, meine Sachen packen und zum Schulbus laufen, während Tante Anna sich kümmert, dass Hella rechtzeitig in die Dorfschule kommt. Weil ich auch abends noch einiges tun muss, bin ich in der Schule müde.
Endlich sind die Tage herum und sie kommt mit Dunja. Jemand hat sie mit dem Auto gebracht. Sie steigt aus. In ihrem Arm hält sie Dunja, ganz eingewickelt in große weiße Decken. Tante Anna nimmt die Tasche.
In der Küche sehen wir zum ersten Mal unsere kleine Schwester. Wir sind entzückt.
Sie ist so winzig. Wir streicheln ihr vorsichtig über die Wange. Beide wollen wir sie unbedingt gleich auf den Schoß nehmen. Ich darf zuerst, obwohl Hella lautstark protestiert. Ich bin eben älter und Mutter denkt, ich mache es besser.
Auch Tante Anna ist froh und Mutter stellt ihr in Aussicht, dass sie sie später öfter nehmen darf, wenn sie möchte. Weil sie doch so wenig Zeit hat bei der ganzen Hausarbeit und ich ja vormittags in der Schule bin. Unsere Tante scheint sich darüber zu freuen.

Die erste Zeit ist alles sehr aufregend mit Dunja. Spätes Frühjahr ist es. Wir dürfen sie bald draußen mit dem Kinderwagen spazieren fahren. Es ist ein gebrauchter, den eine Bekannte besorgt hat. Bald gibt es mit Dunja ein Problem. Sie will einfach nicht ihr Fläschchen trinken.
Hella und ich müssen Späße machen, sie ablenken mit Rasseln und Kuscheltieren, aber sie verweigert die Flasche, weint und schreit, weil sie einfach nicht essen mag.
Irgendwann rufen sie deshalb den Arzt. Dunja muss für einige Tage in die Klinik. Sie hat irgendetwas im Bauch, was da nicht sein soll. Es muss ausgespült werden, sagen sie.
Ich verstehe das nicht und wenn ich frage, kann mir niemand eine genaue Auskunft geben.
Offenbar wissen sie es auch nicht genau.
Bald kommt Dunja zurück und es geht besser mit dem Trinken.
Dunja hat Glück, weil sie zwei Schwestern hat, die für sie da sind. Und da ist auch noch Tante Anna. Deshalb ist es nicht so schlimm, wenn unsere Mutter daheim viel arbeitet und unser Vater ja sowieso keine Kinder betreut.
Es ist schön, dass Dunja da ist, aber es ist auch noch mehr Arbeit für mich. Ich muss sie oft wickeln, baden, füttern, herumtragen oder ausfahren.
Aber da ist auch noch Hella. Sie hat Probleme mit dem Schreiben. Normalerweise heißt es bei uns nach dem Mittagessen: „Tisch abputzen und sofort Hausaufgaben machen am Küchentisch“. Niemand kontrolliert etwas. Nur schnell soll es gehen, besonders bei mir. Da warten ja noch viele andere Aufgaben.
Niemand hat jemals während meiner Schulzeit meine Hausaufgaben nachgesehen. Eigentlich ist das bei Hella genauso. Nur diesmal hatte die Lehrerin in ihr Diktatheft geschrieben, sie müsse unbedingt mehr üben.

So werde ich beauftragt, nachmittags Diktate mit ihr zu üben. Sie mag es nicht und ist böse auf mich, weil ich ihr die Fehler anstreichen muss und ihr erkläre, wie die Worte richtig geschrieben werden. Sie wird immer böser und schließlich tritt sie sogar gegen mein Bein, als ich wieder mit ihr üben soll. Weinend gehe ich zu unserer Mutter und erkläre, dass ich nicht mehr mit Hella üben will. Sie sei so böse auf mich deswegen. Aber es gibt kein Entrinnen. Sie habe keine Zeit für so etwas, sagt sie kurz und schließlich müsse ich ihr als Älteste zur Hand gehen. Ich versuche es mit Späßen, male kleine Gesichter unter Hellas Diktat, bin ganz freundlich zu ihr, wenn sie Fehler geschrieben hat, aber sie hört nicht auf, böse mit mir zu sein.

Ich denke, es sind die Tage, in denen Hella langsam beginnt, sich zu entziehen. Sie ist öfter nicht da, wenn ich mit ihr üben soll oder Hausaufgaben nachsehen muss. Heimlich ist sie hinüber zu den Nachbarn gegangen und spielt mit Anke, die nur ein Jahr älter ist als sie. Dort ist sie nun oft. Es ist ein großes Bauernhaus mit vielen Möglichkeiten zum Spielen und Verstecken. Sie hat auch bald keinen Spaß mehr daran, Dunja herumzufahren.

Ich möchte auch gerne weg, zu Dörthe vielleicht, die meine Freundin ist oder zu Ursula, mit der ich auch gerne spiele. Aber ich bin die Älteste und das ist wie ein Fluch. Ich darf weniger und werde viel mehr beschimpft, wenn ich mal verschwinde. Bei Hella wird leicht ein Auge zugedrückt. Es heißt dann: Na ja, ist ja bald Abend, dann muss sie ohnehin heimkommen.

Hella lernt, dass sie sich entziehen kann, weil ich ja noch da bin. Manchmal darf sie sogar bei Anke schlafen. Dunja lernt, dass ich für sie da bin und immer springe, wenn sie etwas braucht. Sie beginnt damit, ganz oft etwas zu brauchen, wenn sie wach ist.

Damit wird mein Gefühl verstärkt, doch nur immer für alle da sein zu müssen, allen ihre Bedürfnisse erfüllen zu müssen, sonst

aber völlig unwichtig zu sein. Es schmerzt mich und macht mich traurig.
„Haben“ ist Dunjas Lieblingswort. Sie merkt, was sie tun muss, um etwas zu bekommen.
Fahre ich sie später im Sportwagen spazieren, kommen wir dabei über die Brücke, so zeigt sie nach links, will unbedingt in die Alte Gasse und damit zu Tante Trudi und der Irmchenoma. Sie weiß genau, dass sie ihr dort Süßigkeiten geben und schön mit ihr tun. Fahre ich dann nicht diese Straße, schreit sie heftig und wütend und so lange, bis ich endlich umkehre und sie ihren Willen bekommt. Kaum bei Tante Trudi angekommen, geht es los mit dem Getue.
„Ach, da kommt ja unsere kleine Dunja, das süße kleine Mädchen. Und was sie wieder für ein schönes Kleidchen an hat... Was mag es denn? Saft, Kekse, Bonbons, Schokolade?“
Es kommt ihnen nicht in den Sinn, mir auch etwas anzubieten.
Manchmal, wenn Dunja eine ganze Packung Kekse bekommen hat, nehme ich mir auch einen, wenn wir etwas weiter weg sind. Aber dabei habe ich ein so schlechtes Gewissen, dass ich es mir an manchen Tagen auch versage.

In den Geschäften gibt es immer mehr Dinge zu kaufen. Irmchenoma und Tante Trudi kaufen viel. Immer sind da Sachen zum Naschen. Ich muss sagen, dass Dunja nur einen Keks haben darf und wenn sie dann mehr bekommt, tue ich es in das Netz hinten am Wagen.
Onkel Egon ist auch meist da, aber ich achte sehr darauf, dass er Dunja nicht zu nahe kommt.
Sie machen immer so einen Auflauf, wenn wir mit dem Kinderwagen um die Ecke biegen, dass er keine Chance hat, sich uns zu sehr zu nähern.

Trotzdem gehe ich nicht gerne zu ihnen hin. Irmchen ist oft bockig. Onkel Egon mag ich nicht sehen, nicht einmal von weitem. Und das ganze Getue nervt mich auch. Aber Dunja ist hartnäckig. Kaum gehe ich mit ihr los, will sie schon wieder in diese Straße. Mit der Zeit gehe ich schon ganz früh nach rechts in die Heckenstraße und fahre mit ihr zum Dorf hinaus, die entgegengesetzte Richtung. Dort gibt es Ziegen in einem Gehege. Die interessieren sie auch und sie vergisst eher Tante Trudis Straße. Allerdings sind die Räder des Wagens dann oft schmutziger und ich bekomme deswegen Ärger. Aber lieber putze ich am Abend noch die Räder sauber, als immer in die Alte Gasse zu Trudi zu gehen.

Wenn er trinkt

Immer wieder kommt es vor, dass unser Vater zu viel trinkt. Während er arbeitet, tut er das nicht. Er legt sehr viel Wert darauf, dass das überall klar ist.
An manchen Abenden kommt er heim und erzählt Geschichten vom Bau und seinen großen Taten. Ein Thema dabei ist auch immer, dass Mitarbeiter von ihm wieder einmal versucht haben, heimlich am Bau Alkohol zu trinken. Dass er wieder eine Bierflasche gefunden hat, die einer heimlich vor ihm versteckt hat, dass der Ludwig ja ohne Sprit gar nicht mehr zurecht kommt, dass der Werner wieder mal eine Fahne hatte am Montagmorgen, solche und ähnliche Themen wiederholen sich unentwegt. Wichtig dabei ist immer die Feststellung, dass *er* niemals an der Arbeit trinken würde, dass alle das wissen, ob Chef oder Arbeiter. Wichtig ist auch, dass er genau darauf achtet, dass auch die anderen am Bau nicht trinken während der Arbeit. Weil sie ihn respektieren (ja offenbar manchmal ihn auch fürchten), respektieren sie diese Regel, auch, wenn sie gelegentlich versuchen, sie heimlich zu umgehen.

Allerdings trinkt auch er.
Alle vier Wochen mindestens ist er ordentlich betrunken. Nicht beim Arbeiten, sondern in der freien Zeit passiert das. Sonntagmorgen treffen sich die Freunde von den Teichen. Dann wird ordentlich einer gehoben. Am Mittag oder Nachmittag kommt er betrunken heim. Manchmal ist es auch Abend. An Geburtstagen oder anderen Feiern trinkt er zu viel, an der Kirmes und immer dann, wenn sich solcherlei Gelegenheiten bieten. Dass er auch nicht einmal in Maßen trinken kann, jammert unsere Mutter.
Sie jammert nicht ohne Grund, denn wenn er vom Trinken kommt, wird es schwierig und angespannt bei uns. Manchmal

geht es friedlich aus. Dann legt er sich aufs Sofa im Wohnzimmer und schläft ein, aber nicht, ohne vorher bei irgendwem von uns Zuwendung einzuklagen. Mal muss Hella sich zu seinen Füßen setzen und ihm den Knöchel streicheln, der ihm offenbar weh tut, mal muss Mutter sich zu ihm setzen und ihm unzählige Male hintereinander versichern, dass er ja so tüchtig sei, dass er ein guter Mann und guter Vater sei, dass er sich gut um seine Familie kümmere und überhaupt alles richtig gemacht habe in seinem Leben. Oft aber muss auch ich mich zu ihm setzen und ihn mit ähnlichen Beteuerungen beruhigen, bis er einschläft. Es ist ganz wichtig, ihn so zu beruhigen, sonst wird er schnell laut und wütend. Er verliert dann völlig die Kontrolle, zertrümmert Gegenstände, tobt herum. Wir Kinder haben auch Angst, dass er uns schlägt oder etwas nach uns wirft.

Besonders schlimm erlebe ich es immer dann, wenn es bereits Abend oder Nacht ist und wir schon schlafen. Wenn er dann die Haustür aufschließt und mit heftigem Gepolter das Haus betritt, dann halten wir alle den Atem an. Wenn Mutter noch auf ist, kommen heftige Gespräche und Diskussionen im Flur oder in der Küche über die immer gleichen Themen. Er habe ihren Geschwistern die Häuser gebaut und sie seien nicht einmal dankbar dafür. Übles Pack sei es und er wolle die alle nicht mehr sehen. Dass er Großes leistet in seinem Beruf, seine Knochen hin hält und ein guter Mensch ist, wiederholt er auch immer neu. Mutter redet meist beruhigend auf ihn ein. Er solle sich erst einmal hinlegen; er sei ja ganz betrunken...

Ein wenig Vorwurf hat sie auch immer in der Stimme. Sie hasst es, wenn er trinkt. Und sie kann nicht anders, als es ihm wenigstens durch die Blume zu zeigen. Er merkt das in seinem Zustand. Es provoziert ihn. Diesmal ist es wieder soweit. Im Flur bereits wird er lauter, faucht sie an: „Lass mich in Ruhe, du bist auch

nicht besser als die. Du hältst noch zu denen, nicht zu deinem eigenen Mann."
„Aber nein, du spinnst ja, das tue ich ja gar nicht. Ich kann es nur nicht leiden, wenn du so viel trinkst."
„Ich spinne, aha, du kannst mich nicht leiden, das weiß ich doch, geh doch zu denen, such dir einen andern, geh doch, fick doch herum."
Gerade, als er das sagt, drücke ich oben im Flur vorsichtig die Tür auf. Es muss etwas Schreckliches bedeuten, was er gesagt hat, denn nun wendet sie sich um und geht in die Küche zurück.
„Du hast sie nicht alle!", ruft sie. Offenbar ist sie furchtbar beleidigt.
Diesmal merkt er irgendwie, dass er zu weit gegangen ist. Um sie zu vermeiden, poltert er Stufe für Stufe die Treppe herauf. Schnell habe ich mich wieder in mein Zimmer und ins Bett zurückgezogen. Inzwischen haben Hella und ich jede ein eigenes Zimmer. Hellas ist direkt neben meinem.
Ich hoffe, er geht gegenüber in sein Schlafzimmer. Aber so ist es nicht. Er drückt die Klinke zu meinem Zimmer herunter und kommt zur Tür herein. Gleich links neben der Tür steht mein Bett. Davor kniet er sich nun nieder und legt den Kopf auf meine Bettdecke.
Ich tue, als würde ich davon wach. Verschlafen sage ich: „Was ist denn?"
„Was ist denn, was ist denn", jammert er laut in die Kissen.
„Was hast du denn?", frage ich erneut.
Er hebt den Kopf, sieht mich an. Die Augen hat er weit offen und sein ganzes Gesicht ist gerötet. Es wirkt wütend, aber zugleich auch etwas hilflos.
„Sie ist böse mit mir", sagt er vorwurfsvoll. „Dabei mache ich doch alles für euch. Ihr habt ein gutes Haus. Ich habe es erst richtig gut gemacht. Vorher war es doch nur ein armseliges Häuschen

mit viel Sand gebaut. Ich hab doch erst richtig Beton hier eingebracht. Das reißt keiner mehr ab. Und die Teiche hab ich auch gemacht mit meinen starken Händen. Ich hab doch alles gemacht."

Ich weiß, dass er betrunken ist und dass es gefährlich ist, ihm zu widersprechen. Man darf ihn nur bestätigen und beruhigen. Dann geht seine Wut langsam weg. Also rede ich beruhigend auf ihn ein, wie schon oft.

„Du hast viel gearbeitet für uns. Das stimmt. Mach dir doch keine Sorgen. Ist doch alles in Ordnung."

„Die mit ihren feinen Geschwistern, die sehen doch nur auf mich herab."

Sein Kopf fällt wieder auf die Decke zurück.

„Ach was, das denkst du nur. Die wissen auch, dass du gut bist in deiner Arbeit. Die können das doch gar nicht so gut wie du."

„Nicht wahr, so ist es auch, die können nichts, nur reden und sich wichtig machen."

Er hat wieder den Kopf von der Decke hochgehoben. Sein Blick ist nicht mehr wütend, im Gegenteil. Er wirkt entspannter und etwas beruhigt. Seine Stimme ist nicht mehr so laut.

„Na klar, das ist so", sage ich und er lächelt ein wenig.

„Ja, das ist so", wiederholt er halblaut. Ich merke, er wird müde.

„Streichel mich ein bisschen am Kopf."

In mir sträubt sich alles. Dennoch nehme ich mich zusammen und streichle ihm über den Kopf, der nun wieder fest auf meiner Decke liegt. Irgendwie tut er mir fast ein wenig leid, wie er da immer wieder kämpfen muss gegen diese quälenden Gedanken, jemand könne ihn schlecht finden oder ungenügend, sie würden sich über ihn erheben und besser sein wollen als er. So ein starker Mann und so viele böse Angstgeister in ihm, die ihn quälen, besonders dann, wenn er betrunken ist. Dann kommt es aus ihm heraus, was ihn belastet und ängstigt, - was er an den anderen

Tagen verdrängt und verbirgt hinter seiner groben, lauten und gewaltbereiten Art.
Einige Minuten streiche ich ihm immer wieder sanft über den Kopf. In mir ist Mitleid, aber auch Ekel und Abwehr. Mich ekelt der Geruch von Rauch und Bier. Innerlich empfinde ich Abwehr gegen diesen Mann, der sich Zuwendung einfach fordert, ob man das geben will oder nicht. Andererseits weiß ich, dass es klug ist, ihn zu besänftigen, damit Ruhe einkehrt und nichts Schlimmeres passiert.
Jetzt ist er beinah eingeschlafen und mir wird langsam mulmig. Wann wird er endlich aufstehen und in sein eigenes Bett gehen? Wann wird sie endlich kommen und mich befreien. Sie weiß doch genau, dass er hier ist…
Endlich höre ich ihre Schritte auf der Treppe. Wortlos kommt sie durch die halb offene Tür.
„Komm jetzt", sagt sie zu ihm und zerrt leicht an seinem Arm. Er scheint fast eingeschlafen.
Nun erhebt er sich doch und folgt ihr ohne Murren in den Flur und ins gegenüberliegende Schlafzimmer. Sie hat noch etwas zu tun, bis er endlich ausgezogen und im Bett gelandet ist.
Ich höre, wie die Schuhe auf den Boden fallen und sie ihm zuredet. Er murrt noch etwas herum, ist aber nicht mehr laut. Irgendwann ist Ruhe.
Ich wünsche mir, dass sie noch einmal herüberkommt zu mir und sagt, dass ich das gut gemacht habe. Sie kommt nicht mehr.
Ich bemerke, dass sie manchmal froh ist, wenn sie eine Weile ohne ihn sein kann.
Sie findet Wege dazu.
Am Wochenende müssen Hella und ich Samstagabend schon mit zum Wochenendhaus an den Teichen. Sie selbst kommt erst am Sonntagmorgen. Sie habe noch so viel zu tun. Und schließlich wäre Dunja ja noch so klein und müsse versorgt werden.

Gerne gehen wir nicht mit ihm allein. Uns ist es immer lieber, wenn sie dabei ist. Meist geht es friedlich zu am Samstagabend mit ihm allein im kleinen Häuschen. Wir sind ganz brav und folgen aufs Wort.

Kartenspiele bringt er uns bei, wenn er gut gelaunt ist. Bald merkt er, dass wir auch schon alleine sein können. So gibt er uns etwas zum Spielen und geht noch ein Weilchen weg. Meist geht er zum alten Schützenkarl. Das ist ein Nachbar um die Ecke in einem anderen Häuschen. Der ist fast immer da und hat auch etwas zu Trinken im Haus.

Hella und ich sind froh, wenn er weg ist und wir alleine sind. Brav spielen wir unsere Spiele und beschäftigen uns. Wir wissen genau, dass es ihm nicht besonders gefällt, wenn wir unserer Mutter erzählen, dass er uns am Abend alleine gelassen hat. Solcherlei Andeutungen macht er immer, wenn er zurückkommt.

Meist sagen wir nichts. Aber gelegentlich fällt doch einmal ein Wort heraus. Spitzzüngig sagt sie dann, sie vermute das schon, dass er uns manchmal alleine lässt. In Ordnung sei das eigentlich nicht…

„Er schließt immer ab“, sagt Hella, um ihn ein wenig in Schutz zu nehmen.

Schließlich ist es uns recht, wenn er weggeht. Dass er getrunken hat, versucht er vor uns zu verbergen, wenn er zurückkommt. Besonders freundlich ist er dann und tut ganz fürsorglich. So können wir ihn ertragen.

Ingrid vom Teich

Noch etwas anderes versucht er in diesen Tagen an den Teichen vor uns zu verbergen.

Zuerst bemerke ich nur, dass er zu Ingrid immer besonders freundlich ist, wenn sie kommt.
Ingrid und ihre Familie haben auch Teiche und ein Wochenendhaus weiter vorne. Wir sind mit ihnen befreundet. Ihr Mann, der Anton, ist ein tüchtiger Schreiner und hat in unserem Häuschen schon verschiedene Dinge gerichtet und eingebaut. Der älteste Sohn ist manchmal da und wir schwimmen zusammen im Teich.
Überhaupt ist es so, dass man einfach hingeht zu den Leuten, die man kennt, ohne sich lange anzumelden. Man geht hin, fragt, wie es so geht, sitzt zusammen und redet.
Geangelt wird auch oft, mal bei uns, mal bei ihnen, wie es gerade kommt.
Ingrid kommt öfter, wenn Mutter noch nicht da ist am Samstag. Das Türchen oben quietscht etwas und dann kommt sie den kleinen Weg herunter, der zu unserem Häuschen führt.
Zuerst finde ich das normal. Irgendwann aber fällt mir auf, dass er sie so arg freundlich empfängt. Ein klein wenig verlegen wirkt er, so geht es mir plötzlich durch den Sinn.
An einem Samstagnachmittag in dieser Zeit geschieht es dann.
Es ist warm. Hella und ich sind im Wasser, schwimmen und spielen herum mit einem alten Holzbalken. Wieder quietscht das alte Türchen und sie kommt den schmalen Weg herunter.
Unser Vater sitzt auf der kleinen Terrasse vorm Häuschen. Als er sie kommen sieht, steht er gleich auf.
„Guten Tag“, sagt sie leicht forsch.

„Guten Tag, mein Schatz", antwortet er mit einem etwas lustigen Unterton, so, als ob er einen Scherz mache. Allerdings klingt es auch irgendwie wahr, dass er sie sehr mag.
Wir sind ganz in der Nähe, nur wenige Meter vor ihm am Ufer des vorderen Teichs. Wir sollen denken, er macht wieder einen seiner Scherze, wie er sie immer einmal macht. Das höre ich heraus, aber irgendwie höre ich auch diese Spur von Verlegenheit.
Rasch verschwinden beide im Haus, obwohl es doch warm ist und sie gut auf der Terrasse hätten sitzen können. Das fällt mir deutlich auf. Unruhig werde ich und sage zu Hella: „Du, was werden die da drin jetzt machen? Ist doch komisch, dass er mit ihr rein geht, oder?"
„Ja, schon komisch", sagt Hella, taucht aber gleich drauf wieder in das erdige Wasser, um einen alten Blechreif zu suchen, nach dem wir immer tauchen.
In mir hört es nicht mehr auf, unruhig zu sein. Ein ganz merkwürdiges Gefühl habe ich, kann es aber gar nicht näher beschreiben. Irgendwie merke ich, dass etwas hier nicht stimmt und es unserer Mutter nicht gefallen würde.
„Ich hole mir nur meine Taucherbrille", sage ich zu Hella.
In der Tat besitze ich inzwischen eine blaue, stabile Taucherbrille, die ich sehr mag. Zwar kann man in dem trüben Wasser des Teiches recht wenig erkennen, und doch gibt es Tage, an denen es heller ist und ich die Stiele der Seerosen sehe oder sogar einen vorbeischwimmenden Fisch oder einen Frosch.
Das passiert aber nicht oft, denn die Fische sind scheu und schwimmen nur selten so nah an uns vorbei.
„Aber dann musst du da rein", gibt Hella zu bedenken.
„Ja, mal sehen, hoffe, er schimpft nicht", antworte ich und schwimme schnell ans Ufer, steige aus dem Wasser und gehe auf das Häuschen zu. Mein Herz schlägt schneller. Er schimpft in der Regel immer, wenn wir irgendwo spielen und dann ins Haus

kommen, um etwas zu holen. Nie würde ich mich trauen, einfach die Tür zu öffnen und hinein zu gehen.
Vorsichtig luge ich durchs Fenster links. Durch die dünnen Gardinen kann ich in der Mitte, da, wo sie nicht ganz zusammengezogen sind, gerade zum Sofa sehen, das links an der Wand steht. Beide liegen darauf und bewegen sich heftig. Seine Hose ist ganz heruntergezogen und ich sehe seinen nackten Po. Ein großer Schreck durchzuckt mich und ich fühle mich plötzlich ganz aufgeregt. Mir wird heiß und dann wieder kalt. Ja, innerlich habe ich es schon gewusst, dass hier etwas nicht stimmt. Es nun so zu sehen, ist aber noch einmal eine andere Sache. Das darf er doch nur mit unserer Mutter tun, so eng auf dem Sofa liegen.
Mir ist schlagartig klar, dass hier etwas ganz falsch läuft und dass ich das gewiss nicht sehen soll. In mir entsteht ein ganz starkes Gefühl, dieses Treiben unterbrechen zu wollen, verhindern zu wollen. Tatsächlich gehe ich zur Haustür und klopfe an. Hella steht am Ufer und schaut, was ich tue. Sicher hält sie den Atem an, dass er nicht wütend wird, weil ich etwas will. Seltsamerweise wird er aber gar nicht wütend. Es rumpelt ein wenig, dauert einen Augenblick, dann öffnet er verstört die Tür und fragt, was los sei. Ich wolle nur meine Taucherbrille, erkläre ich. Wo die denn liege, fragt er doch tatsächlich.
Normalerweise hätte er jetzt bestenfalls zu mir gesagt, dass ich gehen soll, um meinen Kram zu holen.
Aber nein, ich erkläre, wo sie liegt. Er macht die Tür wieder zu. Bald schon öffnet er sie wieder und reicht mir die Taucherbrille hin. Die Tür hat er nur einen schmalen Spalt offen, wie vorhin auch. Nichts kann ich sehen vom Innern des Zimmers. Ich nehme sie, bedanke mich und gehe wieder zurück ins Wasser. Er schließt die Tür hinter mir und dreht dann den Schlüssel um. Ich höre genau, dass er abschließt.

Völlig irritiert, überrascht und aufgewühlt von dieser neuen Erfahrung schwimme ich wieder zu Hella.
Gerade hat er zum ersten Mal in meinem Leben etwas für mich gesucht und mir herausgereicht. Ich erzähle es Hella und sie wundert sich auch. „Komisch“, sagt sie nur und wir spielen weiter im Wasser. Aber in mir bleibt das ganz seltsame und beunruhigende Gefühl, dass hier etwas ganz und gar nicht stimmt und er gerade nur deshalb so freundlich mit mir war, weil er etwas verbergen will, was sehr unangenehm für ihn ist.
Hella noch mehr zu berichten, das tue ich nicht, obwohl ich es eigentlich gerne täte. Aber ich weiß, sie versteht es noch viel weniger als ich, die doch nur weiß, dass er gerade etwas ganz und gar Unrechtes tut. Nun habe ich keine Idee mehr und auch keinen Mut, das Geschehen erneut zu stören oder gar zu verhindern.
Diese neue Erfahrung mit ihm geht mir nicht mehr aus dem Kopf. Ich bin einfach nicht mehr richtig bei der Sache. Nach einer knappen Stunde geht Ingrid wieder.
Den ganzen Abend ist unser Vater recht freundlich zu uns und lässt keine Gelegenheit aus, um uns zu sagen und zu zeigen, wie gut wir es doch haben an unseren Teichen und in unserem Häuschen.
Am anderen Morgen kommt endlich unsere Mutter mit Dunja.
Wir erleben eigentlich einen friedlichen Sonntag. Aber die Bilder von gestern gehen mir nicht mehr aus dem Kopf. Ständig muss ich daran denken. Nervös und unruhig fühle ich mich und merke bald, dass auch Hella nicht ganz bei der Sache ist. Sie geht unserem Vater aus dem Weg, wo sie nur kann. Am Nachmittag fragt sie mich irgendwann, ob wir das vielleicht nicht der Mutter erzählen sollten. „Würde ich auch gerne“, sage ich ihr. „Aber wer weiß, was dann passiert.“
„Ja“, entgegnet sie. „Wir dürfen es ihr nie sagen.“
Ich nicke. „Ja, glaube ich auch.“

„Na ja", sagt sie dann. „So ganz genau wissen wir ja auch nicht, was da war."
Das kenne ich von Hella. Wenn ihr etwas ausweglos oder ganz arg schwierig erscheint, flüchtet sie sich in Unklarheiten und scheinbare Unwissenheit. Sie ist auch wachsam und weiß im Grunde, dass hier etwas ganz und gar nicht stimmt, was er getan hat. Aber nur ich habe es genau gesehen.

Die Bilder dieses Nachmittags bleiben all die Jahre klar in meinem Gedächtnis.
Ich merke es mir genau, wie so vieles, was ich erlebe. Immer habe ich den Eindruck, ich muss mir all das merken, um zurecht zu kommen, um zu überleben in dieser Familie.
Zum Glück ist mein Gedächtnis sehr gut. Vielleicht ist es auch sehr trainiert durch all das, was ich erleben musste.

Neunzehn Jahre alt muss ich gewesen sein, als ich ihn zum ersten Mal mit diesem Erlebnis konfrontierte. Ich wohnte nicht mehr daheim, sondern in der nahen Kleinstadt.
Es war in einer Nacht, als unsere Mutter mich anrief, weil er wieder einmal betrunken war und am Durchdrehen. Vor den Betten der beiden kleinen Geschwister stehe er und drohe, sie zu erschießen.
Wieder einmal ist es so weit. Sie ruft an und ich komme. Noch immer steht er vor den Betten der Kleinen und tobt.
(Ja, inzwischen ist sogar noch ein weiteres Kind da. Der kleine Peter ist drei Jahre nach Dunja auf die Welt gekommen, wovon ich noch genauer berichten werde).
Schon auf der Treppe höre ich wieder seine bösen Schimpftiraden, wie ich sie nun schon so lange kenne. Zorn steigt in mir auf, dass er immer wieder so ausrastet und unser Leben bedroht. Irgendwann muss

es reichen. Er muss damit aufhören, denke ich und bin wild entschlossen, dem ein Ende zu bereiten, weiß aber nicht, wie.
Ich trete in die Schlafzimmertür von Dunja und Peter. Er schaut etwas verdutzt, hört aber nicht auf mit seinen wilden Drohungen. Sein Luftgewehr hat er in der rechten Hand.
„Hör auf mit dem Unsinn!", schreie ich ihn laut an.
Die Kleinen haben sich ängstlich die Decken über den Kopf gezogen und wimmern. Ein Bild des Jammers; und plötzlich weiß ich, was ich tun muss.
Unsere Mutter steht hinter mir. Ihr sage ich in scharfem Ton, sie möge sich um die Kinder kümmern und sie beruhigen. Mit einem schnellen Schritt trete ich ganz nah an ihn heran und greife nach dem Gewehr. Verblüfft schaut er mich an. Damit hat er nicht gerechnet.
„Du kommst sofort mit mir!", schreie ich ihn an. Konsequent und heftig zerre ich an seiner Jacke.
„Sofort, hörst du. Ich habe dir etwas Wichtiges zu sagen!"
„Lass mich in Ruhe und hau ab!", ruft er, aber ich lasse nicht nach.
„Wenn du nicht sofort mit rüber kommst, dann wird dir das leid tun!"
Er merkt, dass ich es ernst meine. Etwas maulend geht er zur Tür. Ich stoße ihn hinaus in den Flur. Da dreht er sich noch einmal um und hebt die Hand, als wolle er mich schlagen. Ich starre ihn mit hartem Blick an und sage: „Schlag nur zu. Es wird das letzte Mal sein."
Irgendetwas in meiner Stimme lässt ihn aufhorchen. Er spürt, wie ernst ich es meine.
Ich schiebe ihn über den Flur und in mein altes Zimmer. Er setzt sich aufs Bett und mault herum, was ich denn schon wolle.

Vor Augenblicken habe ich beschlossen, dass ich ihn mit der alten Geschichte konfrontieren werde. „Ingrid Schiller", sage ich laut schaue ihn hart an.

„Was willst du denn mit der", murrt er.

In kurzen kräftigen Sätzen erkläre ich ihm, dass ich damals sein Treiben beobachtet habe und er mir erst gar nicht mit Ausflüchten kommen darf, - dass dies das letzte Mal sei, dass er so einen Wahnsinn veranstalte und das Leben der eigenen Kinder bedrohe.

Seine Ausflüchte werden deutlich schwächer. Er murmelt halblaut, dass es ja nur eine ganz kurze Sache gewesen sei. Und überhaupt könne er sich da gar nicht mehr so genau erinnern, was überhaupt war.

„Noch eine solche Aktion und du hast keine Familie mehr!", sage ich in scharfem Ton.

„Du kannst dann nur noch dein Bündel packen und verschwinden. Keine Familie mehr, kein Freundeskreis, nichts mehr. Das geht schneller als du denkst."

Er weiß sehr genau, dass seine Frau das nie verzeihen würde und er auch im Freundeskreis, im Dorf und an den Teichen unten durch wäre. Dann wäre er plötzlich nicht mehr der starke Mann, der zu etwas gekommen ist und der wer ist im Dorf.

Klein wird er, ganz klein und beschwört mich, es immer für mich zu behalten.

Ich verspreche es ihm in dieser Nacht, - aber nur unter der Bedingung, dass er solcherlei Auftritte von nun an unterlässt. Feierlich schwört er es und seit diesem Tag hat er Respekt vor mir.

Eine Woche später fragt unsere Mutter mich, was ich ihm denn da in dieser Nacht gesagt habe. Er wäre ja auf einmal so friedlich.

Dass würde ich ihr nicht sagen, habe ich damals geantwortet. Aber sie möge es mir berichten, wenn er wieder ausfällig würde und sie

und die Kleinen bedrohe. Sie verspricht es und sagt, sie wolle aber irgendwann wissen, was das denn gewesen sei.
Ich habe es ihr nie gesagt. Zum Glück hat sie danach nie mehr gefragt. Vielleicht hat sie geahnt, dass es besser ist, sie weiß es gar nicht. Auch mit ihm habe ich niemals wieder darüber geredet - bis wenige Wochen vor seinem Tod.

Er liegt im Krankenhaus und merkt, dass er so viel Zeit nicht mehr haben wird.
Ein langes Leben hat er hinter sich, viel länger als er selbst gedacht hätte. Inzwischen bin ich Ende fünfzig. Ich merke, dass er über Dinge spricht, die er noch gerne klären möchte.
Als wir einmal alleine sind, spricht er plötzlich über Ingrid.
Er bedankt sich, ja bedankt sich tatsächlich bei mir, dass ich all die Jahre geschwiegen habe.
Die Geschichte mit Ingrid habe nicht lange gedauert. Es war für ihn zu unsicher und er hat sich mit der ganzen Sache nicht gut gefühlt. Sein guter Ruf war ihm immer ganz besonders wichtig. Aber da sei noch etwas gewesen, das er mir sagen müsse. Ingrid habe etwa neun Monate nach dieser Geschichte ein Kind bekommen. Sie habe ihm gesagt, dass es von ihm sei und ihn damit arg in Bedrängnis gebracht. Irgendwann hatte sich ihr Mann, der Anton, in ihrem Wochenendhaus erschossen. (Letzteres wussten wir, denn mein Vater selbst und ein anderer Mann hatten ihn damals gefunden und uns berichtet.)
Ingrid habe ihm gesagt, der Anton hätte herausgefunden, dass es nicht sein Kind sei und sich deshalb das Leben genommen. Vaters Angst und der Druck, unter dem er stand, müssen in dieser Zeit riesengroß gewesen sein. Irgendwann aber stellte sich heraus, dass er nicht der Vater war, sondern Ingrid in dieser Zeit mit einem weiteren

Mann zusammen gewesen war. Unglaublich erleichtert war er da und hat nun von Ingrid gefordert, sie solle ihm schriftlich den Beweis geben, dass er nicht der Vater des Kindes sei. Man wisse ja nie, wie irgendwann durch einen dummen Zufall doch die alte Geschichte ans Licht komme und dann könne er doch zumindest beweisen, dass er nicht der Kindsvater sei. Diesen Beweis hat sie ihm tatsächlich irgendwann gegeben.
Im Krankenhaus erklärt er mir nun, dass er ein altes Schriftstück besitze, welches er all die Jahre aufgehoben habe. Es befinde sich im Teichhaus ganz hinten unten im Einbauschrank im Schlafzimmer in einer kleinen Blechdose. Die letzten Jahre habe er selbst nicht einmal mehr diese Dose herausholen können, weil er sich nicht mehr bücken konnte und der Schrank dazu eine ordentliche Tiefe habe. Eindringlich bittet er mich nun, in das Teichhaus zu gehen und diese Dose samt Inhalt für immer zu entsorgen. Er wolle auf gar keinen Fall, dass nach seinem Tod noch schlecht über ihn geredet würde. Außerdem wolle er es ganz und gar vermeiden, dass meine Geschwister von der Sache erfahren würden. Besonders Peter solle niemals etwas davon wissen. Der würde ihn am meisten verachten. Er fürchtete seine unglaubliche Härte. „Ich habe Angst vor Peter", so höre ich ihn heute noch sagen.

Weil er ein Junge war, endlich ein Junge, wurde er wie ein Kronprinz erzogen und die Mädchen, besonders Dunja, mussten von da an noch viel mehr zurückstehen. Für ihn galten von Anbeginn andere Regeln, er durfte sich vieles, ja beinahe alles erlauben und bekam alles, was er sich wünschte und mehr dazu (auch, wenn es eigentlich jemandem von uns Mädchen gehörte).

Peter war zu dieser viel späteren Zeit ein machtbesessener und vor allem materiell orientierter Mann geworden, der sich auch die entsprechende Frau gesucht hatte. Auffällig oft machte er Späße und Witze darüber, wenn anderen ein Missgeschick passierte. Er merkte sich derlei Begebenheiten, selbst, wenn sie viele Jahre her waren. Seine eigenen Missgeschicke hingegen tarnte er akribisch und fand teilweise haarsträubende Erklärungen, die allesamt belegen sollten, dass ihm niemals irgendetwas passierte, was nicht ganz so gut war... Vor ihm und seiner gnadenlosen Härte und Selbstgerechtigkeit ängstigten sich beide Eltern mehr und mehr, ja älter sie wurden. Vor ihm nicht tadellos dastehen, das war für den alten gebrechlichen Mann einfach nicht denkbar.

Als Vater ins Krankenhaus kam und die Mutter noch lebte, nahm Peter alle Schlüssel an sich. Vom kleinen Häuschen an den Teichen, vom Auto des Vaters, der Garage und der elterlichen Wohnung im Dorf. In diesen Tagen versuchte ich, an einen Schlüssel zu kommen, um dem Vater diesen wichtigen Wunsch zu erfüllen und diese Sorge zu nehmen. Unsere Mutter wich aus und sagte nur, dass sie ihren wohl verlegt habe. Zu dieser Zeit stand sie ganz und gar unter Peters Machtbereich. Ich versuchte es über Hella, aber auch sie erreichte nichts. Im Gegenteil. Sie hat Peter direkt angesprochen, obwohl ich sie gebeten hatte, das nicht zu tun. Sie verriet mein Vertrauen, weil sie wieder einmal wichtig sein wollte, - diesmal vor Peter. Solidarität bezeugen bei dem scheinbar so Mächtigen. Dieses Muster hatte sie entwickelt mit den Jahren. Viel zu oft habe ich ihr immer wieder vertraut, weil ich dachte und mir wünschte, dass diese alte Schwesterbindung doch viel tragen würde. So viele gemeinsame Erfahrungen hatten wir gemacht und waren gegenseitig sozusagen „wissende Zeugen" füreinander geworden. (Alice Miller hat das in ihrem Buch „Du sollst nicht merken" sehr klar dargestellt.) Einerseits erlebte ich in entspannten Situationen, dass wir uns über alte Geschichten in der Familie intensiv, einvernehmlich und manchmal auch humorvoll austauschen konnten. Dann fühlte ich mich wohl in ihrer Nähe und war erleichtert, dass ich nicht alleine diese ganzen Themen und Dramen mit mir tragen musste. Andererseits hat sie mich aber in entscheidenden Momenten immer wieder im Stich gelassen, wenn es darum ging, auch in unangenehmen Dingen nicht auszuweichen, sondern klar Position zu beziehen - und sich dadurch natürlich auch angreifbarer zu machen. Sie duckt sich sozusagen weg, verbirgt sich in Worthülsen und freundlichen Vermeidungen.

In all den Jahren ist sie immer mehr die „Frau Wichtig" geworden. Viele in ihrem Umfeld nennen sie so. Sie steht gerne im Mittelpunkt, unterhält bei Familienfesten die ganze Gesellschaft mit Witzchen und lustigen, frechen Bemerkungen. Sie mag es, der Liebling aller zu sein. Viele sagen, sie sei ja so nett und lustig. Tatsächlich kann sie lustig und nett sein. Auch ein großes Herz hat sie für Schwache und Leidende. Außerdem ist sie klug. Viele Jahre habe ich es gerne mit ihr zu tun, werde aber immer wieder sehr verletzt. Sie kann laut und dominant werden, schreit plötzlich los, wenn ihr ein Thema unangenehm ist, vermeidet es dadurch, sich zu positionieren. Vor Schreck weicht das Gegenüber zurück und schweigt. So erreicht sie, dass eine wirkliche Aussprache oder Auseinandersetzung verhindert wird.

Sie will es sich mit niemandem verderben. Auch mit Peter will sie es sich damals in dieser Situation nicht verderben, lieber dann mit mir. Das ist nicht so anstrengend für sie. So berichtet sie ihm, was ich ihr anvertraut habe, weil ich nicht mehr weiter wusste.

(Ich sagte ihr nur, dass ich ein Geheimnis des Vaters sozusagen „entsorgen" möchte im Teichhaus.) Sie informierte Peter und der reagierte sofort machtbesessen und hart wie fast immer: „Was die nur wieder

für Geschichtchen erzählt. Der glaube ich kein Wort. Die bekommt keinen Schlüssel."

Ich lasse daraufhin das Thema los und denke mir, dass unser Vater selbst Schuld ist, einen solchen machtbesessenen Menschen zu erziehen und dass das jetzt die Folgen sind. Sollte Peter doch sein Geheimnis finden.

Wochen später, als es Vater noch sehr viel schlechter geht und seine Tage gezählt sind, spricht er mich plötzlich erneut auf das Thema an. Es scheint ihn sehr zu beschäftigen. Ich erkläre ihm, dass ich keinen Schlüssel bekomme und deshalb seinen Wunsch nicht erfüllen kann. Er lässt nicht locker, bedrängt mich geradezu.

An diesem Abend finde ich keine Ruhe und suche nach einer Lösung. Irgendwann in der Nacht fällt sie mir ein. Am anderen Tag ordere ich einen Schlüsseldienst. In wenigen Augenblicken ist die Tür auf. Zum Glück war sie nicht richtig verschlossen, nur zugeschnappt.

Für den jungen Mann vom Schlüsseldienst war es eine leichte Übung, die offenbar keine Spuren hinterlässt. Meine Erleichterung ist groß.

Es dauert nicht lange, und ich finde tatsächlich die kleine Blechdose ganz weit hinten unten im Einbauschrank rechts neben Marmeladegläsern und alten Tüchern, die über der Dose liegen. Ja, das verstehe ich sofort, dass er da nicht mehr hinkam. Selbst ich habe Schwierigkeiten, denn auch mein Rücken ist in dieser Zeit nicht mehr in gutem Zustand.

Ich entnehme den alten vergilbten Zettel, ein medizinisches Dokument auf einer Schreibmaschine getippt. Daheim werfe ich es in meinen Ofen, nicht ohne es vorher einer guten, verschwiegenen Freundin zu zeigen, sozusagen als Zeugin.

Meinem Vater kann ich anderntags berichten, dass alles erledigt ist. Erleichtert seufzt er auf und lässt sich in die Kissen fallen.

„Danke", sagt er nur. Ich nicke ihm zu. Das Thema ist beendet.

An diesem Abend kommen wieder die vielen alten Bilder hoch von damals, damals an den Teichen im Sommer, als oben das Türchen quietschte und Ingrid herunterkam. Peter gab es da noch nicht.

Das Versprechen

Nach Ostern bin ich nun in eine neue Schule in der nahen Kleinstadt gekommen.
Eigentlich wollte ich unbedingt in die Klasse, in die auch meine Schulfreundinnen aus dem Dorf gehen.
Die Paulsen hatte sich nicht viel darum geschert, wer in welche Schulstufe kommt. Dennoch hatte sie meine Mutter in einer der großen Pausen angesprochen, als die gerade am Schulhof vorbeiging, um Opa zu besuchen.
Weil sie wusste, dass ich gut lernen kann, sagte sie ihr tatsächlich, sie sei der Meinung, ich sollte auch in die Realschule gehen. In der Hauptschule sei ich nicht am rechten Platz.
„Ach, das ist nicht nötig", sagt meine Mutter freundlich zu ihr. „Mein Mann will es auch nicht. Was wir nicht hatten, braucht die auch nicht."
„Na ja, sie ist doch klug. Heutzutage sollte ein Mädchen schon etwas lernen, und mit dem Abschluss hat sie eine bessere Auswahl", wendet die Paulsen noch ein.
Ich höre alles und wundere mich, dass sie sich so für mich einsetzt.
„Bitte, Mama", sage ich nun auch. „Ich möchte gerne mit Dörthe und Ursula und den anderen zusammen in die neue Klasse."
„Ich spreche heut Abend noch mal mit deinem Vater", sagt sie und beeilt sich, weiterzugehen.
Beim Abendbrot fängt sie tatsächlich damit an, Vater von dem Gespräch mit der Lehrerin zu berichten. Aber sie erzählt es anders als es war.
„Da hat mich doch tatsächlich die Paulsen angesprochen. Sie soll in die Realschule. Ich hab ihr gleich gesagt, dass das Unsinn ist und uns das nicht recht ist."

„Die hat überhaupt nichts zu sagen!", poltert er sofort los. „Was wir nicht hatten, braucht die auch nicht. Will wohl was Besseres werden, die Dame."
Er wendet sich zu mir.
„Du wirst sowieso bald heiraten. Wenn die Tante mal nicht mehr lebt, baue ich vorne eine kleine Wohnung aus. Du kannst dann mit deinem Mann dort wohnen."
So erschrocken bin ich, dass ich erst einmal gar nichts sagen kann. Dann versuche ich es doch.
„Und wenn ich erst mal gar nicht heiraten will und lieber einen Beruf lerne… Und ich will doch mit Dörthe…" Weiter komme ich nicht.
„Schluss jetzt!", brüllt er. „Du machst, was dir gesagt wird. Von mir aus lern einen einfachen Beruf. Das kannst du auch mit der Hauptschule. Dann bezahl erstmal deinen Brei. Danach kannst du heiraten. Und jetzt keinen Ton mehr darüber!"
Weil ich merke, dass er mich prügeln wird, wenn ich weiterrede, stehe ich auf und renne aus der Tür.
„Komm sofort zurück, sonst schlag ich dich windelweich!", schreit er mir nach.
So schnell ich kann, renne ich über den Hof, dann durch den Garten und weiter hinauf auf den kleinen Berg. Dort habe ich auch ein Versteck unter großen Bäumen.
Zwischen Wurzeln setze ich mich ins Moos, atemlos vom Rennen. Nun kommen die zurückgehaltenen Tränen hoch und ich weine heftig los. Ich will nicht heiraten, schon gar nicht so früh. Etwas lernen will ich, weil ich gerne lerne.
Und ich will zu Dörthe in die Klasse.
Nachdem ich mich etwas beruhigt habe, schaue ich ins Gras, sehe Ameisen und Käfer, die dort ruhig herumkriechen. Lange bleibe ich sitzen und schaue mich nur um.
Es fängt schon an, dunkel zu werden, als ich mich langsam erhebe.

Dass ich jetzt bestimmt doch noch Prügel bekomme, befürchte ich, weil ich doch weggelaufen bin. Dann kommt seltsamerweise eine Art Kraft in mich zurück. Einen gewissen Trotz spüre ich. Soll er mich doch prügeln, denke ich. Soll er doch toben und schreien. Irgendwann bin ich stärker und mache alles, wie ich es will. So lange muss ich warten.
Ich schaue zu dem dicken Baumstamm, an dem ich die ganze Zeit gelehnt habe. In diesem Augenblick verspreche ich mir selbst etwas. Ich werde leben, wie ich es will, irgendwann.
Warten muss ich, bis ich groß und stark genug bin, aber ich werde es tun. Sie können mich dann nicht mehr daran hindern. Ich muss nur die Zeit aushalten, bis es so weit ist. Und das werde ich schaffen.
Du wirst es schaffen, das hatte auch meine Oma damals gesagt.
Obwohl ich Angst habe, sind meine Schritte so entschlossen wie mein Herz!

Peter

An Dunjas drittem Geburtstag passiert es wieder.
Nicht im Traum hätte ich daran gedacht, dass so etwas noch einmal passiert.
Hella kommt wutschnaubend aus dem Haus. Schon von weitem ruft sie mich, schreit geradezu nach mir. Ich stehe mit Dunja und zwei anderen kleinen Kindern auf dem Weg vom Hof zum Garten. Erschrocken schaue ich zu ihr. Atemlos kommt sie bei mir an und sagt: „Das ist so gemein, so gemein!"
„Was ist denn los?", frage ich erschrocken.
„Sie hat uns wieder nichts gesagt, stell dir vor, kein Wort hat sie gesagt! Dabei hat sie's versprochen!"
„Was?"
„Sie kriegt wieder ein Kind, schon im Sommer. Gerade hat sie mit Tante Inge darüber gesprochen. Schon im Sommer kommt wieder ein Kind. Sie hat gelogen. Sie hat versprochen, dass sie es uns zuerst sagt! Sie lügt uns an!" Vor Empörung ist Hella ganz rot im Gesicht.
„Stimmt das wirklich? Hast du richtig gehört?"
„Na klar, ganz genau hab ich's gehört! Und sie hat uns wieder nichts gesagt. Sie lügt, sie lügt!"
Hella hört gut. Sie hat es wohl richtig verstanden, auch wenn ich das kaum fassen kann.
Ich glaube ihr.
„Wir bleiben noch ein bisschen im Garten", schlage ich vor, obwohl ich dazu keinerlei Lust habe. Aber es erscheint mir momentan das Sicherste. „Später, wenn alle anderen weg sind, fragen wir sie."
Hella sieht es ein. Obwohl sie lieber gleich handeln würde, bleibt sie im Garten mit mir, passt mit auf die Kinder auf. Oft schaut sie mich an, zischt Worte wie: Lügnerin, einfach fies…

Als endlich die letzten Gäste gegangen sind, geben wir Dunja kurz bei Tante Anna ab und gehen zu Mutter in die Küche. Hella platzt gleich heraus mit ihrer Wut: „Du hast uns angelogen! Du bist so fies!"
Erschrocken schaut sie auf. Bevor sie über Hella herfallen kann, sage ich laut: „Du bekommst wieder ein Kind und hast uns wieder nichts gesagt. Dabei hast du es uns fest versprochen. Was man verspricht, muss man auch halten, sagst du zu uns, aber du belügst uns. Hella hat recht."
Jetzt ist sie sprachlos, setzt sich auf einen Stuhl, atmet tief durch. „Aber es ist doch noch gar nicht so weit", versucht sie, uns zu beruhigen.
„Schon im Sommer!", ruft Hella. „Das ist gar nicht mehr lang."
Offenbar merkt sie jetzt erst, dass wir größer geworden sind und längst wissen, dass der Sommer schon gleich nach dem Frühling kommt.
„Der Tante Inge hast du es gesagt und wahrscheinlich schon viel mehr Leuten. Nur uns wieder nicht. Ich hasse dich!" Hella hat die letzten Worte herausgeschrien.
„Jetzt ist aber Schluss!", schreit sie zurück. „Warum soll ich euch schon so früh was sagen? Nachher redet das ganze Dorf drüber, weil ihr nicht den Mund halten könnt."
„Weil du es uns versprochen hast", sage ich mutig und klar. „Und weil wir nichts erzählen im Dorf."
Hella nickt kräftig. Jetzt steht unsere Mutter auf.
„Wo ist Dunja?", fragt sie laut.
„Bei Tante Anna", antworte ich. „Wir wollten mit dir alleine sein. Sie sollte nichts mitbekommen."
„Dann macht euch jetzt fertig und geht ins Bett. Ich kümmere mich heute alleine um Dunja."
Wir müssen früher ins Bett als sonst. Dabei ist sie es, die etwas falsch gemacht hat.

Im Bett reden wir noch lange über das, was vorgefallen ist.
„Bestimmt wird es wieder ein Mädchen“, sagt Hella.
Es klingt, als wäre es ihr sehr recht. Mir ist es das auch. Ich denke wieder an die Erlebnisse von vor drei Jahren, als Dunja kam. Ob es diesmal wieder genauso sein würde?
„Ich will aber nicht schon wieder jeden Tag Kinderwagen fahren“, erklärt Hella.
Sie spricht offen aus, was ich nur denke. Es ist schön, kleine Geschwister zu bekommen. Aber warum muss man nur immer noch mehr arbeiten deswegen? Wollen sie noch ein Kind oder passiert das einfach so? Unsere Mutter tut so, als wäre es ein Schicksal, dem man nicht ausweichen kann. Es passiert einfach und man muss es ertragen, wie es kommt.
„Lieber gehe ich zehn Mal zum Zahnarzt als einmal ein Kind kriegen“, hat Mutter damals schon gesagt, als Dunja kam. Wer weiß, welch entsetzliche Angst sie vorm Zahnarzt hat, kann ermessen, was diese Aussage bedeutet.
„Wenn ich könnte, würde ich davonlaufen“, sagt sie noch, kurz bevor sie das vierte Kind bekommt.
Fast alles ist wie vor drei Jahren, aber doch nicht alles... Sie kommt ins Krankenhaus. Irgendwann läuft die Grete von nebenan zu uns herüber. Tante Anna kommt aus ihrem Zimmer. Ich putze gerade die Innentreppe und halte inne. Hella springt zur Küchentür heraus.
„Es ist da!“ ruft Grete laut.
„Und was ist es?“, fragt Tante Anna.
„Ratet mal!“, sagt Grete aufgeregt.
„Ein Mädchen“, sagt Tante Anna.
„Ja, ein Mädchen“, sage auch ich und Hella nickt.
„Ein Junge!!!“, schreit Grete nun aus Leibeskräften.
„Wirklich? Du machst nur Spaß?“, fragt Tante Anna verunsichert.
„Nein, es ist wirklich ein Junge!“, bestätigt Grete erneut.

Wir können es kaum fassen. Das passt gar nicht in unsere Vorstellung. Hier soll nun ein Junge aufwachsen? Ob das anders wird? Viele Fragen beschäftigen uns.
„Unglaublich, ein Junge…“, sinniert Tante Anna und schüttelt leicht lächelnd den Kopf.
„Dann fahr mal zu deinem Vater. Es ist nur um die Kurve da vorn. Er arbeitet bei den Müllers am Anbau im Hof.“
Dieser Auftrag geht wieder an mich. Wieder schwinge ich mich auf das alte schwarze Herrenrad, mit dem ich nun schon so lange fahre. Ich weiß, wo er arbeitet. Es ist nicht weit.
Als ich angekommen bin, lehne ich das Rad an das Hoftor und gehe hindurch in den Hof. Dort steht er rechts auf einem hohen Gerüst und mauert. Als ich ihn rufe, dreht er sich um und mit ihm alle drei Kollegen.
„Es ist da!“, sage ich nur.
„Wieder ein Mädchen?“, fragt er gleich.
„Nein“, sage ich langsam. „Es ist ein Junge.“
„Was? Wirklich? Mach jetzt keine Witze, sonst gibt's Ärger!“
„Wirklich, es ist ein Junge. Grete hat es eben gesagt.“
Sein Gesicht verzieht sich zu einem breiten Lachen. Noch bevor er etwas sagen kann, fangen seine Kollegen an, zu schreien vor Begeisterung.
„Der Dicke hat‘s geschafft! Der hat einen Jungen!“, schreit einer.
„Schluss mit Arbeiten!“, ruft ein anderer. „Darauf gibst du einen aus!“
Alle springen vom Gerüst, obwohl noch längst nicht Abend ist. In wenigen Schritten und Sprüngen ist auch er unten angelangt.
„Fahr heim und kümmere dich um alles“, sagt er nur zu mir.
„Hoffentlich hast du genug Geld dabei“, stichelt einer der Kollegen.
„Was denkst denn du!“, antwortet er großspurig.
Dann laufen sie alle die Straße hinauf zur Gastwirtschaft.

Ich setze mich aufs Rad und fahre heim. Es macht offenbar einen deutlichen Unterschied, ob ein Mädchen oder ein Junge zur Welt kommt. Ich habe kein gutes Gefühl bei diesem Gedanken. Es drückt richtig in meinem Bauch, wohl auch, weil ich weiß, dass er heute Abend sehr betrunken sein wird. Und ich bin allein mit Hella und Dunja. Zum Glück ist wenigstens Tante Anna noch da. Nur im Nebengedanken hatten wir einen Jungennamen erwogen. Mädchennamen haben wir einige ausgesucht. Nun wird er Peter heißen, der kleine Junge, der nun zu uns gehört. Unsere Mutter will ein Peterchen haben.

Weil es die letzten Tage der Sommerferien sind, muss ich nicht von der Schule ins Krankenhaus laufen. Daheim muss ich alles tun, was sie normalerweise tun würde. Zumindest das meiste. Kochen und spülen, putzen und auf Hella und Dunja aufpassen, sie mit allem versorgen und vor allem, was am schlimmsten ist, wegen ihm ganz früh aufstehen, sein Frühstück herrichten, die Brote schmieren und in seine Tasche packen, seine Schuhe binden.

Viel lieber möchte ich länger schlafen, wie Hella. Ich möchte Rollschuh fahren, im Garten spielen, lesen, was bauen, Stöcke schnitzen. Es sind doch noch Ferien. Hella hat es besser. Sie macht nur das Nötigste. Manchmal sagt sie einfach: „Nein, keine Lust“, und verschwindet bei den Nachbarn.

„Ach, lass sie doch, sie ist ja noch kleiner“, sagt Tante Anna.

Es ist nicht gut, die Älteste zu sein. Aber man kann es nicht ändern. Es bleibt einfach immer so.

Neue Schule, altes Leben

Schon etwa drei Jahre gehe ich nun in die Hauptschule.
Wir haben einen Lehrer, der Herr Wille heißt. Er schreit sehr schnell und tut bestenfalls gelangweilt. Alle merken, dass er nicht gerne Kinder unterrichtet. Fast jeder bekommt einen Spitznamen von ihm. Harro ist die Knalltüte. Benno ist der Haferflockenfresser. So nennt er ihn, weil er einmal einen Fleck von Haferbrei auf dem Pullover hat.
Er sieht nur das Äußere, sieht kaum einmal, wer wir wirklich sind. Das kenne ich nur zu gut.
Fünf Bernds haben wir in der Klasse. Einer von ihnen hat einen Vater, der Lastwagen fährt.
Seit der Lehrer das weiß, sagt er immer, dass es egal sei, ob er lesen und schreiben könne, er würde ja sowieso nur Lastwagen fahren müssen.
Zu mir sagt er normalerweise nichts. Einmal lobt er mich sogar, was mich wundert. Ich habe gedacht, er weiß gar nicht, dass ich gut lernen kann. Wir sitzen in Gruppentischen zusammen. Er kommentiert die einzelnen Tische. „Alles Flaschen“, sagt er beim ersten ganz vorn. „Dummköpfe und Dorfdeppen“ sagt er beim zweiten. Als unser Tisch dran kommt, sagt er zu mir gewandt: „Du bist die einzige Leuchte. Sonst kann man es vergessen.“
Die Mitschüler an meinem Gruppentisch mögen mich. Deshalb sind sie auch nicht sauer auf mich, weil er mich so genannt hat. Eher finden sie es gut, dass wenigstens eine Leuchte mit am Tisch sitzt. Die übrige Klasse findet diese Aussage offenbar gar nicht gut. Von nun an meiden sie mich mehr und tuscheln über mich.
Als ich mit zwölf in die Pubertät komme, bekomme ich viel mehr Locken. Irgendwann sagt Herr Wille deshalb: „Du siehst aus wie ein Kongoneger“.
Jetzt habe auch ich meinen Spitznamen weg.

Für die Schule lerne ich so gut wie gar nicht. Im Unterricht passe ich auf. Das genügt. Herr Wille ist ohnehin sehr ungerecht. Wir haben die meisten Fächer bei ihm. Wenn er ein Fach nicht mag, macht er einfach etwas anders. In Religion müssen wir uns oft alle hinstellen, dann gibt er uns Kettenaufgaben. Wir müssen schnell ausrechnen, was rauskommt. Wer es weiß, darf sich setzen. Ich wünsche mir den netten Pfarrer aus dem Dorf zurück, der uns immer interessante Geschichten erzählt hat, freundlich zu allen war und uns obendrein noch Blockflötenunterricht gegeben hat.
Die Busfahrt hin und zurück ist eine Tortur. Der Bus fährt mehrere Dörfer ab, um Kinder in die Schule in der Kleinstadt zu fahren. Immer ist er übervoll. Die großen Kinder ärgern die kleinen. Einen Sitzplatz bekomme ich höchst selten.
„Mach schnell deine Hausaufgaben", höre ich daheim nach dem Mittagessen.
Es gibt tatsächlich keinen einzigen Tag, an dem mir jemand diese Hausaufgaben nachsieht.
„Das kann die alleine", antwortet meine Mutter, als Tante Anna einmal nachfragt.
Auch dieser Satz gehört zu meinem Kinderleben.
Es geht einzig und allein darum, dass ich schnell fertig werde, um andere Arbeiten zu tun, die sie vorgesehen hat. Pass auf Dunja und Peter auf, bügele Wäsche, hol Kartoffeln hoch, putz Küche, Flur und Treppe, geh einkaufen, bring was zu Tante Trudi... Es hört nie auf mit den Aufträgen.
In diesen Tagen kommt noch eine andere Arbeit hinzu.
Unser Vater hat eine neue Arbeitsstelle. Der Chef einer größeren Baufirma wirbt tagelang um ihn, kommt immer wieder abends vorbei und redet mit ihm. Er würde auch Vorarbeiter werden, bekäme mehr Geld und hätte in vielem freie Hand.
Schließlich willigt er ein. Er hat Sorge, dass er manches nicht kann, - das merke ich. Immer wieder spricht er davon, dass die

da ganz andere Werkzeuge haben, große Bagger außerdem und Kräne. Viel größere Bauwerke würden da errichtet. Andererseits schmeichelt es ihm sehr und bestätigt sein Bild davon, dass er wer ist und wir wer sind.
Abends kommt er nun öfter recht erschöpft zuhause an, redet unentwegt von Dingen, die wir noch nie gehört haben. Wir sparen nicht mit Bewunderung, staunen, was er nun alles bewältigen muss. Er fährt bald den Bagger, obwohl er keinen Führerschein hat.
„Hab ich mir abgeguckt", sagt er an einem Abend grinsend. „Weiß keiner, dass ich keinen Führerschein habe."
Er guckt sich vieles ab. Einmal soll er ein Nivelliergerät benutzen - und hat keine Ahnung davon. Er murrt seinen Chef an, dass er gerade etwas Wichtiges tun müsse und keine Zeit habe. Das möge doch jemand anders tun. So geschieht es dann auch. Heimlich schaut er zu, wie der Kollege das macht. Er begreift, wie es funktioniert. Das alles und mehr erzählt er dann beim Abendessen. Jetzt kommt er ja mittags nicht mehr heim. Mit einem Kleinbus wird er morgens abgeholt und abends wieder gebracht. Deshalb gibt es nun abends warmes Essen, während wir mittags Brote bekommen.
Nach dem Abendessen wird der Tisch abgeräumt. Die Kleinen kommen ins Bett. Während meine Mutter oder ich noch den Tisch abwischen, beginnt er schon, zerdrückte und angeknitterte Pläne aus seiner Tasche zu holen, in der er immer sein Frühstück mitnimmt.
Er breitet sie auf dem Tisch aus. Ich ahne und fürchte schon, was nun kommt.
„Komm her!", sagt er zu mir. „Ich muss dir was erklären."
Ich muss mich zu ihm setzen und die Pläne ansehen. Viele Striche und Zahlen, von denen ich gar nichts verstehe. Er erklärt, um was es geht: einen Supermarkt, ein kleines Parkhaus, Büroräume,

eine Firma, die mit gefährlichen Flüssigkeiten arbeitet. Die Becken sind groß und müssen besonders dicht betoniert werden, dazu besondere Anstriche haben. Er betont, wie wichtig diese Arbeit ist und was für eine große Verantwortung auf ihm liegt. Das verstehe ich zwar, aber die Pläne kann ich nicht lesen. Aufstehen möchte ich und irgendetwas anderes tun. Am Anfang versuche ich, auszuweichen. „Ich muss noch meine Schultasche packen, eine Flasche Wasser im Keller holen…"

Was immer mir auch einfällt, er sagt stets, dass das noch Zeit habe und ich erst einmal mit ihm diese Pläne hier studieren soll. Einerseits erstaunt mich, dass er mir diese Fähigkeiten zutraut. Andererseits denke ich, er muss doch wissen, dass ich davon nichts verstehe, wo er selbst damit überfordert ist. Ich werde irgendwie gebraucht, damit er an seiner Arbeit gut dasteht.

„Schau mal", sagt er. „Was meinst du? Hier diese dreißig Zentimeter, ist das ein Gefälle oder was soll das sein?"

Ich weiß es nicht. Widerwillig schaue ich auf das Gewirr von Zahlen, Buchstaben und Linien.

„Kann ich mir vorstellen, dass es da runter geht, weiß aber nicht genau."

„Nicht wahr, das denke ich auch. Guck mal, hier drüben ist es auch so. Das kann doch nur ein Gefälle sein."

So geht es oft stundenlang. Anfangs bin ich innerlich voller Abwehr und verstehe nicht, was das alles überhaupt soll. Erst sagt er, er will mir was zeigen und dann soll ich wissen, was das alles bedeutet. Aber er kommt immer wieder mit seinen Plänen. Mit der Zeit finde ich mich mit meinem Schicksal als Planleserin ohne Ahnung ab. Zum einen ist er in dieser Zeit nicht böse mit mir. Im Gegenteil. Ich bekomme immer mehr den Eindruck, ich kann ihm tatsächlich helfen, vielleicht erst einmal nur dadurch, dass ich ihm zuhöre und er mir erklären kann, was er selbst noch nicht so genau versteht. Diese Pläne sind viel komplizierter als das, was er

vorher gesehen hat in seiner alten Firma. Er hat eine schnelle Auffassungsgabe und vieles bald aus seiner Erfahrung heraus ganz gut gemacht. Jetzt muss er viel mehr wissen und verstehen. Irgendwann weiß ich, dass er es auch nicht richtig versteht und denkt, dass er es durch meine Unterstützung irgendwie besser erkennt. Als ich das verstanden habe, beginne ich langsam, mich ernsthaft zu interessieren, was diese Pläne bedeuten. Ich frage mehr zurück, überlege laut, was wie gemeint sein könnte. Er erklärt, was er weiß und wo er unsicher ist. Wir finden an diesen Abenden einiges heraus. Irgendwann faltet er die Pläne wieder zusammen und ich habe den Eindruck, er ist erleichtert und hat eine Vorstellung davon, wie es weitergehen kann.
Pläne lesen lernen muss ich, aber in die Realschule durfte ich nicht. So denke ich manchmal. Aber ich sage es nicht.

Fräulein Altmann

Unglücklicherweise haben wir in den allermeisten Fächern unseren Herrn Wille, der beinah niemanden wirklich sieht, sehr streng ist und immerzu den Eindruck macht, als würde er darum kämpfen, die Unterrichtsstunden schon irgendwie herumzubekommen. Manche sagen, er wäre im Krieg bei den Fliegern gewesen und hätte es da an die Nerven bekommen.
Vorstellen kann ich mir das. Er ist beinah immer übellaunig und seufzt in einer Tour.
Aber in Musik haben wir einen netten Lehrer, der Herr Hardt heißt, freundlich mit uns ist, manchmal einen Spaß macht und bei dem wir viele Lieder lernen. Er sieht uns, wie wir sind und überlegt auch, was wir noch werden könnten. Er hat freundliche, gute Gedanken über uns. Das tut gut.
Und dann ist da noch Fräulein Altmann.
Fräulein will sie genannt werden, obwohl sie nicht mehr ganz jung ist. Aber sie ist unverheiratet, erklärt sie uns. Deshalb sage man so.

Ich denke, Fräulein Altmann sieht mich auch.
Bei ihr haben wir Handarbeiten, Kochen und Sport. Weil ich fleißig bin und sauber arbeite, egal, ob ich nähe oder koche, falle ich ihr bald auf und sie ist sehr freundlich zu mir. Warum ich vieles schon so gut kann, fragt sie mich einmal, als ich mit der Nähmaschine einen Kopfkissenbezug nähe. Dass ich das alles daheim schon tun müsse, erkläre ich ihr. Sie staunt und lobt mich. Die anderen Mädchen stehen um mich herum und wollen, dass ich auch ihre Kopfkissenbezüge so gerade nähe oder ihnen zumindest helfe.
Auch im Kochen kann ich schon viel und bin deshalb bald eine der Schülerinnen, die sie besonders mag und denen sie manchmal

auch Spezialaufträge erteilt, weil wir früher fertig sind oder es etwas Schwieriges ist.
Wenn irgendwelche Veranstaltungen sind, will sie, dass ich mit Birgit und Margit zusammen länger bleibe und noch besondere Arbeiten übernehme. Vor Weihnachten müssen wir nachmittags Christstollen backen für die Schulfeier. Außerdem müssen wir viel Weihnachtsdekoration herstellen, Strohsterne und Engel aus Goldfolie, Girlanden und kleine Nikoläuse aus Filz.
Auch vor der Faschingsfeier sollen wir nachmittags kommen und vor Ostern sowieso. Eigentlich tue ich das sehr gerne. Aber ich merke, wie es daheim nur zähneknirschend geduldet wird. Es dauert nicht lang und ich bekomme Ärger. Nachmittags soll ich daheim sein und dort arbeiten. Schließlich habe ich jüngere Geschwister, soll ich der Lehrerin sagen. Das tue ich auch. Sie schaut mich mit großen Augen an. Warum sie die wenigen Tage im Jahr nicht mal auf mich verzichten können, fragt sie mich. Ich zucke mit den Schultern. Das soll ich aber nicht tun, sagt sie gleich. Es wäre unfein. Also sage ich, dass ich es nicht weiß und dass es halt immer so ist.
Sie kennt mich schon ein Jahr, als sie einmal zu mir sagt: „Ich habe den Eindruck, deine Eltern wissen gar nicht, was für ein fleißiges, nettes Kind sie haben. Ich wünschte, ich hätte so eins. Dem würde ich ganz viel beibringen und gut zu ihm sein."
Verlegenheit macht sich bei mir breit. Es ist schön, dass sie so Gutes über mich sagt.
Dass sie recht hat, denke ich auch. Ich fühle schon so lange, dass sie eigentlich gar nicht wissen, wer ich wirklich bin, mich nicht wirklich sehen.
Fräulein Altmann hat die Telefonnummer 497. Drei weniger als fünfhundert, hat sie einmal gesagt. Ich darf sie anrufen von unserer Telefonzelle aus, wenn es einmal schlimm ist. Manchmal rufe ich sie auch an, wenn es nicht so schlimm ist daheim. Es ist schön,

sie anrufen zu dürfen. Oft mache ich das allerdings nicht. Nur ab und zu fahre ich zur Telefonzelle, damit es keiner daheim bemerkt. Es würde meinen Eltern nicht gefallen, das weiß ich. „Niemanden geht es etwas an, was in unserer Familie passiert." Diesen Satz hören Hella und ich häufiger.

Eier und Blut

In dieser Zeit etwa fängt es an, dass ich mich häufiger richtig elend fühle und immerzu traurig.
An einem Abend bekomme ich wieder Prügel, weil ich es nicht geschafft habe, Hella rechtzeitig heimzuholen. Sie hatte mit Anke in der Scheune im Heu gespielt und wollte einfach nicht mitkommen, egal, was ich ihr alles versprochen habe.
Peter und Dunja sind schon im Bett, aber Dunja ist wieder heruntergekommen und will unbedingt, dass ich sie ins Bett bringe und noch für sie singe. Ich habe aber noch mit Hella zu tun. Das passt ihr nicht und sie schreit wie am Spieß.
So macht sie es ganz oft. Sie versucht, zu bekommen, was sie will, auch wenn das Geschrei und viel Ärger bedeutet. Es scheint fast, als wäre ihr das völlig egal, ob ich Ärger bekomme oder nicht. Hauptsache, sie hat ihren Willen.
Meine Schularbeiten habe ich noch nicht gemacht und es ist schon spät. Unser Vater ist sauer, dass noch keine Ruhe im Haus ist und gibt mir die Schuld. Ich habe ihm widersprochen und erklärt, dafür könne ich nichts. Er will, dass ich mich an den Küchentisch setze und mit ihm seine Pläne durchsehe. Ich wage, zu sagen, ich habe noch keine Schularbeiten gemacht und Angst, ohne sie in die Schule zu gehen.
Da platzt ihm der Kragen und er schlägt mich windelweich.
Vorwurfsvoll schaut unsere Mutter mich an, als wollte sie sagen: Warum hast du auch noch nicht alles hingekriegt, was heute zu tun war. Selbst dran Schuld. Dann kümmert sie sich um die Kinder und ich soll mich zu ihm setzen. Er hat mich gerade heftig geschlagen und jetzt soll ich mich auch noch zu ihm setzen. Das ist zu viel.
„Das mache ich nicht. Ich geh jetzt hoch und mach Schularbeiten, dann geh ich ins Bett.“

Mit einem Satz ist er aufgestanden, schnappt mich erneut und es folgt der zweite Abzug.
Dann darf ich gehen. „Verschwinde!", schreit er hinter mir her. „Und komm mir heute nicht mehr unter die Augen!"
Ich steige die Treppen hoch, setze mich in einen dunklen Winkel im Flur und weine heftig.
Es ist einfach alles zu viel. Ich schaffe das nicht. Sie sehen mich nicht. Sie wissen nicht, wie wichtig es ist, dass ich die Hausaufgaben habe in der Schule morgen. Fräulein Altmanns Worte fallen mir ein, das ich ein nettes und fleißiges Kind sei und sich andere freuen würden, so eins zu haben. Hier freut sich keiner, dass ich ihr Kind bin. Sie brauchen mich nur für all die Aufgaben, von denen sie meinen, dass sie getan werden müssen. Aber sie wissen sonst nichts von mir.
Ich habe Angst vor Lehrer Wille, will so gerne in die andere Klasse, wo Dörthe ist. Und ich habe mächtige Angst vor meinem Vater, manchmal auch vor meiner Mutter.
Lesen und Spielen darf ich viel zu wenig. Die anderen Kinder lachen manchmal über mich, weil ich immerzu arbeiten muss und andauernd kleinere Kinder um mich habe, auf die ich aufpassen muss. Wenn sie etwas vorhaben, sagen sie erst: „Komm, mach doch mit!"
Danach kommt aber gleich der Satz: „Ach ja, du musst ja wieder auf die Kleinen aufpassen…"
Ich denke an meine Oma, erinnere mich, dass sie mich gesehen hat und gewusst hat, wer ich bin. An Onkel Hubert denke ich und wie schlimm es ist, dass beide nicht mehr da sind.
Jetzt soll ich auch noch einen Kurs im Schreibmaschineschreiben machen, weil Vater gesagt hat, dass er eine eigene Baufirma aufmachen will und ich dann das Büro leiten soll. Gegen den Kurs habe ich nichts, nur weiß ich einfach nicht, wie ich alles schaffen soll. Ich darf diesmal auch nicht nachmittags zur Schule, um das

Faschingsfest vorzubereiten. Birgit und Margit dürfen hin. Zu allem Überfluss soll ich nun auch noch in die Konfirmandenstunde. Eigentlich freue ich mich darauf, aber es ist alles zu viel, viel zu viel. Sie werden nur noch mehr böse sein mit mir, weil ich zu wenig Zeit habe für die Kleinen und das, was ich alles sonst noch tun muss.

An diesem Abend will das Weinen gar nicht mehr aufhören. In mir ist alles dunkel und ich kann nur fühlen, dass ich eigentlich gar nicht da sein will, wenn es immer nur Prügel gibt und ich gar nicht viel Freude habe im Leben, nicht auch mal lustig und leicht sein kann, wie andere Kinder es oft sind. Ich will nicht mehr da sein bei ihnen, die mich nicht wirklich sehen und für die ich nichts bin als eine Arbeiterin.
Irgendwann höre ich, wie Tante Anna im Flur ist und leise nach mir ruft: „Bist du da oben?". Ich antworte nicht. Sie hat vermutlich gehört, dass ich weine und spricht weiter: „Komm runter, komm einen Augenblick zu mir."
Ich schnäuze mich heftig, dann reagiere ich verweint.
„Wenn sie es hören, bekomme ich noch einen dritten Abzug."
„Sei halt ganz leise, dann hören sie es gar nicht."
Ich stehe auf und versuche, ganz leise die alte Holztreppe hinunterzusteigen. Ein wenig knackt sie und ich zucke jedes Mal zusammen. Es klappt. Sie hat schon die Türe zu ihrem Wohnzimmer geöffnet. Schnell schlüpfe ich hinein und fühle mich erst einmal sicher.
Sie hat nur die kleine Leselampe an. Ich setze mich zu ihr auf das alte Sofa.
„Was war denn wieder los?", fragt sie.
„Er hat mich zweimal geschlagen, dabei konnte ich gar nichts dafür. Hella wollte einfach nicht heimkommen. Es hat länger gedauert und Dunja hat wieder Zicken gemacht. Dann wollte er,

dass ich auch noch mit ihm Pläne anschaue, dabei hatte er mich gerade verprügelt.
Ich kann nicht mehr. Ist alles zu viel. Ich bin hier nur die Hausmagd. Sonst bin ich gar nichts hier. Ich will gar nicht mehr da sein." - Wieder muss ich weinen.
„Ach, so darfst du nicht reden. Du bist doch schon ein großes Mädchen. Und die brauchen dich doch. Was sollten die ohne dich machen? Er ist ein harter Mann und kriegt immer wieder eine schlimme Wut. Wer weiß, was er für Ärger gehabt hat heute am Bau. Dann ist er besonders schlimm." Ein wenig Verständnis hat sie für ihn, aber viel mehr noch fühlt sie sich hilflos und ohnmächtig.
„Ja, die brauchen mich, aber die mögen mich kein bisschen! Und die kennen mich gar nicht."
„Ach, die werden dich schon irgendwie mögen", sagt sie langsam, als ob sie selbst erst überlegen müsse, ob das überhaupt stimmt.
„Außerdem mag ich dich und der Onkel Hubert hat dich auch sehr gern gehabt."
Als sie Onkel Hubert erwähnt, fange ich wieder an zu weinen.
Still sitzt sie neben mir. Langsam beruhige ich mich.
„Hast du schon was gegessen?"
„Nein."
„Warte, ich schmier dir noch ein Brot."
„Will nichts. Schleich mich jetzt hoch und geh ins Bett. Kannst du mir eine Taschenlampe leihen? Ich will noch heimlich die Hausaufgaben machen im Bett."
Wortlos geht sie ins Schlafzimmer und kommt mit einer kleinen Taschenlampe zurück.
„Dann sei leise und mach nicht mehr so lang."
Mit der Lampe schleiche ich mich wieder die Treppe hoch in mein Zimmer. Es gelingt mir, im Bett noch die Hausaufgaben zu erledigen. Nur ein kleiner Bleistiftstrich kommt dabei zufällig auf das

Kopfkissen. Ich drehe es herum. Hoffentlich merkt Mutter nichts.

Am anderen Tag verschwinde ich nach der Schule im Keller und bleibe lange in meinem Versteck, auch, als meine Mutter nach mir ruft. Gegen Abend kommt mein Vater nach Hause. Wir sitzen beim Abendessen, als er gleich anfängt: „Was ist das denn da draußen? Da liegt ein kaputtes Ei direkt auf dem Bürgersteig vor unserem Haus."

„Hab ich auch schon gesehen", antwortet meine Mutter. „Muss wohl jemandem hingefallen sein aus der Einkaufstüte oder so."

Damit ist das Thema für diesen Abend beendet. Allerdings kommt es am nächsten Abend erneut auf den Tisch.

„Zum Donnerwetter, da liegt ja schon wieder ein kaputtes Ei auf unserem Bürgersteig. Wie dumm muss man sein, dass man die Eier nicht vernünftig einpacken und heimbringen kann. Und dann auch schon wieder direkt vor unserem Haus."

„Ja, da scheint jemand wirklich arg ungeschickt zu sein", pflichtet sie ihm bei.

„Denen zeig ich es", sagt er da. „So viel Dummheit kann man nicht durchgehen lassen."

Mit überlegenem, schlauen Blick erklärt er seinen Plan und setzt ihn gleich darauf um.

Am Abend schon steht eine kleine Pappkiste mit Holzwolle drin direkt vor unserem Haus und genau an der Stelle, an der die kaputten Eier lagen. Oben an einem kleinen Holzstock ist ein Zettel befestigt. Auf dem steht deutlich und in seiner unbeholfenen Handschrift: „Eier bitte hier hineinwerfen!"

Alle warten gespannt, was jetzt passiert. Manche, die vorbeigehen, lachen. Aber niemand ist zu sehen, der mit voller Einkaufstüte hier vorbeikommt und dabei ein Ei fallen lässt.

Abends allerdings, gerade als er heimgekommen ist und gleich in die Kiste schauen will, liegt direkt daneben wieder ein kaputtes Ei.
„Also, das geht doch nicht mit rechten Dingen zu!“, poltert er sofort los. „Da hat doch einer nicht alle Tassen im Schrank.“
Die Geschichte mit den Eiern wird zum Hauptthema. Da wolle ihn einer einfach nur ärgern, mutmaßt er. Dann stellt er Überlegungen darüber an, von wo aus diese Eier wohl geworfen wurden. Da müsse einer in gebührendem Abstand aus irgendeinem Winkel heraus ein Ei werfen, nur um ihn zu provozieren. Denn den ganzen Tag über sei ja niemand gesichtet worden, der hier entlanglaufe und Eier verliere. Und Tante Anna stehe ohnehin den ganzen Tag am Fenster zum Bürgersteig. Die hätte den Verursacher doch längst entdeckt.
Ja, Tante Anna stand in der Tat oft am Fenster, in diesen Tagen sicher besonders oft. Aber auch sie konnte nur berichten, dass sie nichts gesehen habe. Inzwischen prangen mehrere Eierflecken auf unserem Bürgersteig. Tante Anna kehrt am Abend die angetrockneten Reste weg, so gut es geht.
Am kommenden Tag liegen plötzlich schon am frühen Nachmittag zwei Eier vor unserem Haus, allerdings etwas weiter hinten als die Tage zuvor.
Alle reden nur noch vom heimlichen Eierwerfer. Sogar die Nachbarn unterhalten sich darüber. Wer ihn da denn ärgern wolle, fragen sie meinen Vater. Dem fallen zu viele ein, als dass er sich festlegen könnte mit seinen Verdächtigungen. Ihm ist nicht wohl bei dieser Sache.
Das Gute an dem Ganzen ist, dass das Thema alle so beschäftigt, dass ansonsten weniger Ärger aufkommt. Es fällt nicht so auf, dass Hella auch an weiteren Tagen erst spät vom Nachbarn kommt. Ich werde nicht angeschrien oder gar geschlagen, wenn etwas

nicht ganz so klappt, wie es geplant war. Dem Eierwerfer sei Dank.
Einige Tage später ist Tante Anna ausgegangen. Buchwalds Erna hat Geburtstag.
Mutter ist im Garten beschäftigt. Auch die Kleinen sind im Garten. Ich schleiche in Tante Annas Küche, öffne die untere rechte Tür des Küchenschranks. Da steht das orangefarbene Kunststoffsieb, in dem sie immer die Eier aufbewahrt. Mindestens sechs liegen drin. Diesmal liegt aber noch etwas dabei. Es ist ein kleiner Zettel. Verblüfft nehme ich ihn heraus und lese:

„Liebe Marie, lass das Eierwerfen sein. Wenn du es weiterhin machst, sage ich es deinem Vater. Wenn du aber damit aufhörst, sage ich niemandem etwas."

Ganz erschrocken zucke ich zusammen und fange an zu zittern. Sie hat alles herausgefunden.
Von diesem Tag an gibt es keine Eier mehr vor unserem Haus. Der Eierwerfer hat seine Tätigkeit eingestellt. Meinem Vater gefällt das nicht besonders, denn er wollte ihn ja unbedingt dingfest machen und sich dann groß tun. Daraus wird nun nichts.
In den nächsten Tagen wird das Thema noch oft erwähnt.
„Nichts gewesen heute?", fragt er meine Mutter abends.
„Nein, keine neuen Eier vorm Haus. Der hat aufgehört."
„Soll sich so was nur ja nicht mehr wagen", droht er. „Wenn ich ihn kriege, geht es ihm schlecht."
Er kriegt ihn nicht und dabei bleibt es.
Tante Anna verliert nie ein Wort über das Thema, nicht bei mir und schon gar nicht bei jemand anderem. Sie hat unser Geheimnis mit ins Grab genommen. Dafür und für vieles andere hat sie meine Liebe und meinen ganzen Respekt.

Später frage ich mich oft, warum ich das getan habe.
Ich weiß, ich bin irgendwann im Keller herumgestromert und dabei im Hühnerhaus gelandet.
Ich sehe Eier in einer alten Schüssel liegen. Die sammelt die Tante dort und bringt sie dann nach oben. Viele liegen drin und ich denke, wenn eins weg ist, merkt das niemand.
Ich nehme eins heraus, schleiche mich in den vorderen Keller. Dort gibt es zwei offene kleine Kellerfenster. Im Sommer streicht die Luft durch den Keller. Im Winter werden sie mit Holzbrettern zugestellt. Plötzlich hebe ich die rechte Hand mit dem Ei und werfe es voller Wut aus dem rechten Fenster.
Ja, da war viel Wut in mir. Das hatte mit allem zu tun, was gerade war, zu viel Arbeit, viel Ungerechtigkeit, Prügel für nichts, - und nur noch so wenige Menschen, die überhaupt gut zu mir waren. Es war wohl eine stille Form von Protest.
Als einmal keine Eier in der alten Schüssel liegen, gehe ich in Tante Annas Küche und hole eins aus ihrem Schrank. Ich werfe es aus einem ihrer Fenster zur Straße hin.
Der Eierwerfer warf nicht von außen, er warf immer von innen aus dem Haus heraus.

Es ist in diesem Sommer, als ich zum ersten Mal meine Menstruation bekomme.
Meine Mutter hatte einmal eine vage Andeutung gemacht, dass ich irgendwann bluten würde, aber es wäre noch lange hin und ich solle mir nichts daraus machen. Das wäre bei allen Frauen so.
An diesem Abend muss ich noch auf den Berg zu Onkel Wolfgang und seiner Familie. Ich muss etwas ausrichten von meinem Vater. Auf dem Heimweg laufe ich schnell, renne geradezu den Berg hinunter. Ich mag es einfach, schnell zu laufen. Plötzlich zieht es ganz heftig in meinem Bauch. Erst laufe ich weiter. Dann wird es so schlimm, dass es nicht mehr geht. Ich bleibe stehen, lehne mich

an die Hauswand des Lebensmittelgeschäftes mitten im Dorf. Neben dem Zigarettenautomaten stehe ich und halte mir den Bauch. Es reißt darin heftig und scharf.

„Du bist ja ganz blass; hast du Bauchweh?“, fragt ein älterer Mann, der Zigaretten holt.

„Ja, aber es geht schon“, sage ich nur und versuche, weiterzugehen.

Langsamen Schrittes erreiche ich unser Haus. Schon im Flur kommt mir Tante Anna entgegen.

„Wie läufst du denn? Was hast du denn?“, fragt sie.

„Bauchweh hab ich, arg schlimm. Weiß nicht, warum.“

„Geh mal zur Toilette“, sagt sie. „Mal sehen, ob es dann besser wird.“

Ich gehe - und sehe die Bescherung, als ich meine Hose herunterziehe. Alles ist rot von Blut. Ganz arg erschrocken rufe ich nach Tante Anna. Bin ich schlimm krank? Warum blute ich so?

Tante Anna steht vor der Toilettentür.

„Blutest du?“, fragt sie nur. Ich wundere mich, woher sie das weiß. Dann dämmert es mir langsam…

„Ja, ziemlich arg“, antworte ich und weine ein bisschen dabei.

„Ist nicht schlimm“, sagt sie gleich. „Mach dir keine Sorgen, das sind nur deine Tage. Das bekommt jede Frau. Du bist früh dran, aber ich hab meine auch schon mit dreizehn bekommen.“

Ich atme auf. Es tut weh, es blutet heftig, aber ich bin nicht krank und es ist irgendwie okay - zum Glück.

„Putz dich ordentlich ab und dann komm in die Küche zu deiner Mutter. Ich geh schon mal vor.“

Ich höre, wie sie zu meiner Mutter in die Küche geht und ihr erklärt, was ist.

„Auch das noch!“, höre ich sie sagen. „Muss das auch schon sein. Man hat doch nur seinen Ärger mit den Kindern.“

Etwas kleinlaut und beschämt komme ich in die Küche. Es ist mir peinlich, dass ich nun auch noch so was habe und meine Mutter sich offenbar darüber ärgert.
„Immer nur Scherereien mit Euch“, sagt sie missmutig.
„Aber dafür kann sie doch nun wirklich nichts“, entgegnet Tante Anna.
„Ja, ja, weiß ich selbst“, antwortet meine Mutter und kramt umständlich ganz hinten im Küchenschrank. Dann holt sie ein merkwürdiges Höschen hervor. Das soll ich sofort anziehen. Ich sehe gleich, dass ich es nicht mag. Es hat einen festen Gummizug an den Beinen. Ich mag nie, wenn etwas zu fest sitzt oder gar zurrt und spannt.
„Muss ich wirklich?“, beginne ich zaghaft.
„Still jetzt“, antwortet sie.
Ich muss mich auf einen Stuhl stellen, die verschmutze Unterhose ausziehen und dieses merkwürdige Höschen anziehen. Innen hat es vorn und hinten Schlaufen. Jetzt zeigt sie mir zum ersten Mal, was eine Binde ist und wie man sie im Höschen vorn und hinten festbindet, damit sie nicht verrutscht.
„Die liegen immer hier hinten im Schrank. Du musst sie wechseln, wenn sie schmutzig ist“, sagt sie.
Ich mag dieses Höschen nicht und dieses Bindenzeug. Aber ich habe keine Wahl.
Als ich mich wieder ganz angezogen habe und vom Stuhl steigen darf, bin ich etwas erleichtert.
„Das war schon alles“, kommentiert meine Tante. „Jetzt weißt du, was los ist und brauchst dir keine Sorgen mehr zu machen.“
„Pass bloß auf, dass du keine Höschen mehr einsaust“, mahnt meine Mutter. Damit ist das Thema für sie erledigt. Wie gut, dass es Tante Anna gibt.

Kirmes

„Sie hat ihre Kirmes bekommen“, sagt meine Mutter am selben Abend zu meinem Vater.
Der schaut nur kurz vom Brettchen auf, auf dem er gerade sein Brot geschmiert hat.
„Was?“, fragt er etwas unwirsch zurück.
„Na, ihre Kirmes, weißt du, ihre Tage hat sie bekommen.“
„Ach so, …jetzt schon?“
„Ja, die ist früh dran, aber sie ist ja auch schon groß für ihr Alter.“
Er nickt nur. „Langbein, … sag ich doch“, entgegnet er dann grinsend. (Langbein nennt er mich nun schon eine ganze Weile.)
Damit ist das Thema für ihn erledigt.
Mir ist der Bissen im Hals stecken geblieben, als ich begreife, was sie da eben zu ihm gesagt hat. Warum erzählt sie ihm, dass ich geblutet habe? Das ist mir so peinlich. Warum soll er das wissen?
Wortlos lege ich mein Brot zurück und starre vor mich hin. Am liebsten würde ich ihr sagen, dass sie das nicht tun soll, dass das gemein ist, - aber ich schweige. Vermutlich bekomme ich großen Ärger oder sogar Schläge, wenn ich ihnen zeige, wie böse ich bin und wie peinlich es mir ist. Oder sie lachen mich aus. Beides will ich mir ersparen.
„Nun iss schon“, sagt sie etwas barsch zu mir, als könne sie erahnen, dass ich nicht gut auf sie zu sprechen bin.
„Hab keinen Hunger“, antworte ich knapp.
„Iss dein Brot auf und dann gehst du noch eine Stunde mit in den Keller. Du hilfst mir, alles vorzubereiten für morgen. Da will ich den Kellerboden betonieren.“
Dass ich Bauchweh haben könnte, daran denkt niemand.
Ja, ich habe krampfartige Schmerzen im Bauch. Aber bald stehe ich unten im Keller, muss alte Bretter wegtragen von einem Kartoffelregal, das er gerade zerschlagen hat. Das habe Onkel Hubert

noch gemacht und es tauge nichts mehr. Wenn der Boden betoniert sei, baue er ein neues. Auf dem festen Erdboden hackt er herum und ich muss Erde wegschippen. Das ist anstrengend, weil der Bauch beim Schippen besonders weh tut. Irgendwann sagt er unvermittelt: „Dass du mir aber noch keinen Kerl anschleppst, wo du jetzt doch deine Kirmes hast. Das hat noch lange Zeit. Schließlich ist hier noch viel Arbeit und erst einmal musst du deinen Brei bezahlen."

Meine Gedanken geraten durcheinander. Einen „Kerl anschleppen", das ist so ziemlich das Letzte, was mir dazu eingefallen wäre. Überhaupt ist mir der Zusammenhang erst einmal nur vage verständlich. Langsam entwickelt sich in meinem Kopf die Erkenntnis, dass man dann, wenn man blutet, auch schon einen Freund haben könnte. Mich beschleicht ein sehr unangenehmes Gefühl. Ich mag nicht, dass er so redet.

Verstanden habe ich klar, dass ich bei ihm noch viel arbeiten soll. Hätte ich irgendwann „einen Kerl", müsste ich dann wohl für den arbeiten. Das will ich nicht! Für mich will ich irgendwann arbeiten, vielleicht auch für andere, aber nur dann, wenn ich mir das alles selbst aussuchen kann.

An diesem Abend freue ich mich sehr auf mein Bett. Immer noch habe ich Bauchweh. In meinem Kopf kreisen viele Gedanken. Ich muss das schaffen, denke ich. Oma hat es gesagt.

Kirmes sagen sie, wenn ein Mädchen blutet. Warum nur?

Richtige Kirmes ist Anfang September. Es ist ein wichtiges, großes Fest. Unsere Mutter näht Kirmeskleider für einige Frauen. Viele bekommen zur Kirmes ein neues Kleid.

Im letzten Jahr hat sie auch für Hella und mich eins genäht.

Die Kinder rundum sind alle begeistert, wenn Kirmes ist und reden tagelang von nichts anderem. Für Dorfkinder ist es etwas Besonderes. Der größte Gasthof am Ort richtet das Fest aus, das

drei Tage dauert. Samstagabend beginnt es. Dann dürfen aber nur Erwachsene hin. Es wird viel Musik gemacht, getanzt und getrunken. Irgendwann spät in der Nacht kommen die Eltern zurück. Laut ist Vater immer, redet viel wirres Zeug, prahlt wegen irgendetwas herum und unsere Mutter hat stets Mühe, ihn ins Bett zu bekommen. Wenn es gut geht, schläft er dann ein und schnarcht laut. Geht es nicht gut, krakeelt er lange herum und redet immerzu über irgendwas und irgendwen, mit dem er noch ein Hühnchen zu rupfen hätte.
Am anderen Morgen riecht es überall nach Zigarettenrauch und Bier.
Am Sonntagvormittag hört man im Dorf überall die Kapelle. Es sind Musikanten, die von Haus zu Haus und Straße zu Straße ziehen und an jeder Ecke ein Ständchen blasen.
Die Leute gehen vor die Tür und hören zu. Da und dort werden dann noch Schnäpse mit den Musikanten getrunken.
Es ist irgendwie feierlich, wenn die Musik mal von ferne und mal ganz nah zu hören ist. Sie spielen Volkslieder, die mir Onkel Hubert und Tante Anna schon beigebracht haben. „Sah ein Knab ein Röslein stehn“ und „Am Brunnen vor dem Tore“.
Schlager spielen sie auch. Manche Leute werfen ihnen ein paar Münzen hin. Dann zieht die Kapelle weiter.
Nachmittags dürfen wir Kinder zur Kirmes. Vor dem Gasthof sind rechts und links an der Straße Jahrmarktbuden aufgebaut. Zwei Stände mit Süßigkeiten und allerlei Spielzeug finden sich da. Dazu kommt eine Schießbude. Die interessiert mich besonders.
Wie immer soll ich auf Hella aufpassen. Die mag aber nicht lange an der Schießbude stehen bleiben. Sie geht mit Anke hinten in die große Halle, wo es Getränke gibt und ihre Schulkameraden herumsitzen.
Die Luftgewehre haben kleine rotgoldene Kügelchen, die in Magazinen in das Gewehr gesteckt werden. Irgendwann steht mein

Vater neben mir und fragt, ob er mir etwas schießen soll. Ich nicke und er fordert ein Gewehr an. Zuhause haben wir auch ein Luftgewehr hinterm Fernseher stehen. Er hat mir schon vor längerer Zeit gezeigt, wie man das lädt. Allerdings kann man dort immer nur eine Kugel hineintun. Die sieht auch anders aus. Hier kann man immer wieder nachladen und zehnmal schießen. Er trifft oft. Ich bekomme einen Schraubenzieher, bunte Federn und Plastikblumen. Stolz präsentiert er mir alles und sagt, dass ich das mit Hella teilen soll.

Er hat gute Laune. Deshalb traue ich mich, ihn zu fragen, ob er mir das Schießen beibringen könne. Er hatte es ja schon daheim mit unserem Gewehr getan, mit dem ich Spatzen im Garten schießen soll, die an die Kirschen gehen. Tatsächlich lässt er sich auch diesmal darauf ein. Er erklärt mir die Sache mit Kimme und Korn und dass ich die Hand ganz ruhig halten soll. Es dauert nicht lange und ich schieße gut. Bald steht Hella neben mir und will, dass ich ihr einen kleinen Teddy schieße. Als mir selbst das gelingt, stehe ich für Augenblicke sehr gut da. Hella ist stolz auf mich und zeigt den Teddy ihren Freundinnen. Und er ist auch stolz auf mich. „Ganz der Alte“, sagt er und klopft mir auf die Schulter. Dann geht er nach hinten zum Festzelt, wo der Tanzboden und auch die Theke ist, an der er dann stundenlang steht, immer neue Bekannte trifft und ein Glas Bier nach dem anderen trinkt.

„Dass er immer so viel saufen muss“, beklagt sich unsere Mutter an jeder Kirmes. „Er trinkt und trinkt und redet und redet und tanzt nicht mit mir.“

Diese Klage führt sie jedes Jahr an der Kirmes. Wir kennen es nicht anders.

Tante Anna wünscht sich immer Magenbrot. Eine Tüte bringe ich ihr mit. Ich weiß, dass auch Oma so gerne Magenbrot mochte.

An dieser Kirmes frage ich Tante Anna, warum sie „Kirmes" sagen, wenn man blutet.
„Das weiß ich auch nicht genau", antwortet sie. „Vielleicht ist es, weil viele Mädchen auf der Kirmes ihren Kerl finden, mit dem sie dann gehen, den sie vielleicht auch später heiraten."

Ach ja, ich erinnere mich. Im Keller neulich hat er doch gesagt, dass ich ja nicht schon einen „Kerl" anschleppen solle, jetzt, wo ich meine Kirmes habe. Tante Anna liegt wohl richtig mit ihrer Vermutung, dass da irgendwie ein Zusammenhang ist.

Schlaganfall und Hochzeit

Eines Morgens klopft Tante Anna an die Wand, als ich die Treppe herunterkomme.

Sie klopft nicht laut, aber ich höre es und es kommt mir sonderbar vor. Ich bin noch im Schlafanzug, öffne aber vorsichtig die Tür zu ihrem Zimmer, stecke den Kopf hinein und sage: „Tante Anna, hast du was?“

Sie klopft erneut. Jetzt laufe ich durchs Wohnzimmer, ziehe den Vorhang beiseite und sehe, dass sie irgendwie komisch aussieht und nicht richtig sprechen kann. Sie bewegt nur den Arm, als wolle sie sagen, ich soll Hilfe holen. Schnell renne ich in unsere Küche und rufe meine Mutter. Als sie sieht, was los ist, ruft sie sofort den Arzt. Dazu muss sie über die Straße, um beim Nachbarn zu telefonieren.

Als der Arzt endlich kommt, sagt er gleich, dass sie einen Schlaganfall hatte.

Er gibt ihr eine große Spritze und sagt, das würde er nun jeden Tag tun müssen, mindestens eine Woche lang.

Tante Anna liegt im Bett, hat einen schiefen Mund und kann schlecht sprechen.

Mutter klagt, dass sie nun auch noch die Tante versorgen muss.

Sie liegt fest im Bett, kann weder kochen noch alleine essen. Sie bekommt von unserem Essen gebracht und muss gefüttert werden. Das macht anfangs meine Mutter. Aber bald dauert ihr alles zu lang und sie erklärt mir, wie ich die Tante füttern muss. Von da an mache ich das. Sie muss allerdings immer warten, bis ich aus der Schule daheim bin. Meine Angst um Tante Anna ist groß. Also tue ich mein Bestes, um ihr zu helfen, damit sie wieder gesund wird.

Ich übe mit ihr das Sprechen und lese ihr aus der Zeitung vor. Das mag sie besonders.

Sie wartet immer schon, bis ich endlich komme und fragt mich, wenn ich rüber gehe, wann ich wiederkomme. Sie weiß, dass ich Schularbeiten machen muss, mich um die Kinder kümmern und sonst noch so allerlei. Trotzdem fragt sie immer mit den Augen, wann ich wieder zu ihr komme. Jeden Abend komme ich wieder zu ihr, mal früher, mal später, wie es gerade geht.
Es dauert eine ganze Weile, aber irgendwann kann sie wieder besser sprechen und auch ein wenig aufstehen. Sie lernt, sich wieder selbst anzuziehen und kleinere Arbeiten zu tun. Putzen kann sie nicht mehr und Essen kochen geht auch nicht. Von nun an sitzt sie bei uns mit am Tisch.
„Für einen mehr oder weniger kochen ist egal“, sagt meine Mutter und ich bin froh, dass Tante Anna nun immer auf unserer Eckbank neben Hella sitzt beim Essen.
Nur über meinen Vater ärgere ich mich. Er macht dumme Witze darüber, dass Tante Anna einen etwas schiefen Mund zurückbehalten hat und ihr manchmal etwas Suppe wieder aus dem linken Mundwinkel tropft. Sie putzt es immer gleich mit einem Taschentuch ab, aber wenn sie nicht dabei ist, nennt er sie Schiefmaul.
Weil Liesel, Opas Haushälterin, Tante Anna gelegentlich besucht und die beiden sich verstehen, lästert er bald: „Clarence und Schiefmaul, da haben sich zwei gefunden.“
Ich finde es gut, dass Tante Anna ab und zu etwas Gesellschaft hat und mag es gar nicht, wie er über sie redet. Aber ich sage nichts, denn das würde nur wieder Prügel bedeuten. Am liebsten würde ich in diesen Tagen wieder Eier werfen.

Es dauert nicht lange, und Opa heiratet Liesel. Es wird erzählt, sie habe jeden Abend auf der Treppe gesessen, geklagt und gejammert, wie arm sie dran sei, dass sie ja niemanden habe und nicht wisse, zu wem sie gehöre. Die ganze Nachbarschaft hätte das Gejammer dauernd hören müssen. Schließlich hätte mein Opa gesagt, dass sie nicht mehr klagen solle. Die Nachbarn würden schon reden. Er würde sie heiraten. Dann hätte sie ein Zuhause und wüsste endlich, wohin sie gehöre. Der Opa erklärt gegenüber seinen Kindern, dass das doch das Beste sei und jedem sei geholfen. Wo solle die arme Frau denn sonst hin.

„Hab ich doch gleich gesagt, dass der Alte nur eine Frau sucht", tönt wichtigtuerisch mein Vater. Es gefällt mir nicht, wie er es sagt, aber ich denke dennoch, dass er irgendwie recht hat.
„Ach, lass ihn. Dann müssen wir auch nicht so oft nach ihm sehen", erklärt unsere Mutter.

Dass unser Opa noch einmal heiratet in seinem Alter, ist schnell Dorfgespräch. Schließlich hätte sie auch als Haushälterin bei ihm bleiben können. So ist es unten bei Georg ja auch. Aber er will heiraten. Was das nur solle.
Von nun an ändert sich schnell ziemlich viel im Oberdorf. Früher war Opa ein strenger und harter Mann, der immerzu bestimmte, wie alles zu sein habe im Haus. Liesel aber versteht es, ihn dazu zu bringen, dass er in alles einwilligt, was sie möchte. Wir alle staunen nur, dass er stets erklärt, dass sie recht hat, alles weiß und richtig macht.
Dabei macht sie immer weniger im Haus. Sie habe es im Rücken und auch sonst allerlei Beschwerden. Alles, was Liesel tut, kündigt sie laut und lange an. Hat sie es getan, wird es von Opa gelobt und hervorgehoben, was sie wieder alles geleistet hat. Wir kennen unseren Opa bald nicht mehr wieder. Wie hart war er mit Oma und wie unnachgiebig.
„Und nun frisst er ihr aus der Hand", sagt Tante Inge, die Schwester unserer Mutter, die als einzige noch unverheiratet ist und bei Opa im Haus ein Zimmer hat.

Opa, der Schmuck immer verachtet hat, trägt plötzlich an Weihnachten einen dicken schwarzen Siegelring. Er will es vertuschen. Als wir ihn darauf ansprechen, beginnt er zu erklären, den habe er doch schon lange. Jedoch Liesel hebt empört den Kopf mit dem Satz: "Aber Ernst-August, den habe ich dir doch gerade geschenkt."
Er wird diesen Ring bis zu seinem Lebensende tragen.

Eines Abends kommt Tante Inge zu uns und weint. Sie will bei Opa ausziehen. Seine Liesel sei böse mit ihr, würde ihr jede Brotscheibe vorrechnen, die sie esse und dauernd erwähnen, sie brauche das Zimmer, in dem Tante Inge wohnt.
„Dabei bin ich überhaupt nur abends daheim, bezahle alles, was ich esse und bin so leise", erklärt sie und setzt hinzu: „Da hat er sich eine gesucht, die ist mit allen Wassern gewaschen."
Es scheint tatsächlich so zu sein.
Tage später zieht Tante Inge bei uns ein. Unsere Eltern haben es ihr angeboten. Mein Vater prahlt, dass wir genug Zimmer haben und dass sie oben eines beziehen könne.
Aber Liesel ist es nicht genug, dass sie nun noch ein Zimmer mehr haben. Sie will kurz darauf in einem neuen Haus wohnen. Tatsächlich schafft sie es, dass Opa das alte Haus verkauft und sie zu Onkel Wolfgang in die Einliegerwohnung im Neubau am Berg ziehen.
Obwohl das alte Haus von Oma ist, bekommen die Kinder nur ein wenig von dem Geld. Den größten Teil behält Opa.
Von nun an schaffen die beiden sich allerlei Erleichterungen im Haushalt an. Liesel trägt bald eine Brille, die sehr teuer aussieht und dazu einen dicken Pelzmantel. Die beiden fahren öfter in den Urlaub oder zur Kur.

Tante Anna nimmt Abstand von Liesel. Es gefällt ihr nicht, wie sie mit dem Opa umgeht und mit dem Hab und Gut ihrer Schwester, meiner Oma.

Liesel will von uns Kindern, dass wir Oma zu ihr sagen. Hella grinst nur und sagt es etwas unsicher. Aber ich merke, wie sie es von nun an vermeidet, sie anzureden. Dunja und Peter nennen sie Oma, denn sie sind noch klein und haben unsere richtige Oma nie gekannt.

Sofort weiß ich, dass mir dieses Wort für diese Frau nie über die Lippen kommen wird, ganz egal, wie viel Ärger ich mir damit einhandle. Zum Glück ist das nicht viel, denn mein Vater akzeptiert es sofort, als ich sage: „Ich kann nicht Oma zu Liesel sagen."

„Das ist in Ordnung", sagt er gleich. „Sag Liesel zu ihr, das reicht."

Ich bin erleichtert. Unsere Mutter allerdings ist nicht ganz einverstanden.

„Sie soll ruhig Oma zu ihr sagen. Ich will keinen Ärger."

„Muss sie nicht!", entgegnet er. „Das ist nicht ihre Oma und fertig. Soll sich ärgern, wer will."

Dabei bleibt es zum Glück. Nicht ein einziges Mal im Leben sage ich Oma zu ihr, obwohl mich Opa immer wieder darauf hinweist. Liesel sage ich oder einfach nur Du. Ich vermeide es überhaupt, sie anzureden.

Dass sie geizig ist und nichts für uns übrig hat, zeigt sich bald. Nicht einmal die obligatorische Tafel Schokolade von Opa gibt es nun zum Geburtstag. Eine abgetragene Kittelschürze von ihr hat sie mir eingepackt. Sie ist viel zu groß und weit und passt nicht einmal meiner Mutter. Hella bekommt abgetragene Hausschuhe. Wir sind enttäuscht über diese Geschenke und öffnen schließlich keine mehr, die von Opa und Liesel kommen. Die übrige Familie und auch die Nachbarn rundum, die das mitbekommen haben, lachen über diese Geschenke. Nur Opa scheint nichts zu merken.

Wieder ein Abschied

Tante Anna liegt wieder im Bett und ist krank. Der Arzt kommt und sagt, sie hat eine schwere Grippe. Fieber hat sie, ist ganz schwach, hat Kopfweh und hustet ein wenig.
Weil sie keinen Schnupfen hat, darf ich schnell wieder zu ihr und lese ihr wieder vor.
Dunja ist richtig böse, dass die Tante krank ist. Sie vermisst sie, denn sie beschäftigt sich öfter mit ihr. Vor Wut tritt sie gegen ihre Tür, aber als ich sie mit zur Tante ins Zimmer nehmen will, wehrt sie sich nach Leibeskräften und will nicht. Sie soll wieder mit ihr in den Garten kommen, sagt sie. Dunja ist anstrengend. Was sie will, das will sie und setzt alles daran, es so schnell wie möglich zu bekommen. Mir fällt auf, dass sie etwas Sonderbares hat: Sie empfindet offenbar kein Mitleid, wenn es jemandem nicht gut geht. Zumindest kann sie es nicht zeigen.
„Schau, Tante Anna ist krank. Komm mit, sie freut sich bestimmt, wenn du sie besuchst."
„Nein", schreit sie. „Ich will, dass sie aufsteht und mit mir in den Garten geht."
Ich fange an, mich zu wundern, wie Dunja ist. Hella ist anders. Man merkt, es tut ihr leid, dass die Tante so daliegt. Abends kommt sie und streicht ihr über die Wange. Peter ist noch zu klein, um die Tante überhaupt wahrzunehmen.
Es wird nicht besser mit ihr, obwohl sie nun schon mehr als eine Woche liegt. Sie bleibt schwach und elend, mag kaum etwas essen. Ihr Arzt ist in Urlaub. Es kommt ein anderer zur Vertretung, um nach ihr zu sehen. Er steht noch in der Tür zum Wohnzimmer, schaut durch den offenen Vorhang zum Bett der Tante und sagt: „Sofort ins Krankenhaus! Die Frau hatte einen Herzinfarkt."
Alle sind erschrocken. Ich zittere am ganzen Körper. Es hört sich so schlimm an, was der Arzt da gesagt hat.

Nun geht alles ziemlich schnell. Bald kommt ein Krankenwagen. Tante Anna wird auf einer Liege hinausgetragen, in den Krankenwagen geschoben und schon geht es mit Blaulicht ab ins Krankenhaus. Tante Inge und unsere Mutter sind erbost darüber, dass der Hausarzt nicht gemerkt hat, dass sie einen Herzinfarkt hatte und sie behandelt hat, als habe sie eine Grippe.
In diesem Moment beschließe ich, mich von dem alten Hausarzt abzuwenden. Von nun an gehe ich zu dem, der herausgefunden hat, was Tante Anna wirklich hat, selbst, als meine Mutter es mir verbieten will. Ich beharre darauf und sie muss immer den andern rufen, wenn mir etwas fehlt.
„Eigentlich hat sie ja recht", sagt Tante Inge irgendwann. Aber meine Mutter ist anderer Meinung.
„Man kann doch nicht einfach so den Arzt wechseln, was wird der denn denken von uns... Die immer mit ihrer Extrawurst."
Zwei Tage, nachdem sie Tante Anna ins Krankenhaus gebracht haben, darf ich mit meiner Mutter mitfahren, um sie zu besuchen. Es ist nicht das alte Krankenhaus, in dem Oma und Onkel Hubert lagen. Es ist etwas weiter weg und größer. Tante Anna liegt in einem kleinen Zimmer allein. Es ist sehr eng dort und es geht ihr nicht gut. Sie redet nur wenige Worte und hat einen roten Kopf. Sie beachtet mich kaum. Auf der Heimfahrt im Bus frage ich meine Mutter, ob sie wieder gesund wird und zu uns kommt. Sie zuckt nur mit den Schultern und sagt, dass die Ärzte nur wenig Hoffnung haben.
Schon am anderen Morgen erhalten wir die Nachricht, dass Tante Anna in der Nacht erneut einen Herzinfarkt bekommen habe und daran gestorben sei.

Herbstkatze

Ich weine sehr um Tante Anna. Warum nur alle Menschen sterben, die gut mit mir sind, das verstehe ich nicht. Wieder einmal suche ich Schutz in meiner Kellerecke hinter dem Heuballen bei meinen Maispuppen und den anderen Habseligkeiten. Das Weinen will nicht aufhören. Ich kann mir nicht vorstellen, dass sie nun nicht mehr bei uns lebt.
Ich kann nicht mehr Zuflucht nehmen bei ihr und sie kommt nicht mehr zur Tür heraus, wenn er wieder mal ungerecht zu mir ist. Sie klopft nicht mehr an die Tür, wenn er laut ist und uns schlagen will oder es bereits tut. Ich vermisse sie so unbeschreiblich stark und fürchte mich gleichzeitig davor, nun noch weniger Schutz und Hilfe zu haben.
Tante Anna hat mir Gebete beigebracht. Daran erinnere ich mich jetzt. Ich versuche, zu beten.
Der liebe Gott muss ein harter Mann sein, wenn er immer wieder die Menschen zu sich holt, die ich liebe und die mir helfen. Dass er das nicht sei, hat mir Tante Anna einmal erklärt, dass wir oft nicht verstehen, dass aber alles einen Sinn hat, auch wenn wir nichts begreifen.
Sie hat an Gott geglaubt, wie auch meine Oma. Das beschäftigt mich an diesem Nachmittag im Keller sehr. Schließlich bitte ich Gott, dass er sie in seinem Himmel freundlich aufnimmt und mich hier auf der Erde nicht vergessen soll, wo ich doch jetzt so alleine bin.
„Es wird schwer werden, aber du schaffst das", hatte meine Oma damals gesagt. Dieser Satz fällt mir auch jetzt wieder ein. Und mir fällt noch etwas anderes ein.
Tante Anna las abends manchmal in einer alten schwarzen Bibel. Die hatte sie bekommen, als sie Onkel Hubert geheiratet hat. Manchmal hat sie mir sogar ein paar Sätze vorgelesen. Diese Bibel

kenne ich gut. Hinten auf der letzten Seite hat sie ein Datum eingetragen. Dahinter hat sie geschrieben: „Mann gestorben".
„Wenn ich einmal sterbe, dann sollst du diese Bibel haben", hat Tante Anna öfter zu mir gesagt. Daran denke ich jetzt. Ich gehe hinauf und will meine Mutter danach fragen. Sie ist mit Tante Inge in Tante Annas Wohnzimmer und sucht im Vertiko herum nach Unterlagen, die sie benötigen. In der Tischschublade hat sie gerade zuvor einen blauen Umschlag gefunden. Sie zeigt ihn mir. Er ist zugeklebt. Darauf steht in ihrer Handschrift:
„Mein Testament".
In diesem Augenblick kommt mein Vater dazu. Ob man das wohl öffnen dürfe oder ob man das zum Notar bringen müsse, überlegt meine Mutter. „Quatsch", sagt er und reißt den Umschlag auf. Ich darf mitlesen, was da steht. In ihrer feinen Handschrift hat sie geschrieben, dass ihr Besitz unter den vier Kindern ihrer Schwester (meiner Oma) gleich aufgeteilt werden soll. Missmutig wirft mein Vater das Papier auf den Tisch samt kaputtem Umschlag. „Ich will nichts von der", sagt er und verschwindet. Seltsam ist das, denke ich, denn er ist ja kein Kind von Oma. Aber immer bezieht er alles auf sich, was Mutter angeht. Im Übrigen hat er schon viel bekommen von den beiden alten Menschen. Sie haben ihm und meiner Mutter immerhin ihr Haus gegeben. Er betont zwar, dass er es ja umgebaut hat. Dennoch finde ich es respektlos, wie er redet, handelt und sich großtut.
Meine Mutter nimmt das Testament und verwahrt es. Sie bespricht mit Tante Inge, dass sie es dem Notar geben werden, als hätten sie es so offen gefunden.
Jetzt fällt mir die Bibel wieder ein. Ich frage meine Mutter danach.
„Die liegt auf dem Schränkchen drüben. Aber die bekommst du nicht", sagt sie schroff.

„Warum nicht?“, frage ich. „Tante Anna hat gesagt, sie soll mir gehören, wenn sie nicht mehr lebt. Ich möchte sie haben als Erinnerung.“
„Davon weiß ich nichts“, entgegnet sie angespannt. „Die bleibt für uns. Vielleicht ist sie was wert…“
„Nein, die soll nicht verkauft werden, bitte“, jammere ich.
„Jetzt reicht es. Das geht dich alles nichts an. Verschwinde!“
Ich bleibe an der Tür stehen, denn sie geht jetzt hinüber zum Schränkchen und nimmt die Bibel in die Hand. Sie öffnet sie und blättert ein wenig darin herum. Da fallen plötzlich fünf Scheine heraus. Sie ist ganz erstaunt, nimmt das Geld auf. Tatsächlich sind es fünfhundert Mark. Das ist sehr viel Geld und sie wundern sich, dass Tante Anna so viel gespart hat.
Mir wird klar, dass dieses Geld vermutlich für mich gedacht war und sie wollte, dass ich es finde, wenn ich die Bibel habe. Ich überlege, ob ich etwas dazu sage, zögere, murmle dann halblaut: „Sie wollte das für mich…“ Weiter komme ich nicht. Sie wird laut.
„Wenn du nicht auf der Stelle verschwindest, setzt‘s was. Das geht dich alles gar nichts an.“
Schnell schließe ich die Tür, sehe gerade noch im Augenwinkel, wie sie die Scheine in ihre Schürze steckt.
Wenige Tage später bekomme ich eine eigene Bibel, die billigste, die man kaufen konnte, aber ich freue mich darüber. Mein Gesangbuch hat Tante Anna mir noch gekauft. Hinten steht mein Name eingraviert. Sie wusste, dass ich bald konfirmiert werde.
Ich mag es, dienstags zur Konfirmandenstunde ins Pfarrhaus zu gehen und dort wieder den netten Pfarrer zu erleben, der uns viel beibringt von den biblischen Geschichten und den wichtigsten Themen des Glaubens. Auch die Kirchenlieder gefallen mir, weil sie Mut machen und in ihnen immer wieder irgendwie davon die Rede ist, dass Gott bei uns ist, auch, wenn es uns schlecht ergeht.

Ich bin froh, so etwas zu hören, denn ich brauche dringend jemanden, der bei mir ist und dem ich vertrauen kann, denn meine Oma ist nicht mehr da, Onkel Hubert und Tante Anna auch nicht mehr. Ich fühle mich schrecklich allein. Ein Gott, der bei mir ist, ist da ein Trost, selbst wenn ich ihn nicht sehe.

Im Pfarrhaus entdecke ich eine große Bücherwand und bin fasziniert von den vielen bunten Einbänden, hinter denen sich Welten verbergen. Es fällt mir nicht schwer, Texte auswendig zu lernen. Im Gegenteil. Irgendwie trösten sie mich manchmal, wenn ich wieder weinen muss und traurig bin.

Wir sind zusammen mit den Konfirmanden des Nachbardorfes. Es sind nur zwei, ein Junge und ein Mädchen. Beide sind nett. Der Junge, der Reinhold heißt, ist sehr schüchtern, aber er merkt sich alles und weiß viel. Ich habe es gern mit ihm zu tun. Gerlinde mag ich auch, denn sie ist sehr lustig und hat immer wieder gute Ideen. Eines Tages fragt sie mich, ob ich sie nicht mal im Nachbardorf besuchen könnte. Sie hätte ein schönes Zimmer und wir könnten auch Bilder ansehen mit ihrem Diagerät.

Ich frage daheim, ob ich das darf, vergesse nicht, zu erzählen, dass wir ja auch gemeinsam lernen wollen für die Vorstellung der Konfirmanden in einigen Wochen.

Tatsächlich bekomme ich die Erlaubnis. Ich darf mit dem Bus fahren. Nur zurück fährt kein Bus mehr. Aber ich habe Glück.

Mein Vater arbeitet gerade in diesem Dorf. Ich soll abends um fünf zu der Baustelle am Dorfeingang kommen. Dann könnte ich in dem VW-Bus mit zurück fahren. Ich freue mich sehr über diese Möglichkeit. Die Zeit mit Gerlinde vergeht wie im Fluge. Am Abend begleitet sie mich noch zu der Baustelle, an der mein Vater mit seinen Kollegen gerade arbeitet. Dann geht sie heim und ich soll mit in den Bus klettern. Der Fahrer sitzt schon am Steuer. Der ältere Kollege, den sie Hexenmeister nennen, sitzt daneben. Nun soll ich dazu klettern, dann kommt mein Vater noch. Weil

es ein Pritschenbus ist und nur vorne die Sitzbank für Fahrgäste ist, wird es sehr eng und mein Vater nimmt mich kurzerhand auf den Schoß. Das ist ein merkwürdiges Gefühl. Den Mann links neben mir mag ich überhaupt nicht und ich kann mich auch nicht erinnern, dass ich jemals auf dem Schoß meines Vaters gesessen habe. Ist ja nicht lange, denke ich noch, als ich plötzlich merke, dass unter mir etwas ganz hart wird, als säße ich plötzlich auf einem Stein oder Stück Holz. Ich rutsche ein wenig hin und her.
„Bleib ruhig sitzen!“, befiehlt er. „Ist schon eng genug hier“.
Jetzt sieht der ältere Mann, den ich so gar nicht mag, zu mir herüber und grinst.
„Da hast du ja eine richtige Herbstkatze“, sagt er zu meinem Vater.
Der lacht nur. Ich denke darüber nach, was er gerade gesagt hat. Ich weiß genau, was Herbstkatzen sind und was sie mit ihnen oft machen. Herbstkatzen sind nicht viel wert, sagen sie. Sie sehen schlechter aus, kränkeln leicht und fangen nicht genug Mäuse. Sie sind das Futter nicht wert, dass man ihnen gibt. Die Bauern stecken sie oft in einen Sack und schlagen den an die Hauswand, bis die Katzen tot sind. Manche ertränken sie auch.
SO SOLL ICH SEIN?

Dieser Satz kränkt mich tief, so tief, wie ich es gar nicht beschreiben kann. Mein ganzes Leben lang vergesse ich ihn nicht und besonders schmerzlich ist, dass ich denken muss: Ja, sie behandeln mich oft, als wäre ich eine Herbstkatze. Ich bin ihnen nichts wert. Würde ich nicht so viele Aufgaben daheim übernehmen und manches gut können, sie würden mich womöglich auch am liebsten gar nicht bei sich haben wollen.
Das Gefühl, nicht wirklich dazu zu gehören, irgendwie übrig zu sein, weniger Bedeutung zu haben als alle anderen in der Familie, das verfolgt mich noch viele Jahre und Jahrzehnte meines Lebens

und bewahrheitet sich immer neu. Sie zeigen es mir in verschiedenen Situationen wieder und wieder und das nimmt zuweilen sogar bizarre und unglaubliche Formen an.
Es dauert einige Jahrzehnte, bis ich mich wirklich wertvoll und gewollt fühle in diesem Leben. Nicht von ihnen allen, sondern vom Leben selbst.

Erbrechen

Einige Wochen später kommt es für mich zu einem abstoßenden, grenzwertigen Erlebnis.
Erst viel später wird mir klar, wie gefährlich es im Grunde war.
Tante Trudis Keller ist noch lange ein Erdkeller. Das bedeutet, dass der Boden fest getrampelte Erde ist. Irgendwann schaffte es mein Vater, ihnen diese Böden zu betonieren. Eine Woche später an einem Freitagabend eröffnet er mir plötzlich, dass ich am kommenden Tag Onkel Egon helfen soll, diese Fläche anzustreichen mit einer bestimmten olivgrünen dicken Farbe, damit keine Feuchtigkeit mehr durchdringen kann.
Mein Herz schlägt bis zum Halse. Mit Onkel Egon allein im Keller… Das will ich auf gar keinen Fall.
„Nein", sage ich laut. „Das kann ich nicht machen. Der Onkel Egon ist immer noch eklig und böse zu mir."
„Red keinen Quatsch!", donnert er los. „Der kriegt gezeigt, was er zu machen hat. Das wird er ja wohl noch hinkriegen. Kommt auch nicht so drauf an. Hauptsache, überall ist genug Farbe. Dich lässt er schon in Ruhe. Der weiß, was ihm sonst blüht."
„Lässt er nicht", sage ich halblaut, aber er lässt es nicht gelten. Offenbar kann er sich nicht vorstellen, dass einer wie Onkel Egon seine Autorität untergräbt.
„Gehst Du mit?", frage ich ihn verzweifelt.
„Unsinn, für so was habe ich keine Zeit. Reicht doch wirklich, dass ich alles betoniert habe. Den leichten Kram könnt ihr ohne mich machen. Du kannst doch prima anstreichen. Also hopp, und keine Widerrede mehr."
In dieser Nacht schlafe ich miserabel. Am anderen Morgen soll ich schon die alten Klamotten anziehen zum Streichen. Ich mache noch einen Versuch bei meiner Mutter.
„Kann nicht wenigstens Hella mitkommen und helfen?"

Tatsächlich fragt sie Hella, ob sie mitkommen möchte. Die lehnt aber ab.

„Ach, sie kann das auch nicht so gut wie du", sagt sie nur und damit ist das Thema vom Tisch.

Als ich bei Tante Trudi ankomme, steht schon alles bereit. Die kleinen Farbeimer mit olivgrüner dicker Farbe stehen im hinteren Kellerraum. Dicke Pinsel liegen daneben.

Onkel Egon steht in der hintersten Ecke und hat offenbar gerade angefangen, den Boden zu bestreichen. Es gibt nur ein ganz winziges Kellerfenster, das mit alten Säcken zugehängt ist.

Von der Decke scheint das eher schwache Licht einer Glühbirne. Ich beginne vorne links in der Ecke mit dem Streichen. Tante Trudi will gehen, aber ich verwickle sie in ein Gespräch, frage nach der Irmchenoma und ob Irmchen schon auf sei. Ja, die frühstücke gerade, erklärt Tante Trudi. Sie selbst käme nachher und bringe uns etwas zu trinken. Ich will nicht, dass sie geht und spreche erneut über dies und das. Eine kleine Weile klappt es. Dann aber sagt sie, sie müsse nun aber wirklich hoch gehen. Schließlich müsse sie sich ja um das Mittagessen kümmern und nach Irmchen sehen. Ich kann sie noch dazu bewegen, die Zwischentür und auch die vordere Tür offen zu lassen.

„Wegen der Farbe", sage ich. „Sie riecht stark und man braucht frische Luft beim Streichen."

Das sieht sie offenbar ein und lässt die Türen offen. Dennoch ist es relativ dunkel in diesem hinteren Kellerraum. Ich tröste mich damit, dass der vordere Raum heller ist, weil da Tageslicht hereinkommt, wenn die Tür offen steht. Aber erst gilt es einmal, diesen hinteren Raum durchzustehen…

Kaum ist Tante Trudi die Treppe hinaufgegangen und hat oben die Haustüre hinter sich geschlossen, hört er sofort auf mit seiner Arbeit.

„Na, komm mal zu mir", sagt er und grinst mich dämlich an.

„Ich muss hier streichen und du auch", sage ich schnell. „Mein Vater kann jederzeit kommen und nachsehen, wie weit wir sind."
Einen Moment zögert er. Ich streiche weiter und schaue ihn nicht an. Jetzt hat er den Pinsel hingelegt und kommt zu mir herüber, fasst mich am Oberarm.
„Nun komm schon", sagt er drängelnd. „Sollst ja nur ein bisschen gut zu mir sein."
Ich schüttle meinen Arm, aber er lässt nicht ab.
„Lass mich in Ruhe!", sage ich laut. „Sonst rufe ich Tante Trudi. Du sollst arbeiten, damit wir fertig werden."
Er ist stärker als ich und weiß das auch. Er packt fester zu, zieht mich am Arm hoch. Ich stehe vor ihm.
„Nein!", schreie ich laut. „Lass mich in Ruhe!"
Er nimmt meine Hand und zwingt sie hinunter zwischen seine Beine. Jetzt sehe ich, dass er seinen Hosenstall offen hat. Sein Glied ist schon steif und schaut deutlich heraus.
„Sie hören dich nicht", sagt er grinsend. „Oben ist das Radio an."
Mit dem rechten Arm hält er mich fest wie in einer Schraubzwinge und drückt mich an sich. Mit der Linken drückt er meine Hand in seinen Schritt.
„Fass mich an, fass mich endlich an, sonst drück ich dir die Luft ab. Dann bist du tot."
Grenzenlose Panik steigt in mir auf. Ich stehe ganz starr und in meinem Kopf sausen die Gedanken nur so herum. Er ist stärker, so viel stärker als ich. Niemand hört mich, niemand merkt hier was. Vielleicht gibt er Ruhe, wenn ich ihn kurz anfasse. Ich habe Angst, er könnte mich tatsächlich würgen und ich müsste hier sterben in diesem stickigen dunklen Kellerraum.
Es riecht stark nach Farbe und er ekelt mich so sehr an. Mir wird speiübel.
Dann bäumt sich mein Widerstand auf. Mit der ganzen Kraft, die ich habe, trete ich ihm gegen sein Schienbein. Erschrocken lässt

er mich für Sekunden los. Ich renne in den Raum nebenan und dann aus der Tür ins Freie. Gerade kann ich mich noch über das Treppengeländer beugen. Da kommt alles aus mir heraus, was in meinem Magen ist. Ich erbreche, bis es nichts mehr zu erbrechen gibt. Nur noch gelben Schleim spucke ich, aber es würgt noch immer alles in mir.
In diesem Moment kommt mein Vater um die Ecke.
„Was ist denn hier los?“, fragt er etwas genervt. „Streichen sollst du und nicht kotzen! Wollt nur mal kurz sehen, wie weit ihr seid.“
Onkel Egon steht in der Tür und macht ein dümmliches Gesicht.
„Geh mal weg, ich will mal schauen“, sagt Vater zu ihm. Gleich darauf kommt er wieder heraus.
„Na, ihr habt ja erst angefangen“, sagt er mit einem Vorwurf in der Stimme.
Dass ich mir gerade die Seele aus dem Leib gekotzt habe, scheint ihn wenig zu interessieren.
„War wohl wegen der Farbe, weil da so wenig Lüftung ist“, sagt er nur. „Lasst die Tür auf und macht weiter. Heute Mittag soll das fertig sein.“
„Mit dem geh ich da nicht mehr rein“, sage ich bestimmt.
„Klar machst du das!“, entgegnet er streng.
„Nein“, widerspreche ich laut. „Und wenn du mich haust. Ich mach‘s nicht. Der will, dass ich ihn anfasse. Mit dem bleib ich nicht in einem Raum.“
„Stimmt das?“, fragt er Onkel Egon, der unbeteiligt in eine andere Richtung schaut.
„Nein, nein“, sagt er beflissen. „Das mach ich doch nicht. Der ist nur schlecht geworden von der Farbe.“
„Na also“, sagt er kurz angebunden. „Jetzt erzähl mal keine Geschichten. Der Egon hat Angst vor mir. Der lässt dich in Ruhe. Der weiß genau, mit wem er es sonst zu tun kriegt.“

Dass er mir nicht glaubt, bringt mich zum Weinen. Er ist so stark und beschützt mich doch nicht. Er glaubt sich selbst mehr als mir. Ich merke das schon lange, aber nun ist es ganz schlimm.
„Hau mich, wenn du willst, hau mich ganz arg, aber ich geh mit dem da nicht mehr rein. Und wenn du mich tot haust."

Was nun in seinem Kopf vorgeht, weiß ich nicht. Irgendwie merkt er wohl, wie ernst es mir ist. Aber dass Egon ihm schönredet und ihn belügt, dass kann er sich einfach nicht vorstellen.
So findet er eine Lösung, um dem Ganzen aus dem Weg zu gehen.
„Von mir aus", sagt er knapp. „Dann gehst du jetzt in den hinteren Raum und streichst den Boden dort. Der Egon geht rauf. Wenn du fertig bist, gehst du rauf und sagst Bescheid. Dann kann Egon den vorderen Raum alleine streichen."
„Ja", sage ich zögernd. „Aber dann sag Tante Trudi, dass er nicht eher runterkommen darf, bis ich hochkomme und sage, dass ich fertig bin. Ich will ihn nicht mehr sehen."
Er klärt die Angelegenheit mit Tante Trudi, die gerade an der Tür oben erschienen ist.
„Ja, ja", sagt sie nur.
Egon geht die Treppe hinauf und verschwindet durch die Haustür.
„Wenn er runterkommt, haue ich sofort ab", sage ich noch.
Vater hat sich schon wieder auf sein Rad geschwungen. Als er um die Ecke biegt, höre ich noch, wie er „Ja, ja, ist ja schon gut, alberne Göre", vor sich hin brummt.
Langsam gehe ich in den hinteren Kellerraum und nehme meine Arbeit wieder auf.
Mir ist immer noch flau. Angespannt lausche ich, ob er nicht doch wieder die Treppe herunter kommt. Alles bleibt still. Ich beeile mich, diesen elenden Boden so schnell wie möglich fertig zu bekommen. Irgendwann höre ich Schritte auf der Treppe. Doch es

sind sehr langsame Schritte. Irmchenoma, die kleine runde Frau, arbeitet sich die Treppe herunter. Sie geht zum Klo unter der Treppe. Ich höre, wie sie die alte Holztür verriegelt.
Sie haben immer noch kein WC im Haus. Dabei haben das inzwischen die meisten Leute im Dorf. Mein Vater klagt immer wieder darüber, dass sie nicht einmal eine kleine Summe Geld sparen können, um wichtige Dinge im Haus machen zu lassen. Sie haben genug, aber sie geben immer alles sofort wieder aus für unnötigen Kram.
„Man müsste zum Garten hin einen Anbau machen, damit sie wenigstens ein Zimmer mehr haben. Alles viel zu eng da drin."
So redet er oft. Und so ist es auch. Es ist wirklich furchtbar eng. Ich kenne keine Familie, bei der man zur Haustüre rein kommt und sofort in der Küche steht. Von dort geht links noch eine Holztreppe zu einer Luke auf den Dachboden. Direkt davor geht es ins Schlafzimmer von Tante Trudi und Onkel Egon. In der Mitte des Ehebettes schläft viel zu lange Irmchen.
Erst mit zwölf Jahren bekommt sie rechts von der Küche im Wohnzimmer ein eigenes Schlafsofa. Im selben Zimmer in der Ecke gegenüber schläft auch die Irmchenoma. Und das ist auch schon das ganze Häuschen.
Umso wichtiger sind die Kellerräume. Im hinteren werden die Vorräte gelagert. Der vordere Raum ist eine Art Ersatzraum für alles Mögliche. Hier wird gewaschen und die Wäsche aufgehängt, hier steht aber auch ein alter Küchenschrank und es gibt zwei Herdplatten auf einem alten Tisch. Oft wird hier auch gekocht.

Ohne Zwischenfälle schaffe ich es jetzt in Windeseile, den Boden in hinteren Raum fertig zu streichen. Die ganze Zeit über ist mir leicht übel und ich bin völlig angespannt. Als ich aus dem Keller komme und die frische Luft atme, wird mir langsam besser.

Nein, ich gehe nicht hinauf, um Bescheid zu sagen. Ihn wieder zu sehen, ist einfach zu viel. Schnell greife ich zu meinem Anorak, der über dem Treppengeländer hängt, schwinge mich auf mein altes schwarzes Rad und bin im Nu aus der Gefahrenzone.

Zuhause angekommen, wartet schon meine Mutter auf mich.

„Bist du endlich fertig", sagt sie. Ich nicke nur.

Offenbar hatte mein Vater ihr inzwischen etwas von dem Zwischenfall berichtet. Denn sie sagt plötzlich: „Ich kann es nicht glauben, dass er dir wirklich dumm gekommen ist. Der hat doch großen Schiss vor deinem Vater. Der würde doch nie…" Weiter kommt sie nicht.

„Hat er aber, und wie!", rufe ich laut.

„Das kann ich nicht glauben. Du bist einfach zu empfindlich. Da sagt einer mal was…"

„Er hat nicht nur was gesagt, er wollte mich zwingen, ihn anzufassen."

„Ach was, das kann ich nicht glauben", wiederholt sie.

Ich gehe aus der Küche, weil ich es nicht aushalte, dass sie mir einfach nicht glaubt. Die Tränen kommen heftig und ich will nicht, dass sie mich so sieht. Wütend bin ich, weil sie mir nicht glaubt, mich nicht tröstet, nicht hinter mir steht. Erleichtert bin ich, der Gefahr entronnen zu sein und jetzt erst lässt langsam die Anspannung nach. Ich gehe zum Garten, setze mich auf die alte Schaukel von Onkel Hubert und weine. Er hätte mir gewiss geglaubt.

Hier gibt es keinen mehr, der auf mich aufpasst, mich tröstet und irgendwie hinter mir steht. Es gibt keinen einzigen… Ich weine heftiger, bedauere mich auch ein wenig selbst, was ich doch für eine armselige „Herbstkatze" bin.

Zu diesem Zeitpunkt kann ich noch nicht wissen, wie oft sie es noch sagen wird: Ich kann das nicht glauben, du bist zu empfindlich… Was auch immer mir geschieht, wenn sie es nicht wahr haben will, weil es unbequem ist, weil sie dann ja etwas tun müsste, dann hilft sie sich immer mit diesen Sätzen. Sie will einfach an eine Welt glauben, in der sie alles richtig macht und alles in Ordnung ist. Es kommt sogar so weit, dass sie (wenn sie denn gar nicht umhin kann, etwas als Tatsache zu registrieren) leicht aufgeregt ruft: „Aber das ist ja furchtbar, mein Herz, ich kann so eine Aufregung gar nicht haben!“

Ich muss alles tun, um sie zu beruhigen und ihr versichern, dass alles ja nicht so schlimm ist. ICH muss für SIE sorgen, damit sie ja nicht herzkrank wird von allem, was nicht in ihre geordnete Welt passt. Und das ist sehr viel…

Sie entzieht sich da und dort und überlässt mir oft die Verantwortung und die Arbeit. Zu viel Verantwortung - und zu viel Arbeit. Verpflichtet fühle ich mich, so viel wie nur möglich zu tun, damit sie ja nicht krank wird.

Ihr Arzt verschreibt ihr Herztabletten. Die sind ganz wichtig und ich muss darauf achten, dass sie immer da sind. Ist die Packung bald leer, muss ich sie erinnern, dass sie sich neue verschreiben lässt. Starke Tabletten wären das, äußert sie gelegentlich. Das soll belegen, wie gefährdet ihr Herz ist. Ich sorge mich sehr um sie und habe eine fürchterliche Angst, sie könnte plötzlich auch sterben. An manchen Abenden geht sie müde und etwas schleppenden Schrittes die Treppe hinauf zum Schlafzimmer. Ich höre ihre Schritte aus meinem Zimmer heraus. Mein Bett steht nahe an der Türe zum Flur. Mein Herz schlägt schneller. Ich ängstige mich, dass sie ja keinen Herzinfarkt bekommt und auf der Treppe fällt. Lange Zeit später komme ich plötzlich auf die Idee, den Beipackzettel einmal genauer zu lesen, der bei Mutters schweren Herztabletten liegt. Inzwischen verstehe ich etwas mehr von diesen Dingen. Dort steht klar, dass es sich um ein pflanzliches Stärkungsmittel für das Herz handelt, das vorwiegend aus Weißdorn gewonnen wurde. Sehr erleichtert bin ich in diesem Moment,

denn ich schließe daraus, dass es nicht ganz so schlimm um ihr Herz steht, wie sie vorgibt.
Allerdings bin ich keineswegs sicher, ob sie das weiß oder ob sie tatsächlich denkt, es seien recht starke Tabletten. Ich traue mich lange nicht, sie darauf anzusprechen. Irgendwann tue ich es doch. Ganz überrascht sagt sie nur: „Ach, das wusste ich nicht. Der Arzt hat damals gesagt, es wären starke Tabletten."

Urlaub

In diesem Zusammenhang entdeckt unsere Mutter den Urlaub. Dass Urlaub nur etwas für reiche Leute ist, erklärt mein Vater. Wir haben ja unsere Teiche. Dort sind wir meist am Wochenende und auch, wenn große Ferien sind. Dann bleiben wir mindestens eine Woche ganz dort. Er hat inzwischen ein richtig stabiles Häuschen gebaut. Alles ist eng und im Schlafzimmer stehen zwei Etagenbetten. Wir müssen ganz nah beieinander schlafen, was mir oft unangenehm ist.

Manchmal erlauben sie, dass wir oben in der kleinen Holzhütte schlafen, Hella und ich. Wir schlafen auf Feldbetten, sind ganz für uns und können reden, so lange wir wollen. Das sind die besten Nächte an den Teichen.

Mutters Geschwister fahren nun öfter in den Urlaub. Sie gewinnt Gefallen daran und redet öfter davon, dass sie auch in den Urlaub fahren möchte. Mein Vater winkt ab und sagt, das würde er niemals tun. Er muss arbeiten und bestenfalls nimmt er eine Woche im Sommer frei, um dann ganz an den Teichen zu sein. Wenn sie unbedingt wolle, könne sie ja alleine fahren.

Eines Tages ist es dann tatsächlich so weit. Opa und seine neue Frau fahren mit einem Busunternehmen nach Österreich. Unsere Mutter bucht beim selben Unternehmen für sich und Hella auch einen Platz. Wie nebenbei bekomme ich das beim Abendessen gesagt. Sie fährt mit Hella in den Urlaub. Hella findet das gut. Sie verreist gerne. Und nur mit Mutter allein, das gefällt ihr. Für mich gibt es eine Auftragsliste, die sie mir beim Abendessen vorträgt. Es sind Ferien. Ich muss mich um die Kleinen kümmern, auch ganz früh aufstehen und für unseren Vater das Frühstück machen. Das leidige Thema Schuhe binden kommt selbstverständlich auch vor. Jeden Tag Essen kochen, abspülen, die Wäsche ma-

chen, Unkraut jäten im Garten (besonders zwischen den Erdbeerstöcken, die wachsen immer so schnell ein), einkaufen, - ach, einfach alles tun, was eben getan werden muss. Ich soll sie ersetzen und zusätzlich meine Aufgaben erledigen, die ich ohnehin immer habe. Meine Stimmung sinkt in den Keller. Ich habe Ferien.
Wenn sie da ist, kann ich wenigstens ab und an ein wenig für mich sein, zu meinem Lieblingsplatz auf dem Buchenberg gehen, dort in den Wurzeln eines besonders großen Baumes sitzen und träumen. Ich kann Lesen und etwas basteln und bauen - und ab und zu Dörthe besuchen. Aber nun? Von morgens bis abends nur arbeiten, es allen recht machen und für alle sorgen. Ja, es ist auch ein wenig ein Lob, dass sie mir das alles zutraut. Dennoch tut es weh.
Niemand kommt auf den verwegenen Gedanken, dass auch ich mitfahren möchte.
„Du bist die Älteste und kannst das alles", sagt sie. Und damit ist es beschlossen.
An diesem Abend weine ich mich wieder einmal in den Schlaf.
Wenige Tage später geht es schon ans Packen. Am Samstag kommt dann der Bus und schon sind sie verschwunden. Dunja und Peter verlassen sich nun noch mehr auf mich als ohnehin.
Peter hat noch eine Woche Kindergarten, aber Dunja ist inzwischen in der Grundschule und hat auch Ferien. Beide finden es gut, dass ich nun ihre „Mama" bin. „Mama zwei" sagt Peter öfter zu mir, so lange, bis ich es ihm genervt verbiete.
„Du weißt, wie ich heiße", sage ich zu ihm. „Also nenn mich auch so."
Er ist etwas verwirrt, hält sich aber daran.
Offenbar erwarten sie, dass ich es ihnen besonders schön mache, weil doch Sommer ist und Ferien sind. Peter will schon gar nicht mehr in den Kindergarten.
„Ich möchte hier bleiben und mit dir spielen", mault er.

Nur mühsam kann ich ihn vom Gegenteil überzeugen, hauptsächlich mit dem Argument, dass ich am Vormittag ohnehin so viel tun muss, dass ich gar keine Zeit zum Spielen habe. Erst, als ich ihm verspreche, dass ich ihm ein Häuschen auf dem Balkon gebaut habe, wenn er zurückkommt, lenkt er ein.
Zu allen Pflichten nun auch noch ein Häuschen.
Dunja ist zum Glück öfter bei zwei Nachbarskindern, mit denen sie in derselben Klasse ist.
Manchmal aber ist sie auch da und ich muss sie ständig bei Laune halten, es ihr schmackhaft machen, dass die Betten gemacht, die Wäsche aufgehängt und die Möhren geschält werden müssen. Spielerisch versuche ich, sie einzubeziehen. Manchmal klappt es, manchmal aber auch nicht. Dann sitzt sie irgendwo und motzt, wiederholt unzählige Male, dass ich nun mit ihr spielen soll und lässt sich auch nicht durch kleine spielerische Einlagen ablenken.
Nach dem Mittagessen plane ich in der Regel etwas ein, um die Kleinen zu beschäftigen.
Mit alten Matratzen, Decken und Wäscheklammern habe ich inzwischen in einer Ecke des Balkons ein Häuschen für die beiden gebaut. Dort spielen sie wirklich gelegentlich selbstständig. Ich bin in der Nähe, arbeite im Garten, hänge Wäsche auf oder ab und klinke mich manchmal in ihr Spiel ein. Aber ich mache auch kleine Ausflüge mit ihnen mit dem Fahrrad, baue mit ihnen im Hof einen Kaufladen, so, wie Hella und ich es früher gemacht haben. Sie freuen sich über all das und vermissen unsere Mutter kaum.
Unseren Vater interessiert vor allem, dass abends das Essen auf den Tisch kommt und alles da ist, was er braucht. Von dem Geld, das Mutter mir für den Einkauf dagelassen hat, gebe ich nur aus, was unbedingt sein muss. Ich habe den Ehrgeiz, dass noch ganz viel davon da ist und sie darüber staunt, wenn sie zurückkommt. Das klappt aber nicht immer ganz. Eines Abends beanstandet er

lautstark, dass ja kaum mehr Wurst da ist und warum ich keine eingekauft habe. Mir bleibt nichts anderes übrig, als seinem Wunsch nachzukommen.
Es dauert und dauert mit der Urlaubszeit. Oft habe ich so viel zu tun, dass ich gar nicht mehr über diese Ungerechtigkeit nachdenke und den Schmerz, eigentlich alles andere als Ferien zu haben. Morgens muss ich früh aufstehen und abends falle ich übermüdet ins Bett. Dennoch gehen mir noch Gedanken durch den Kopf, an was ich alles morgen denken muss, was ich nicht vergessen darf. Trotz der Müdigkeit dauert es lange, bis ich einschlafen kann.

Irgendwann sind die zwei Wochen herum. Gerade stehe ich nachmittags im Hof und spiele Fußball mit Peter, als sie plötzlich wieder zurückkommen. Wie schön es war, wird berichtet, was sie alles erlebt haben und wie gut das Essen war. Auf hohen Bergen waren sie und in einem schönen Tierpark. Einen schlichten Holzteller drückt mir meine Mutter als Geschenk in die Hand. An einer Stelle ist er kaputt und man hat die verletzte Stelle mit etwas Kunstharz zugeschmiert.
„Der war billiger, weil er nicht ganz in Ordnung ist", sagt sie.
Ich finde ihn trotzdem gut.
In diesem Moment kann ich nicht wissen, dass mich dieser Teller mein ganzes Leben lang begleiten würde.
Heilfroh bin ich, dass sie da ist und nun endlich die normalere Zeit der Ferien beginnt, bis mir auffällt, dass das ja nur noch eine Woche ist.
Das macht mich ganz tief innen sehr traurig. Die Traurigkeit hält lange an und ist noch da, als die Schule längst wieder begonnen hat.
Leider bleibt es nicht bei diesem einzigen Urlaub meiner Mutter. Sie hat Gefallen daran gefunden und beginnt meist kurz nach

Weihnachten schon mit dem Thema, dass es für sie gut wäre, wenn sie wieder in den Urlaub fahren würde. Alle möglichen Argumente werden nach und nach aufgeführt. Dass sie es ja etwas am Herzen habe, erst eine schwere Grippe überstanden hat, dass sie das ganze Jahr nicht raus kommt und niemand Not leidet, wenn sie mal nicht da ist, weil ich ja da bin und alles übernehmen kann.

Gewiss, ich gönne ihr die freien Tage von Herzen. Ich ahne, wie gut es ihr tut, mal aus allem raus zu kommen. Aber ich muss wieder ran, meine Ferien…

Darum trifft mich dieses Ansinnen hart. Zutiefst erschrocken bin ich, wenn ich daran denke, dass meine Sommerferien von nun an keine richtigen Ferien mehr sein werden, dass sich diese harten Zeiten nun jährlich wiederholen werden.

Ob es denn wirklich jedes Jahr sein müsse, beginne ich vorsichtig einzuwenden.

Regelrecht empört weist sie meine Frage hart zurück. Ob ich ihr das denn nicht gönnen würde, wo sie doch so viel Arbeit habe das ganze Jahr, dass man einer Mutter so etwas doch selbstverständlich ermöglichen müsse. Im Übrigen seien es nur zwei Wochen und die Ferien ja länger.

Dass Hella auch einmal etwas übernehmen könne, wird überhaupt nicht erst angedacht. Sie hat frei in den Ferien und beginnt schon früh damit, dann auch weg zu sein. Entweder ist sie wochenlang bei irgendwelchen Freundinnen zu Besuch oder sie fährt bald auch weg.

Mitfahrer findet sie immer. Sie hat früh eine ganze Menge Kontakte im Dorf. Irgendwer fährt und nimmt sie mit. Daheim quengelt sie so lange, bis sie darf. Nur ein einziges Mal traue ich mich, nachzufragen, ob Hella nicht auch mal mithelfen könne in diesen Tagen. Die könne das eben nicht so gut wie ich, bekomme ich zur Antwort. Außerdem sei sie jünger, anders und nicht so häuslich.

Ob ich häuslich bin oder sein möchte, danach fragt keiner. Es wird einfach so bestimmt.
Eigentlich bin ich es wirklich. Ich bin häuslich, wenn man damit meint, dass mir wegfahren nicht so viel bedeutet, dass ich gerne in meiner Freizeit in der Umgebung herumstromere, in der Natur bin, mir dort Spiele und Beschäftigungen ausdenke. Aber dafür so hart bestraft zu werden, halte ich für höchst ungerecht.

Viele Jahre meiner Kindheit und Jugend geht das nun so. Sie fährt in den Sommerferien in den Urlaub. Sie bucht mit einer Freundin Busreisen. Mal fährt Rosemarie vom Berg mit, mal Lotti von den Teichnachbarn. Ich muss zuhause alle Aufgaben übernehmen, bis sie zurück ist.
Irgendwann überspannt sie ganz und gar den Bogen. Diesmal ist sie mit einem ihrer Brüder und der Schwägerin an den Gardasee gefahren. Die Zeit der vielen harten Arbeit ist in diesem Sommer besonders schwer. Unser Vater hat ständig schlechte Laune. Irgendwas läuft schief an der Arbeit und er ist unausstehlich am Abend. Einmal wirft er die Würstchen samt Pfanne mit Wucht auf den Küchenboden. Sie seien zu heiß, brüllt er, obwohl ich sie extra für ihn gemacht habe, weil ich weiß, dass er das mag. Peter und Dunja sitzen mit großen Augen am Tisch. Völlig eingeschüchtert wagen sie keinen Ton zu sagen.
„Ich habe sie doch extra für dich frisch gebacken“, sage ich unter Tränen.
„Mir scheißegal!“, brüllt er, reißt sich zwei Scheiben Brot aus dem Brotkorb und nimmt sich das größte Stück rote Wurst dazu. Beides in Händen springt er auf, verlässt die Küche und knallt die Tür von außen zu.
„Aber er isst doch gerne Würstchen“, sagt der kleine Peter und in seinen Worten liegt völliges Unverständnis.

„Das war gemein!", sagt Dunja. Beide wollen mir sagen, dass ich nichts falsch gemacht habe und er ungerecht zu mir war.
„Ja", sage ich nur und wische meine Tränen weg. „Das war nicht richtig. Aber jetzt essen wir erst mal." Ich hebe die Pfanne auf, sammle die Würstchen ein, wasche sie gründlich unter heißem Wasser und brate sie dann erneut in der Pfanne. Währenddessen wische ich den Boden wieder sauber, damit niemand auf dem Fett ausrutscht. Wir essen in Ruhe die Würstchen auf. Peter beeilt sich zu sagen, dass sie richtig gut schmecken und Vater selber dran schuld ist, dass er nun keine bekommt.
Dass die beiden Wochen nun bald vorbei sind, denke ich und bin sehr froh darüber.
In diesem Moment klopft es an der Tür. Wieder einmal ist es Grete von nebenan mit Telefonnachrichten. Unsere Mutter hätte angerufen. Sie bleibe eine Woche länger am Gardasee. Es wäre gerade so schönes Wetter.
Als sie wieder gegangen ist, breche ich am Abendbrottisch geradezu zusammen. Ich muss furchtbar weinen und schluchzen, auch wenn ich das eigentlich vor den Kleinen gar nicht möchte. Ich kann einfach nicht mehr. Wenn sie kommt, sind die Ferien vorbei. Und noch eine solche Woche, das ertrage ich einfach nicht.
„Macht doch nichts", sagt Peter und legt seine Hand auf meinen Arm.
„Wir machen einfach lauter schöne Sachen", sagt Dunja.
Es tut mir leid, dass sie mich so erleben. „Ja, machen wir", sage ich schniefend und putze mir die Nase.
Die beiden können den großen Zusammenhang ja nicht verstehen und ihnen ist es gerade recht, wenn ich da bin und Mutter in Urlaub ist. Für sie ist es eine gute Zeit.
Trotz fühle ich und Wut. Warum denkt hier niemand mal an mich? Warum ist es eine Art Weltengesetz, dass ich ständig für sie alle da sein muss, arbeiten muss bis zur Erschöpfung, kaum

Anerkennung bekomme und ansonsten keiner danach fragt, wer ich denn bin und was für mich gut wäre.
Ja, ich quäle mich auch noch durch die dritte Woche und tue mein Bestes. Dunja und Peter sollen nicht darunter leiden. Wir fahren kleine Radtouren, ich erfinde Spiele mit ihnen, wir basteln Pfeil und Bogen und schießen damit im Garten herum. Manchmal denke ich, ich bin für Dunja und Peter ein klein wenig das, was damals Onkel Hubert für mich war.
Eine Woche später, als sie endlich wieder da ist, frage ich sie am Abend, warum sie denn so lange geblieben sei und sage ihr, dass ich doch auch noch eine Woche Ferien haben wollte.
Sie wird böse. Ob ich ihr das nicht gönnen würde, schimpft sie. Einer Mutter gönne man alles, weil man sie ein Leben lang brauche und deshalb alles für sie tun müsse. Außerdem wollten ja auch der Onkel und die Schwägerin noch eine Woche dran hängen. Alleine könne sie ja wohl kaum zurück fahren. Schweigend gehe ich auf mein Zimmer. Dass es Busse und Bahn gibt, ist für unsere Mutter völlig abwegig. Sie ist furchtbar unselbstständig in solchen Dingen und käme niemals auf den Gedanken, sich selbst eine Bahn- oder Busverbindung herauszusuchen und alleine die Heimreise zu organisieren.

Der nette, schöne Bert

Tante Inge, die jüngere Schwester unsere Mutter, wohnt nun schon eine Weile ganz bei uns. Oben hat sie ein Zimmer. Es ist einfach nicht mehr gut gegangen mit Opas neuer Frau und ihr. Zuerst ist Liesel freundlich zu ihr gewesen. Aber mit der Zeit hat sie immer mehr Ärger gemacht. Es hat damit angefangen, dass sie nicht wollte, dass Tante Inge, die tagsüber in einem Schuhgeschäft arbeitet, abends noch etwas zu essen bekam. Sie wolle nicht mehr für drei kochen, hat sie Opa unumwunden mitgeteilt. Wäsche würde sie auch nicht mit waschen, hat sie verkündet. Außerdem sei es ohnehin zu eng für drei Personen in dem kleinen Häuschen. Opa ist alles zufrieden und unterstützt sie auch noch.

„Er ist wie ausgewechselt, nicht zu glauben, dass er jetzt so redet", sagt unsere Mutter.

„Was hat der früher für einen Ton drauf gehabt, wenn jemand nicht gleich nach seiner Pfeife getanzt hat. Jetzt geht es nur Liesel hinten, Liesel vorne... Und Liesel hat immer recht."

Einige Abende hat Tante Inge bei uns in der Küche gesessen und geweint. Mein Vater ist es bald leid.

Eine Woche später zieht sie oben in ein Zimmer unterm Dach. Von da an wohnt sie ganz bei uns. Ich finde das irgendwie gut. Wenn noch jemand im Haus ist, wird er vielleicht nicht ganz so hart und laut sein, hoffe ich. Eine kurze Zeit ist das wohl auch so, - allerdings nicht lange. Bald schon vergisst er alle Hemmungen und verhält sich gerade so, als sei Tante Inge nicht da - oder eben doch, aber in der Rolle einer, die hier ebenso zu parieren und seine Launen zu ertragen hat, wie die anderen Familienmitglieder.

Tante Inge ist eine schüchterne, zurückhaltende Frau. Nur im Gespräch mit unserer Mutter lässt sie ihre Hemmungen fallen und spricht sehr viel lebendiger, empört oder sogar lustig.

Das ist allerdings selten der Fall. Meist sitzt sie beim Abendbrot still am Tisch, nickt nur ab und an oder schüttelt mit dem Kopf. Am Wochenende holt ein gutaussehender, freundlicher junger Mann sie ab mit seinem breiten, weißen Ford. Manchmal sitzt er bei uns in der Küche und wartet, bis sie fertig ist.
Bert heißt er und ist ein wirklich sympathischer Mann. Mit uns Kindern redet er gern. Manchmal bringt er uns sogar eine Kleinigkeit mit. Mir fällt auf, dass er wirklich wissen will, wie es mir geht, wenn er mich fragt. Er redet nicht nur einfach so daher, wie viele, die ich kenne. Ich mag den netten, schönen Bert.
„Endlich hat sie einen netten Freund", sagt unsere Mutter öfter. „Hoffentlich wird's jetzt was."
Tante Inge hatte vorher einen anderen jungen Mann als Freund, als sie noch oben bei Opa gewohnt hat. Der hat mir auch gut gefallen. Er fuhr einen blauen VW Käfer. Fröhlich war er fast immer und so freundlich zu Tante Inge. Nie zuvor hatte ich erlebt, dass ein Mann so freundlich zu einer Frau sein konnte.
Tante Inge mochte ihn wohl, aber er hatte einen kleinen Sprachfehler. Er stotterte ein wenig. Zuerst hat Tante Inge sich daraus wohl nichts gemacht. Allerdings haben sie immer mehr Leute darauf angesprochen, dass er ja stottere. Unser Vater hat es am schlimmsten getrieben. So einen könne sie doch nicht heiraten wollen. Da würden ja immer alle Leute lachen. Und wer weiß, ob sich das nicht auf die Kinder vererben würde. Tante Inge gab viel auf die Meinung andere Leute und ließ sich leicht ängstigen. Deshalb hat sie ihm irgendwann gesagt, das würde nichts werden mit ihnen.
Nun ist der nette, schöne Bert mit ihr zusammen.
Allerdings merke ich, dass mein Vater bald anfängt, sich auch über ihn gelegentlich und dann immer mehr negativ zu äußern. Ich kenne das bei ihm. Männern gegenüber urteilt er ausgespro-

chen kritisch. Oft ist es Neid, denke ich, weil andere es möglicherweise leichter hatten im Leben als er, einen feineren Beruf haben, gesellschaftlich vermeintlich über ihm stehen. Keimt in ihm auch nur der geringste Verdacht, da könnte sich jemand als etwas „Besseres“ empfinden (oft genug denkt er das auch nur, ohne dass es irgendwelche Hinweise gibt, dass das tatsächlich so sei), dann hat das Gegenüber nicht mehr viel zu lachen.
Er macht diese Person nieder, so oft und so gut er nur kann, findet immer irgendwelche Punkte, die absolut schlecht oder gar unsagbar übel wären. So beginnt es auch bald beim netten Bert.
Bert trägt abends und am Wochenende bessere Kleidung. Vermutlich trägt er ähnliche auch bei seiner Arbeit, denn er arbeitet in einem Büro. Das stört unseren Vater schon mächtig.
„Feine Pinkel, die sich die Finger nicht schmutzig machen, taugen auch im Leben nicht viel“, tönt er eines Abends. Ich merke, wie Tante Inge zusammenzuckt.
„Lass ihn doch, er arbeitet eben im Büro“, entgegnet Mutter.

Wenig später geht es um das Auto, das mein Vater nieder macht. Es sei ein Protzschlitten, sagt er. Eines Abends sitzt Bert wieder einmal in unserer Küche. Plötzlich entdeckt Vater, dass er einen Siegelring (golden mit blauem Stein) an der linken Hand trägt. Was das denn für ein Unsinn wäre, poltert er los. Er wolle wohl mit Gewalt sein Geld zum Fenster rauswerfen. Das machten nur Angeber und Spinner. Tante Inge, die gerade zur Tür hereingekommen ist, sinkt geradezu in sich zusammen. Umso mehr tobt Vater nun los. Das ginge ja nun gar nicht. Bert wäre ein billiger Aufschneider und ein Gernegroß. Er tauge nichts und sei nichts für Inge. Außerdem habe er im Dorf gehört, dass er noch jemandem Geld schulde.
„Stimmt das?“, fragt Tante Inge.

Im Stuhl leicht zusammengesunken sitzt Bert da und senkt den Kopf.
„Ja“, sagt er dann halblaut. „Aber es ist nicht so viel und ich zahle es ja in Raten wieder ab.“
„Pah, in Raten! So was gibt's bei uns nicht! Ein Prahlhans bist du und taugst keinen Schuss Pulver! Verschwinde und lass Dich hier nie wieder blicken!“
„Inge, sag du doch was“, bittet Bert seine Freundin.
Aber die schweigt nur mit gesenktem Kopf und sagt schließlich, er solle nicht mehr kommen.
Traurig erhebt sich Bert von seinem Stuhl und geht.
Ich verstehe das alles nicht. Bestimmt war das nicht so schlimm mit den Schulden, denke ich.
Und nun ist Tante Inge wieder allein, dabei war sie wie ausgewechselt, wenn Bert kam. Er hat sie fröhlicher gemacht, wo sie doch so oft nachdenklich und zurückgezogen war.
„Das war zu hart, das hättest du nicht tun sollen“, sagt unsere Mutter leise.
„Was?“, brüllt er geradezu. „Die Inge soll froh sein, dass sie diesen Spinner los ist. Der taugt zu gar nichts! Und nun ist Schluss mit dem Thema.“
Tante Inge läuft weinend aus der Küche, die Treppe hoch auf ihr Zimmer.
Müßig, zu berichten, dass Bert nicht viel später seine Schulden alle bezahlt hat, irgendwann eine andere Frau heiratet, über all die Jahre und Jahrzehnte ein tüchtiger und herzlicher Mann bleibt. Ich freue mich bis heute, wenn ich ihn zufällig treffe. Er ist warmherzig und angenehm, so wie früher, als ich noch ein Kind war. Wenn er fragt, wie es mir geht, dann merke ich noch heute, dass es ihn wirklich interessiert.
Drei Jahre später heiratet Inge einen anderen Mann. Dieter ist ein überaus zurückhaltender, angepasster und ruhiger Handwerker,

der mir immer etwas gehemmt erscheint. Freundlich ist er auch zu uns. Das Netteste an Dieter ist, dass er mich gelegentlich hinter dem Steuerrad seines Autos sitzen lässt. Ich liebe Autos und kann nicht genug davon bekommen, in einem stehenden Auto hinterm Steuer zu sitzen, so zu tun, als ob ich fahre und mir alle möglichen Wege und Ziele auszudenken. Das macht mir riesig Freude.

Dass Dieter Handwerker ist, passt unserem Vater. Außerdem wird nun nichts mehr über Inges Bekanntschaften gesagt. Mutter hat eines Abends erklärt, Vater solle doch nun nichts mehr sagen, wenn Inge einen Freund hat. Sonst würde sie wohl niemals heiraten. Und sie müsse ja nun bald doch einmal ans Heiraten denken, wenn sie nicht übrig bleiben wolle. Hier bei uns immer wohnen könne sie ja auch nicht. Murrend hat er zugestimmt.

Außerdem redet ihm Dieter oft nach dem Mund, dass es ihm halbwegs recht ist. Natürlich hat er auch das eine oder andere an ihm auszusetzen, aber damit hält er sich zurück.

Unweit ihres Elternhauses im Oberdorf lässt Tante Inge ein kleines Häuschen bauen. Immerhin verdient sie Geld und ist sehr sparsam. Den kleinen Platz dazu hat sie von guten alten Bekannten übereignet bekommen, die mit Oma und Tante Anna ein herzliches Verhältnis hatten.

In der Hauptsache ist es wieder unser Vater, der es baut, zumindest den Rohbau. Schließlich hat er allen Geschwistern unserer Mutter geholfen, ein Haus zu bauen.

Das ewige Streitthema nimmt ein Ende, nachdem auch Inge ihr kleines Haus hat.

Als es fertig ist, heiratet sie Dieter und sie beziehen das Haus.

„Endlich niemanden mehr im Haus, der jeden Abend ein langes Gesicht zieht“, erklärt unser Vater.

Der Schuss

Einige Zeit später blickt er selbst abends finster drein, nicht traurig und verzagt, wie Tante Inge oft. Sein Blick ist vielmehr scharf, hart und bitter. Hella hat ihren ersten Freund und er hat es von anderen Leuten gehört.

„Stimmt das?" brüllt er über den Küchentisch. Hella, die rechts von ihm sitzt, nickt nur leicht.

Ich weiß es schon eine Weile und habe mit ihr die Luft angehalten bei dem Gedanken, dass er es erfährt und natürlich furchtbar böse wird. Vielerlei Drohungen, diese und ähnliche Themen betreffend, hat er immer wieder einmal ausgestoßen. Wer von seinen Töchtern es wagt, einen Lippenstift zu benutzen, Nagellack oder ähnliche Dinge, der bekäme eine gescheuert, dass es nur so knallt. Wer es gar frühzeitig mit einem Freund treibe, der würde was erleben. - Andererseits hat er längst die vorderen Räume renoviert, in denen Tante Anna lebte. Da hinein soll die erste von uns ziehen, die heiratet. Er bestimmt, wo die Küche ist, fliest die Ecke, wo der Herd stehen soll. Hella und ich lächeln insgeheim über diese Aktionen. An Heirat denken wir so gar nicht. Irgendwann bekommt Hella das Zimmer, das eigentlich eine Küche werden soll. Da in der Ecke alles voller Kacheln hängt, tapezieren wir beide es einfach über.

„Was soll ich mit diesen dämlichen Kacheln", sagt Hella. Und grinsend fügt sie hinzu: „Am liebsten würde ich dagegen pinkeln. Sieht aus, als sollte es mal ein Bad mit WC werden."

Ich muss sehr lachen über diesen Satz und werde ihn nie vergessen. Der Satz zeigt, dass auch Hella unserem Vater inzwischen sehr kritisch gegenüber steht. Einen Trotzkopf hat sie sowieso von Kindheit an und ist dafür bekannt.

Interessanterweise lässt er ihr aber viel mehr durchgehen als mir. Irgendwie ist sie das Lieblingskind von Anfang an. Nun, im jugendlichen Alter, erlebt sie allerdings mit ihm auch einige Zusammenstöße und manches Kräftemessen. Äußerlich gesehen hat er das letzte Wort und den Sieg. Innerlich aber wurmt es ihn furchtbar, dass ihm immer mehr Widerspruch entgegenkommt und Kritik. Und er ahnt, dass Hella manchmal auch nur „Entschuldigung" durch die Zähne zischt, weil sie von unserer Mutter wieder und wieder dazu genötigt wird und letztendlich noch nicht so weit ist, dass sie einfach alles hinter sich lassen kann. Sie muss sich arrangieren, obwohl es ihr gehörig gegen den Strich geht.
Im Grunde geht es mir ebenso. Aber in dieser Zeit bin ich verschlossener und zurückhaltender. Ich lebe in meiner inneren Welt und versuche, mit der äußeren irgendwie mehr schlecht als recht klar zu kommen. Hella kann sich viel mehr entziehen und tut das auch. Einerseits ist er stolz auf Hella und sie ist ihm innerlich näher als ich. Andererseits tut sie das eine und andere, was ihn unsagbar provoziert. Es trifft ihn wohl auch so sehr, weil er sie besonders mag. Die größte Provokation überhaupt ist nun allerdings, dass Hella schon diesen Freund hat, dazu einen, dessen Familie er geradezu hasst.
Hartmut ist eigentlich ganz okay. Er hat ein freundliches Wesen, ist tüchtig und praktisch begabt. Auf die technische Hochschule geht er, ist immer zu allen möglichen Freizeitaktionen bereit und hat einen grünen R4. Ich merke, dass er Hella wirklich mag.
Unser Vater kennt Hartmut gar nicht wirklich, aber er kennt seine Eltern, hat für sie nur abwertende Worte und verachtet sie geradezu.
Es sind ganz alte Geschichten, die dazu geführt haben.
Nun ist er stinkwütend auf Hella, merkt aber, dass sie stur bleibt und nicht einfach diese Beziehung aufgeben will, wie Tante Inge es damals gemacht hat. Jetzt geht es wieder los mit den wüsten

Beschimpfungen und bösen Behauptungen, diesmal über Hartmut und seine Familie. „Rede deiner Schwester diesen Mist aus! Das ist ein Blödmann, der nichts auf die Reihe bringt, genau wie sein Vater."

Diese Anweisung geht an mich und wirkt sehr bedrohlich. Was, wenn ich das überhaupt nicht kann? Was macht er dann? Ich habe Angst, dass das irgendwie wieder böse ausgeht, wenn er so redet und droht. Andererseits weiß ich, dass ich Hella da gar nichts dreinreden kann. Und ich will es auch gar nicht.

Hartmut tauge nichts, wie schon sein Vater, er könne nicht mit Geld umgehen und überhaupt würde der das nur tun, um ihn zu ärgern. So spricht er immer wieder.

Hella bleibt hart. Sie trifft sich weiter mit ihm, geht am Wochenende mit ihm und anderen in die Disko oder sonst wo hin, bleibt manchmal bis spät in die Nacht. Er bekommt es oft nicht mit, weil er am Wochenende ja meist an seinen Teichen lebt. Aber es wurmt ihn ständig. Er geht sogar so weit, böse und widerliche Geschichten über Hartmut und Hella zu erzählen, die andere ihm angeblich berichtet haben. In Wirklichkeit will er nur mit allen Mitteln diese Sache verhindern und ahnt doch, dass es ihm möglicherweise nicht gelingen wird.

Es ist bereits dunkel, als sich eines Freitagabends das Thema dramatisch zuspitzt. Es geschieht etwas sehr Schlimmes.

Im Hausflur kommt es wieder zu lauten Diskussionen mit Hella. Widerwärtige Worte schleudert er ihr entgegen und sie bleibt hart. Er hat getrunken und ist furchtbar wütend. Eigentlich hat er sich schon umgezogen und will in sein Wochenendhaus. Das schmale Luftgewehr hat er in der linken Hand und stößt brutale, harte Drohungen aus. Ich stelle mich vor Hella und sage, er soll an die Teiche gehen und uns in Ruhe lassen. Mutter steht weiter hinten an der Küchentür. Sie weint und jammert, dass er doch

aufhören soll. Das führt nur wieder einmal dazu, dass er sich noch mehr in seinen Zorn hineinsteigert. Mit der rechten Hand holt er aus und schlägt Hella mitten ins Gesicht. Wir alle sind starr vor Schreck. Hellas Wut ist nicht beschreibbar.
„Dann gehe ich eben und komme nie mehr wieder!“, schreit sie ihn an.
„Verschwinde doch, du dreckiges Luder!“, tobt er und will erneut zuschlagen.
Hella geht auf die Haustür zu und so trifft er nur noch abgeschwächt. Ich halte ihn am Arm fest und schreie, er soll doch zur Vernunft kommen. Er schüttelt mich heftig ab. Nichts scheint mehr bei ihm durchzudringen. Er ist entschlossen, sie aus dem Haus zu prügeln. Hella ist schnell, reißt die Haustür auf, rennt die Treppe hinunter und ins Dunkel hinein.
„Da siehst du, was du angerichtet hast“, jammert unsere Mutter. „Du machst uns noch alle fertig mit deiner Wut.“
Was er denn dafür könne, schimpft er nur und dass wir uns nicht so haben sollen. Wir wären alle keinen Schuss Pulver wert und er habe die Nase voll. Zur Strafe für uns wolle er nun durch den Wald gehen und sich dort erschießen. Mutter wird bleich vor Schreck. Bei ihr erreicht er es immer wieder, dass sie Angst um ihn bekommt und sich ihm völlig unterwirft.
„Mach das nicht!“, ruft sie. „Mach das nur nicht! Du hast kleine Kinder und versündigst dich noch.“
„Ist mir scheißegal, was du da jammerst. Ich geh jetzt und dann wirst du schon sehen!“
Er nimmt das Luftgewehr fest in die Hand und stampft mit harten Schritten aus der Haustür und die Treppe hinunter. Oben auf dem Flur steht Dunja und zittert.
„Ist er weg?“, fragt sie nur und weint ein wenig.
Ich gehe die Treppe hoch, beruhige sie und bringe sie wieder ins Bett. Peter dreht sich in seinem Bett um. Er ist wach, sagt aber

nichts. Er hat es sich zur Angewohnheit gemacht, die Decke über den Kopf zu ziehen und so zu tun, als würde er nichts mitbekommen. Sein Vater ist ja oft sehr freundlich zu ihm und gibt ihm das Gefühl, der Kronprinz zu sein. Er zieht ihn in allem vor und gibt ihm durch Worte und Taten das Gefühl, der wichtigste Mensch in dieser Familie zu sein, gleich nach ihm selbst. Dass er auch ganz hart und brutal sein kann, merkt Peter wohl, versucht es aber auszublenden. Beides zusammen zu denken, ist für den Kleinen in dieser Zeit noch zu schwer.

Als ich wieder herunterkomme, finde ich Mutter in der Küche. Zusammengesunken sitzt sie auf einem Stuhl und weint.

„Dass er auch immer so eine furchtbare Wut bekommen muss", klagt sie. Wohin das wohl noch führen würde und dass er uns am Ende noch alle ins Unglück stürze.

Sie schaut mich an und sagt: „Der tut sich noch was an! Du musst ihm nachgehen!"

Ich erschrecke zutiefst.

„Ich muss Hella suchen", sage ich. „Draußen ist es kühl und es regnet. Wer weiß, wohin sie jetzt gelaufen ist. Ich hab Angst um sie."

„Ja, ja", sagt sie. „Aber er wird sich am Ende etwas antun. Fahr ihm nach mit dem Rad. Er geht bestimmt über den Waldweg zu den Teichen. Schnell, fahr ihm jetzt nach!"

Ich weiß, sie hängt sehr an Hella. Aber jetzt sorgt sie sich mehr um ihn. Irgendwie kann ich das nicht ertragen.

„Soll er sich doch umbringen, dann ist endlich Ruhe", entgegne ich genervt. „Er macht das ja doch nicht, er setzt uns damit immer nur unter Druck."

„Und wenn er es diesmal doch tut", antwortet sie. „Dann machst du dir auch Vorwürfe, du hättest nicht alles getan, um ihn davon abzubringen."

„Ich suche jetzt erst einmal Hella."

Sie lässt nicht ab. „Geh ihm nach, bitte, geh ihm nach und beruhige ihn, dass er sich nichts antut."
Auch diesmal gebe ich nach und fühle mich elend dabei.
Es fällt mir zu schwer, mich gegen sie durchzusetzen, wenn sie mich so eindringlich bittet. So geht es immer wieder einmal und ich tue schließlich, was sie sagt.
Ich ziehe meinen Anorak an, gehe hinaus, hole mein altes schwarzes Herrenrad und schwinge mich drauf. Das Licht ist kaputt und es ist dunkel. Die Dorfstraße kenne ich und die Straßenlampen sind an. Der Waldweg ist kürzer und er ist zu Fuß unterwegs. Mit dem Rad fahre ich zum Dorf hinaus. Es wird dunkler. Die Straße ist nass und schluckt das Mondlicht.
Ich kenne mich gut aus. Aber im Dunkeln ist alles unheimlich. Jetzt sehe ich vorne die Baumreihe und weiß, dass gegenüber der Feldweg links abbiegt, der zu unserem Grundstück führt. Vorsichtig fahre ich hinein. Ich muss langsam fahren, um nicht vom Weg ab zu kommen. Die Umrisse rechts und links zeigen mir etwa, wo ich bin. Gerade höre ich links den kleinen Graben plätschern. Nun steige ich ab und schiebe mein Fahrrad das letzte Stück. Da höre ich, wie jemand vorne an der Ecke zum Wald hin läuft. Das muss er sein. Ich habe etwas Angst, gehe langsam weiter. Wieder höre ich seine festen Schritte. Er muss kurz vor dem Türchen zu unserem Gelände sein.
Unsicher bin ich jetzt, was ich tun soll und wie ich mich ihm nähern soll. Dann entscheide ich, ihn anzusprechen.
„Papa!", rufe ich in seine Richtung.
„Papa, ich bin es, hörst du?"
Er gibt keine Antwort, aber ich höre, wie er vor sich hin brummt.
„Ich bin es nur!", rufe ich erneut.
„Mama schickt mich. Ich wollt nur mal gucken, wie es dir geht."
Er antwortet nicht.

Nun bin ich stehen geblieben und halte mich am Lenker meines Rads fest.

Plötzlich höre ich einen heftigen Knall und höre im gleichen Moment, wie eine Kugel nah an meinem Kopf vorbei zischt.

Ein unbeschreiblicher Schrecken durchzuckt mich von Kopf bis Fuß. Blitzartig werfe ich mich auf den Weg mitsamt meinem Fahrrad. Irgendwie habe ich meinen Fuß eingeklemmt. Er tut sehr weh. Aber viel größer ist die Angst, er könne weiter schießen und mich am Ende noch erwischen. Mein Herz schlägt bis zum Halse. Tränen laufen über mein Gesicht.

Ich rieche die feuchte Erde unter mir und mich überkommt ein Elendsgefühl, wie es größer nicht sein könnte. Was für ein Wahnsinn, was für eine Qual mit dieser Familie. Wenn ich nur weg könnte von diesen Menschen, ganz weit weg.

Jetzt höre ich, wie die alte Eisentür quietscht. Er ist auf dem Weg zum Häuschen. Ich hebe den Kopf leicht an, sehe, dass das Licht im Haus angeht.

Nun traue ich mich, vorsichtig aufzustehen. Irgendwie bekomme ich meinen Fuß frei und stehe kurz darauf wieder auf meinen Beinen. Rasch wende ich das Rad, steige auf und fahre zurück, so schnell ich kann bei der Dunkelheit. Ich bin fast wieder auf der Landstraße, als ein Auto vorüber fährt. Die Scheinwerfer helfen mir, mich zu orientieren.

Ich trete kräftig in die Pedale, obwohl der rechte Fuß noch heftig schmerzt.

In mir ist Wut über meine Mutter, die mich in so eine Situation bringt. Nie wieder mache ich so etwas, denke ich bei mir. Da kann sie nun jammern, wie sie will. Und ich ahne es schon: Wenn ich ihr berichte, was vorgefallen ist, wird sie es mir wieder einmal nicht glauben.

Als ich nahe am Dorf bin, denke ich wieder an Hella. Wo mag sie sein in dieser dunklen Nacht? Intuitiv fahre ich ganz langsam und

schaue mich genau um, so gut es geht. Und tatsächlich: In einem Hauseingang bewegt sich etwas. Ich bleibe stehen und sehe Hella. Schnell stelle ich mein Rad an die Hauswand und gehe auf sie zu. Ich umarme sie und wir weinen beide etwas. Ich bin so froh, dass sie da ist. In ihrem Weinen ist noch viel Trotz und Wut.
„Da geh ich nie mehr hin“, sagt sie.
„Aber er ist unten an den Teichen. Er kommt heute nicht mehr heim“, versichere ich ihr.
Es dauert ein Weilchen, bis ich sie überzeugen kann, wieder mit heim zu gehen und erst einmal zu schlafen. Dass wir zur Sicherheit ja auch noch abschließen und den Schlüssel stecken lassen können, erkläre ich. Sie willigt ein.
Ich nehme mein Rad und wir gehen zusammen zu Fuß den Weg nach Hause.
Dabei erzähle ich Hella, was vorgefallen war.
„Er hat tatsächlich auf mich geschossen!“, sage ich noch immer völlig fassungslos. „Er hat einfach in meine Richtung geschossen, dabei habe ich doch gerufen nach ihm.“
Hella nickt nur.
„Ich hab den Schuss gehört“, sagt sie.

Ja, natürlich ist unsere Mutter erleichtert, als sie uns beide wieder durch die Haustüre kommen hört. „Gott sei Dank, da seid ihr ja“, ruft sie. Wir setzen uns zu ihr an den Küchentisch. Schnell, viel zu schnell fragt sie nach ihm. Langsam berichte ich das Erlebte. Mir zittern Hände und Knie.
„Gerade noch mal Glück gehabt“, sage ich zum Schluss. „Das hätte auch anders ausgehen können.“
Jetzt kommen mir die Tränen. Auch Hella hat verweinte Augen, sicher vom Schmerz über die Schläge von ihm, über die Ungerechtigkeit und Bosheit, die Härte, die ihr widerfahren ist. Trotz ist auch in ihren Augen zu lesen.

Das war zu viel und das war nicht so einfach wegzuwischen.
„Ach was, das kann doch nicht sein“, sagt Mutter. “So etwas tut er doch nicht. Er würde doch nie seine Kinder gefährden.“
„Tut er doch“, sage ich nur müde und unter Tränen. Hella nickt kräftig.
Sie bleibt dabei an diesem Abend. Er täte das nicht. Hella und ich gehen in unsere Betten, nicht, ohne noch genau zu kontrollieren, dass die Haustür zugeschlossen ist und der Schlüssel von innen steckt.
Wochen später sagen wir es ihr wieder. Beharrlich schildern wir, was wir erlebt haben an diesem Abend. Wir merken, langsam beginnt sie, es zu realisieren und uns zu glauben.
Sie sagt: „Das dürft ihr ihm aber nie sagen, sonst tut er sich noch was an. Das glaubt der selbst nicht, dass er das getan hat.“

Später hat sie es noch öfter gesagt in verschiedenen Zusammenhängen. Immer ging es um böse Dinge, die er gesagt und getan hatte. Wir merkten es schon, dass er nach einem Wutausbruch, nach Schlägen oder schlimmsten Worten so tat, als ob das alles gar nicht geschehen sei, er ein guter Vater und Ehemann sei und es ja immer nur gut meine. Immer sagt sie dann: „Sagt ihm das um Himmels Willen nicht mehr, was er getan hat, was er gesagt hat. Der weiß das vielleicht selbst nicht mehr. Und wenn, dann könnte der das gar nicht ertragen; der würde sich bestimmt was antun.“
Heute denke ich, dass er oft genau wusste, was er gesagt und getan hatte, dass er aber wollte, dass wir es vergessen und ihm glauben, dass er längst alles vergessen hat. Er deutete auch an, dass Schlimmes geschehen könnte, wenn jemand ihn erinnere.

Wir bemerkten, wie unsere Mutter ihn schützte, obwohl sie doch auch so viel leiden musste durch ihn. Sogar Wirklichkeit verleugnete sie immer wieder, weil sie die nicht ertrug und sie nicht in ihre Welt passte.

Bis zum letzten Tag ihres Lebens würde sie ihn schützen - wider besseres Wissen.
Sie sorgte für ihn und schützte ihn auch dann noch, als sie alt und schwach war und damit eigentlich überfordert. Schicksalsergeben hatte sie sich von Jugend an in diese Rolle begeben und niemals mehr dort herausgefunden, auch dann nicht, wenn es um ihre Kinder ging.

Als sie einfach keinen Ausweg mehr wusste und es alleine rein physisch schon nicht mehr schaffen konnte, ihn zu schützen, ihm zu dienen und ihn zu versorgen, da hörte ihr Herz auf zu schlagen vor lauter Sorge, Ausweglosigkeit und unter dem Druck, dem sie ausgesetzt war durch die vermeintliche Aufgabe, ihn pflegen zu müssen in schwerster Situation. Diesen mächtigen Druck verstärkte noch heftig ihr Jüngster, ihr Sohn, dem sie auch früh schon Macht und Freiheiten zugestanden hatte, die sie ihren Töchtern grundsätzlich verwehrte. „Ich sehe nicht ein, wieso sie bis neun Uhr schlafen muss. Sie kann früh aufstehen und ihn versorgen. Sie jammert auf hohem Niveau. Mir kommt hier niemand ins Haus, der richtig hier wohnt und den Vater pflegen hilft." Das waren Peters Worte. Er war davon überzeugt, die Macht dazu zu haben.
Sie war hilflos, verzweifelt, voller Angst, das alles nicht mehr zu schaffen. So stark war der Druck und die Angst, dass sie umfiel und starb.
Das war ihr einziger Weg, sich einer Überforderungssituation zu entziehen, die sie selbst im Laufe der Jahre mit entwickelt hatte. Wir

sahen es kommen, machten hilflose Versuche, sie herauszunehmen aus dieser Enge. Hella redete heftig auf sie ein, dass sie doch Peter deutlich erklären müsse, sie schaffe das alles nicht. Sie sollte es Peter gegenüber aussprechen, damit wir handeln könnten. Natürlich konnte und wollte sie es nicht. Wie sollte sie jetzt plötzlich können, was sie niemals entwickelt hatte. Ein Leben lang hatte sie nie gelernt, sich auch einmal klar selbst zu vertreten, - auch gegen den Willen ihres Mannes und ihres Sohnes. Das alles zu erleben, war furchtbar, machte unendlich wütend und tief traurig zugleich.

Dass er sich etwas antun wird, wiederholte sie damals oft nach dieser Nacht, in der er Hella aus dem Haus geprügelt und wenig später blindlings auf mich geschossen hatte. Dadurch hält sie uns zurück. Wir sollen nichts sagen, nicht nachfragen, warum er so etwas tut. Wir sollen schweigen, es möglichst vergessen. Was uns dadurch geschieht, was wir angetan bekommen durch all dies, das verdrängt sie wiederum, das will sie nicht in den Blick nehmen.
Dass Frauen und Mädchen schicksalsergeben ganz vieles einfach ertragen müssen, hat meine Mutter mir schon früh vermittelt; - und, dass Überforderung dauerhaft und selbstverständlich zu meinem Leben gehört, wie die Luft zum Atmen, das war auch eine Botschaft von ihr.
Dieses Muster habe ich sehr lange schmerzvoll gelebt und erlitten. Viel zu lange.

Krankes Irmchen

Dafür gibt es unzählige Beispiele. Eines davon erzähle ich, weil es so unsagbar schwer und hart war, dass ich als Jugendliche bis an den äußersten Rand meiner Kräfte gebracht wurde. Und wieder bemerkte sie es nicht.

Irmchen, die Tochter von Tante Trudi und dem schrecklichen Onkel Egon wird eines Tages sehr krank. Irmchen ist gerade siebzehn geworden und hat kürzlich die Pille verschrieben bekommen. Unsere Mutter hat das berichtet und erklärt, sie wäre so verrückt auf Männer und hätte auch schon einen Freund. Da hätte es keinen anderen Weg mehr gegeben. Irmchen wäre ja sehr naiv und könnte nicht richtig auf sich aufpassen. Natürlich lässt unsere Mutter keinen Zweifel daran, dass sie das missbilligt, aber die Notwendigkeit einräumen muss.

In diesen Tagen kommt plötzlich Tante Trudi und jammert, dass das Irmchen so komische, unkontrollierte Bewegungen mit dem Arm mache. Verwundert und unsicher schaut unsere Mutter Tante Trudi an. Dann bekomme ich den Auftrag, nachzusehen, was da wäre. Mit dem Rad fahre ich in die Alte Gasse, in der Irmchen wohnt. Als ich in das Wohnzimmer komme, erschrecke ich und bin im ersten Moment recht hilflos. Tatsächlich zuckt der rechte Arm alle paar Sekunden stark, schnellt etwa zwanzig Zentimeter in die Höhe und fällt wieder herunter.

„Warum ruft ihr keinen Arzt?“ frage ich Irmchenoma, die am Tisch sitzt. Inzwischen ist auch Tante Trudi wieder eingetroffen.

„Ja, was meinst denn du?“, fragt sie mich aufgeregt. „Geht das wohl so wieder weg? Ich dachte, die macht wieder mal Dummheiten und will mich foppen.“

„Das glaube ich nicht“, entgegne ich. „Das muss irgendwas mit dem Gehirn zu tun haben.“

Es ist mir klar geworden, dass das so sein müsse.

„Ruf ganz schnell einen Arzt an. Der muss kommen und sich das anschauen. Wahrscheinlich muss Irmchen ins Krankenhaus."
„Ach, du liebe Zeit, so schlimm ist das?", antwortet Tante Trudi.
„Ja siehst du nicht, dass es schlimmer wird? Beeil dich!"
Tante Trudi rennt zum Kaufladen nebenan. Dort kann sie telefonieren.
In der Tat schnellt Irmchens Arm von Minute zu Minute etwas höher in die Luft.
Heftige Angst befällt mich. Es dauert, bis der Arzt kommt. Inzwischen schlägt Irmchens Arm ganz heftig aus bis über den Kopf. Der Arzt ruft sofort einen Krankenwagen.
Heute noch sehe ich, wie sie eilig auf eine Trage kommt und einigermaßen fixiert wird, wobei ihr Arm doch unbedingt um sich schlagen will. Es ist furchtbar anzusehen.
Aufgeregt und zittrig setze ich mich aufs Rad und fahre heim. Dort berichte ich das Geschehen.
„Ach, du liebe Zeit", sagt unsere Mutter. „Das ist ja eine schlimme Geschichte."
Die anderen sagen gar nichts. Wenn sie mich nur einmal in den Arm genommen hätte, weil es so furchtbar gewesen war, aber auch diesmal kommt sie nicht auf diesen Gedanken.
Die folgenden Monate werden für mich zur reinen Odyssee.
Jeden Tag muss ich mit dem frühen Bus um sechs in die Großstadt fahren zur Schule.
Dort mache ich eine Ausbildung im sozialen Bereich.
„Du bist jeden Tag in der Stadt, da kannst du auch das Irmchen in der großen Klinik besuchen."
So wird es gesagt und beschlossen. Was das für mich bedeutet, wird nicht bedacht. Es bedeutet, dass ich von nun an mehr als sieben Monate mindestens zweimal die Woche nach der Schule am Nachmittag durch die ganze Stadt laufen muss, weil die Klinik ganz am anderen Ende liegt. Es dauert lange und ich muss mich

viel durchfragen, bis ich diese Klinik endlich gefunden habe. Abteilung Neurologie. Enge Treppen, vorbeihuschende Schwestern, die gelegentlich etwas verwundert schauen, weil da ein junges Mädchen immer wieder kommt und sonst nicht viele. Ja gewiss, auch unsere Mutter besucht Irmchen ab und an. Und Tante Trudi schafft es gelegentlich auch, aber selten. Immer, wenn es irgendwas zu regeln gibt, mitzunehmen, zu bringen, zu erfragen, dann bekomme ich diese Aufträge. Es fällt mir schwer, in der Schule mitzuhalten, weil ich häufig müde bin. Komme ich doch wegen Irmchen so oft arg spät nach Hause, steige gegen halb acht abends aus dem letzten Bus und muss bereits morgens um sechs wieder an der Haltestelle sein. Hausaufgaben schaffe ich nicht mehr richtig und bin traurig darüber, weil mir eigentlich die Schule ja Spaß macht und ich gerne dort bin.

„Nimm morgen den frischen Schlafanzug mit; besorg ein Stück Kuchen; frag mal einen Arzt, was das Irmchen denn hat…“, so lauten meine Aufträge.

Irgendwann gehe ich ins Schwesternzimmer und frage nach einem Arzt, der mir erklären kann, was Irmchen hat. Tatsächlich kommt ein Arzt nach einiger Zeit und wundert sich über seine junge Gesprächspartnerin. Er fragt nach Irmchens Eltern. Ich erkläre die Lage, so gut ich kann. Die können eben nicht kommen. Die verstehen das alles nicht richtig.

Einen Augenblick lang schaut mich der Arzt über den Brillenrand an, dann sagt er, ich soll mich setzen. Er wolle versuchen, mir zu erklären, was mit Irmchen ist.

Dass es etwas mit dem Gehirn sein musste, ahnte ich bereits. Nun erklärt mir der Arzt, der auch Professor ist, dass Irmchen keine Hirnhautentzündung habe, wie man öfter mal hören könne. Sie habe vielmehr eine richtige Hirnentzündung. An einer Stelle ihres Gehirns sei wohl schon von Geburt an etwas krankes Gewebe gewesen, was aber verkapselt war und so keinen Schaden anrichten konnte. Dadurch allerdings, dass Irmchen seit einigen Monaten die Pille einnehme, habe sich diese Verkapselung geöffnet und die Entzündung an dieser Stelle herbeigeführt. Auf einem Blatt Papier zeichnet der Arzt mit einem Kuli in groben Zügen auf, was er mir erklärt.

Ob sie denn wieder gesund würde, frage ich ihn. Er blickt mich ernst an.

„Das ist sehr ungewiss“, sagt er langsam.

Solche tiefer liegenden Entzündungen wären wohl mit Medikamenten aufzuhalten, aber richtig auszuheilen, da bestünde kaum eine Chance. Sie könne immer wieder Anfälle bekommen. Dabei würden wieder Gehirnzellen absterben. Sie würden alles tun, damit die Krankheit Ruhe gibt, aber das wäre schwierig und würde lange dauern.

Als ich an diesem Abend heimkomme, ist zufällig auch Tante Trudi noch bei uns.

Ihr und meiner Mutter berichte ich, was der Arzt gesagt hat.

Meine Mutter schüttelt besorgt den Kopf.

“Hoffentlich bringen sie sie wieder einigermaßen zurecht, damit sie wenigstens nach Hause kann“, sagt sie.

Tante Trudi nickt und sagt: “Ach, das wird doch wieder werden, nicht wahr...“

„Ich weiß es nicht“, sage ich mit Tränen in den Augen.

„Ach gewiss, das wird schon“, wiederholt sie erneut und schaut dabei meine Mutter an.

Es ist sehr schwierig und es dauert lange. Woche um Woche besuche ich Irmchen und mache diesen langen Marsch von dem einen Ende der Stadt zu dem anderen. Mehr als fünfundvierzig Minuten dauert das. Mit den Stadtbussen kenne ich mich nicht aus. Mutter hat außerdem gesagt, dass dafür kein Geld da sei. Immer

wieder erwähnt sie, dass meine Monatskarte in die Stadt ja schon so viel koste.
Inzwischen kennen mich viele dort auf der Station. Eine junge Schwester sieht meiner Englischlehrerin sehr ähnlich. Tatsächlich ist es ihre Tochter. Ihr Namensschild verrät es.
Zwei Erlebnisse aus dieser Zeit sind mir in besonderer Erinnerung.

Morgens im Bus erzählen sich Leute, dass ein Professor erschossen worden sei im Treppenhaus der Klinik. Die Mutter eines Patienten sei die Täterin. Als ich zwei Tage später wieder zu Irmchen komme, ist ein Stück des Treppenhauses noch abgesperrt. Sobald ich oben auf der Station bin, wird mir klar, dass es sich tatsächlich um den freundlichen Arzt handelt, der auch ein Professor war und der mir vor einiger Zeit die Krankheit von Irmchen erklärt hat. Sein Foto hängt mit Trauerflor im Flur. Irmchen selbst berichtet mir mit wichtiger Miene von dem schrecklichen Unglück. Allerdings spricht sie so darüber, als wolle sie empört berichten, der Nachtisch sei versalzen gewesen. So ist sie eben.
Die andere Begebenheit hat mit Julia zu tun. Julia ist eine Mitpatientin von Irmchen. Sie liegt im Bett gegenüber, hat immer Infusionen an, wird künstlich ernährt über eine Sonde am Hals. Dort ragt ein Schlauch hinein. Sie kann deshalb auch nicht sprechen und liegt nur immerzu da. Das einzige, was sie tun kann, ist Musik hören. Sie hört Musik über Kopfhörer vom Kassettenrecorder. Der steht auf ihrem Nachttisch. Es sind englische Texte. Irmchen berichtet voller Anerkennung, dass Julia die englische Sprache gut verstehen kann. Ich begrüße Julia auch immer, wenn ich ins Zimmer komme und nicke ihr freundlich zu. Sie lächelt. Eines Abends im Winter, als ich wieder einmal an Irmchens Bett sitze, höre ich gegenüber ein merkwürdiges Gurgeln und Gluckern. Ich drehe mich um und erschrecke furchtbar. Aus dem

Schlauch, der in Julias Hals führt, steigt Blut hoch. Daneben spritzt auch Blut aus der Öffnung. Sofort renne ich ins Schwesternzimmer und rufe um Hilfe.
„Schlimm?", fragt die einzige Schwester, die gerade dort ist.
„Ja, ganz furchtbar schlimm!", schreie ich fast und jetzt merkt sie, dass es wohl doch ernst ist.
Sie ruft einen Arzt und rennt schnell ins Zimmer. Ich laufe hinterher. In Windeseile stellen sie einen Sichtschutz vor Julias Bett auf. Ich muss das Zimmer verlassen und heimgehen, sagen sie. Ich nehme meine Tasche und gehe.
Nachdenklich laufe ich die Straße hinunter Richtung Bahnhof. Dabei bete ich ganz innig und eindringlich. Ich bitte Gott, dass alles gut geht mit Julia und ihr nichts Schlimmes passiert. Zu Hause erzähle ich davon.
„Ach, wie schrecklich", sagt meine Mutter. „Was es alles gibt!"
In dieser Nacht kann ich einfach nicht richtig einschlafen. Immerzu denke ich an Julia und wie das Blut aus der Halsöffnung spritzt. Viele Nächte träume ich noch davon. Einige Tage später, als ich wieder zu Irmchen gehe, ist mir bange zumute. Gleich, als ich das Zimmer betrete, merke ich, dass das linke Bett leer ist. Irmchen berichtet, dass Julia an dem Abend noch gestorben sei. Sie habe einen Blutsturz gehabt.

Es vergehen noch etwa vier Wochen, dann kann Irmchen endlich wieder heim. Im Krankenwagen wird sie gebracht.
Es dauert nicht lange und Tante Trudi kommt wieder zu uns gelaufen. Aufgeregt berichtet sie, dass man in der Klinik vergessen habe, Irmchen ihre Medikamente mitzugeben. Und Irmchen selbst habe auch nicht daran gedacht.
„Wir haben doch kein Auto", sagt unsere Mutter und zuckt mit den Schultern. Wer denn da mal helfen könnte, fragt Tante Trudi

und beißt sich in die rechte Faust. Das tut sie oft, wenn sie nicht weiter weiß und sehr nervös ist. Nun sieht sie mich an.
„Du weißt vielleicht jemanden?“
Ja, ich weiß vielleicht jemanden, aber es fällt mir schwer, jemanden zu bitten.
„Vielleicht würde der Pfarrer…“, beginne ich vorsichtig.
Unsere Mutter hat es normalerweise nicht so gerne, wenn ich ab und zu vom Pfarrer und seiner Familie rede. Sie merkt, dass ich diese Menschen mag und ist unsicher, was ich da vielleicht erzählen könnte über daheim. Aber in der Not…
„Na ja“, sagt sie, „wenn du meinst, der würde fahren.“
Ich ziehe wieder meinen alten Anorak an und laufe durchs Dorf hinauf zum Pfarrhaus. Der Pfarrer ist nicht da, aber sein Sohn, der schon älter ist. Der erklärt sich bereit, mich zu fahren. Alles geht zügig. Wie schnell man doch da ist, wenn man mit dem Auto fährt. Am frühen Abend sind wir zurück und ich übergebe Tante Trudi die Medikamente für Irmchen. Ein Plan ist auch dabei. Auf dem steht genau, wann welches Medikament genommen werden soll.
Tante Trudi atmet erleichtert auf. Wer es mit dem Auto geholt hat, fragt sie schon gar nicht mehr. Dabei waren wir mehr als anderthalb Stunden unterwegs.
Wieder daheim berichte ich kurz. „Na Gott sei Dank“, sagt unsere Mutter nur.
Hella sagt: „Was für‘n Glück.“ Sie hat irgendwie begriffen, dass das eine ernste Sache ist mit Irmchen und dass die Medikamente sehr wichtig sind. Ich merke, dass sie manchmal ein mitleidiges Herz hat.
Irmchen ist zuhause, kann aber viel schlechter gehen, muss sich überall festhalten, ist sehr verdrießlich und launisch sowieso.

Endlich, endlich ist diese schwere Zeit vorbei, in der ich so oft in die große Klinik gehen musste und immer erst spät am Abend heim kam.

Bienenotto

Nun bin ich meist wieder mit dem Nachmittagsbus zuhause. Das empfinde ich als sehr erleichternd. Nur im Winter ist es morgens so anstrengend. Früh aufstehen ist schwer.
Um halb sechs fährt der einzige Bus bei uns ab, mit dem ich rechtzeitig um acht Uhr in der Schule bin. Die liegt am Stadtrand der Kreisstadt und ich muss ziemlich lange laufen von der Bushaltestelle aus. Stadtbus kommt nicht infrage, haben sie daheim erklärt. Die Monatskarte vom Dorf in die Stadt koste schon Geld genug.
In der Nachbarschaft gibt es zwei Mädchen und einen Jungen, die auch früh morgens in die Stadt fahren müssen. Die haben es aber leichter. Sie können später fahren, was daran liegt, dass ihre Väter Autos haben und sie wöchentlich abwechselnd vierzig Minuten später in die nahe Kleinstadt bringen. Von dort aus fährt ein Bus, der noch zeitig genug in der Kreisstadt ankommt. Irgendwann sagt eines der Mädchen zu mir, ich könne doch mit ihnen fahren. So könnte auch ich etwas später aufstehen. Das Angebot freut mich sehr, aber ich bin unsicher. Wir haben kein Auto... Das sei kein Problem, versichert Elke, die Kaufmannstochter. Sie habe mit ihrem Vater gesprochen. So ist es dann auch. Der Kaufmann ist freundlich zu mir, wie fast immer, wenn ich ihm begegne. Er fährt uns mit seinem breiten Auto, einem Mercedes, in wenigen Minuten in die Kleinstadt.
Auch der wortkarge Friedrich von nebenan nickt mir freundlich zu, als ich eine Woche später komme. Er ist der Vater von Ottmar. Sie haben einen VW Käfer. Aber vier Mitfahrer passen auch hier gut hinein, drei hinten und einer vorn neben Friedrich.

In der dritten Woche fahren wir mit Brigittes Vater. Sie wohnen nur drei Häuser hinter uns in der Straße. Was dieser Mann beruflich macht, weiß ich nicht, aber alle nennen ihn Bienenotto. In seinem Garten hat er nämlich Bienenstöcke und verkauft Honig. Als ich morgens zu ihnen komme, schaut er mich von oben bis unten an. Dann sagt er, dass er mich nicht mitnimmt. Mein Vater würde ja nicht fahren können. Außerdem würden wir ja nicht alle in sein Auto passen. Zutiefst getroffen drehe ich mich um und laufe heim.

Er hat auch einen VW Käfer und natürlich passen alle hinein. Als ich heimkomme, kann ich die Tränen nicht zurückhalten. Der frühe Bus ist weg. Wenn ich den nächsten um halb acht nehme, komme ich über eine Stunde zu spät zur Schule.

„Dann erklärst du das in der Schule eben“, sagt meine Mutter. „Sie werden dir schon nicht den Kopf abreißen. Schließlich bist du sonst immer pünktlich, obwohl du es so weit hast.“

Sie hat gut reden, denke ich. Ihr sind solche Dinge auch immer ganz furchtbar unangenehm.

Ich weine noch immer.

„Warum hat er das nur gesagt?“, frage ich. „Wir haben doch da alle reingepasst.“

„Wir sind dem nicht fein genug“, erklärt sie. Halblaut ergänzt sie: „Dabei braucht gerade der sich schon mal gar nichts einzubilden.“ Laut sagt sie dann: „Er kann eben deinen Vater nicht leiden.“

Es tut weh, nicht fein genug zu sein. Diese Worte fallen öfter. Immer treffen sie mich tief.

An diesem Morgen komme ich eine Stunde zu spät in die Schule. Das ist mir peinlich. Ärger bekomme ich aber zum Glück nicht. Die Lehrerin nickt nur und bald ist die Sache vergessen.

Von dem Tag an fahre ich wieder mit dem frühen Bus. Niemand spricht mich jemals wieder darauf an. Elke, Ottmar und Brigitte sehe ich nicht oft. Wenn wir uns einmal begegnen, sind Elke und

Ottmar freundlich, ohne die Sache jemals zu erwähnen. Brigitte allerdings meidet den Kontakt, redet nicht mit mir, schaut in eine andere Richtung, wenn sie mich sieht.

Bienenotto hatte mich sehr verletzt. Es war ein ähnliches Gefühl wie vor Jahren, als der Kollege meinem Vater abends im Arbeitsbus gesagt hatte: „Da hast du aber eine richtige Herbstkatze".

Mein Name

Ich bin Marie.
Für einige im Dorf sind wir nicht fein genug.
Das bemerke ich früh und es schmerzt mich immer wieder. Zuhause allerdings wird öfter über andere Leute geredet. Unser Vater stellt es besonders heraus, wenn in Familien so einiges geschieht, worüber man die Nase rümpfen kann. Den Bienenotto, ja gerade den kann man an vielen Abenden laut schreien hören über drei Gärten hinweg. Er trinkt und schreit dann mit seiner Frau. Manchmal schlägt er sie wohl auch.
Unser Vater mag es, sich da abzuheben und erklärt uns, dass das ja schlimme Zustände sind bei den anderen und um wie viel besser es doch bei uns ist. Was bei uns alles geschieht, das verdrängt er. Er tut, als sei alles in bester Ordnung, von einigen Kleinigkeiten abgesehen. Hella und ich sehen uns in solchen Situationen vielsagend an. Wissen wir es doch so viel besser. Aber wir dürfen ja nichts sagen, nichts andeuten. Das müssen wir unserer Mutter immer wieder hoch und heilig versprechen.

Ja, etwas Besseres sein wollen oder auch nur in den Verdacht geraten, das ist gar nicht gut und erntet in unserer Familie bittersten Spott.

Ich bin Marie und habe bereits mit zweieinhalb Jahren völlig unerwartet etwas Sonderbares erlebt auf der Treppe damals, das ich niemals vergessen habe. Irgendetwas mit mir ist besonders.
Allerdings hat das nicht das Geringste damit zu tun, zu glauben, etwas „Besseres“ zu sein.
Im Gegenteil. Ganz oft in meinem frühen Leben fühle ich mich elend, klein und völlig unbedeutend. Schwach erlebe ich mich und so ganz und gar nicht wertgeschätzt in dieser Welt und dem,

was meine Welt ist. Aber tief in mir drinnen entsteht ganz früh eine Ahnung, vielleicht sogar ein gewisses Bewusstsein darüber, dass es mit mir etwas Besonderes auf sich haben könnte. Ich ahne auch, dass es womöglich gerade deshalb oft so außergewöhnlich schwer ist…und werden würde. Wenige, aber ausgesprochen tiefe Glücksmomente gehören offenbar auch dazu, die gleichsam mitten aus tiefstem Schmerz heraus geboren werden und hervorkommen können. Das erahne und erlebe ich seltsamerweise auch in dieser ersten Zeit.
Über vieles hinaus kann ich denken und empfinden. Es ist schwer, dieses Bewusstsein zu beschreiben. Manchmal berühren mich Welten, von denen viele andere offenbar gar nichts ahnen. Das erlebe ich als schmerzlich, als besonders schwer. Gleichzeitig merke ich immer mehr, dass i c h das bin - und wie das ist, ich zu sein. Und: dass es gar keine andere Möglichkeit gibt, als genau das zu sein.
Obwohl mir deutlich ist, dass das allem Anschein nach viel Leiden bedeutet und außergewöhnlichen Schmerz, bemerke ich jeden Tag mehr, dass darin auch eine besondere Stärke liegt, sich eine besondere Bewusstseinsebene entwickelt.
So tief zu erleben, wahrzunehmen, - das ist natürlich auch tieferer Schmerz, Entsetzen und Trauer. Wie oft denke ich in jungen Jahren, dass dies so unglaublich viel ist und mächtiger als das, was froh macht und hoffnungsvoll.

Im Laufe der Jahre zeigt sich mir aber noch etwas ganz anderes.

Es ist mir zugleich ja auch möglich, viel intensiver das Schöne und Wunderbare in den Menschen zu bemerken, ja in allem Leben wahrzunehmen.
Davon scheint es mir lange, lange Zeit viel weniger zu geben. An dunklen Tagen kommt der Gedanke noch heute.

Aber ich weiß auch, wie viel Hoffnung eine einzige kleine Blume machen kann, ein winziger Käfer, ein herzliches Lachen und ein ehrliches Wort.
Eine unsagbare Kraft hat das kleine, oft wenige Wunderbare gegenüber dem großen, mächtig erscheinenden Furchtbaren.
Ein Geheimnis sozusagen, das sich durch meine Kindheit zieht - und letztendlich durch mein ganzes bisheriges Leben.
Es waren ja immer nur kleinste, dünnste Lebensfädchen. Und doch konnte ich aus ihnen Gold spinnen, ohne es zu bemerken. So wenige kleine Körnchen von Liebe. Und doch reichen sie zum Überleben und dann auch zum Leben.
Nur das ist es, was ich erzählen und bezeugen kann und will.
Nur so weit will ich es berichten, wohl wissend, dass viele Menschen auch ähnliche und ganz andere schwere (und noch unvergleichlich viel schwerere) Erfahrungen gemacht haben in ihrem Leben. Und wie oft mag der eine oder die andere dann den Mut verloren haben, zu leben. Bitterkeit und Mutlosigkeit führen zu mancherlei fragwürdigen (aber durchaus verständlichen) Arten, damit umzugehen. Gelegentlich kommt es dazu, dass man andere und sich selbst beschädigt auf vielerlei Weisen.

Wahrhaftig, direkt und offen berichte ich von dieser ersten Lebensphase, weil ich ermutigen möchte, es nicht wegzuwerfen, nicht zu beschädigen, dieses wunderbare Leben, wie hart und lieblos es auch immer daherkommen mag.
Aus dünnsten Lebensfädchen ist es möglich, Gold zu spinnen. Wenige kleine Körnchen von Liebe reichen tatsächlich aus, um zu überleben - und irgendwann auch, um zu leben. Es ist wie ein Schatz, der nur ganz in der Tiefe geborgen werden kann.
Als Herbstkatze erscheine ich vielleicht heute noch manchen, - aber nur denen, die nicht tiefer zu sehen vermögen.

Ich bin Marie.
Über meinen Namen habe ich in meiner frühen Kindheit nicht weiter nachgedacht. Irgendwann erzählte meine Mutter, ich hätte eigentlich Monika heißen sollen. Sie kannte und mochte eine Monika aus der Nachbarschaft. Mein Vater hat sich zu diesem Thema gar nicht geäußert. Das solle meine Mutter machen, hat er gesagt. Es sei ihm egal.
Meine Oma war es, die das einzige Mal, von dem ich weiß, meine Mutter gebeten hat, etwas nicht zu tun. Ich solle doch besser Marie heißen. Meine Mutter folgte, warum auch immer, dem Rat. Heute noch fühle ich Dankbarkeit darüber, dass meine Oma damals das Wort ergriffen und mir meinen Namen gegeben hat.

Immer, wenn sie meinen Namen rufen, zucke ich zusammen. Das begleitet mich meine ganze Kindheit hindurch. Was habe ich jetzt zu erwarten? Schnell muss ich mich beeilen und kommen. Haben sie etwas von meinen Geheimnissen herausgefunden? Es sind kleine Geheimnisse, aber dennoch steigt immer wieder Angst in mir auf. Meinen geheimen Platz im Keller hinter dem Strohballen, - haben sie den entdeckt? Die kleinen Dinge, die ich dort versteckt habe und mit denen ich manchmal spiele, haben sie die gefunden? Das Buch hinter dem Bett, in dem ich heimlich lese, wenn ich eigentlich die Betten machen soll, - haben sie es gesehen? Haben sie gar mein kleines Notizbuch gefunden, in dem ich ganz persönliche Gedanken aufgeschrieben habe?
Ach nein, es ist wieder einmal nur ein Auftrag, den ich erledigen soll, - etwas holen oder wegbringen, zu jemandem hingehen und etwas ausrichten…
Dennoch, - immer, wenn sie meinen Namen rufen, durchzuckt es mich.

Viel später erst bemerke ich auch, dass sie ihn hart aussprechen, die erste Silbe betonen.
Irgendwann, als ich etwa zwölf Jahre alt bin, höre ich zum ersten Mal, wie mich jemand ganz anders beim Namen ruft. Es ist derselbe Name, aber er klingt ganz anders.

Die Blume

Hickelkästchen haben wir gespielt auf dem Bürgersteig gegenüber. Plötzlich geht mitten in unserem Spiel das Fenster über uns auf und Frau Blume mit den grauschwarzen welligen Haaren und dem zerfurchten Gesicht schaut zu uns herunter.
Es scheint, als habe sie geweint, denn ihr Gesicht ist feucht und glänzt ein wenig. In diesem Augenblick spüre ich, wie ihr Blick an mir hängen bleibt.
„Wer bist du? Ich kenne dich doch, oder?“, fragt sie.
„Ich wohne hier gegenüber“, antworte ich etwas ängstlich und deute hinüber auf die andere Straßenseite.
„Ja ja, du bist die Marie“, sagt sie.
Es hört sich so ganz anders an, als sie meinen Namen ausspricht. Sonderbar klingt es, fein und irgendwie bedeutungsvoll. Sie betont die zweite Silbe, als sie meinen Namen ausspricht. Das tut sie von diesem Tag an öfter.
„Marie!“, ruft sie manchmal laut und weinerlich über die Straße. Gelegentlich klingt es auch verzweifelt. Dann muss ich schnell kommen, meist ihr etwas einkaufen, manchmal auch Kleinigkeiten helfen oder auch nur zuhören.
Bin ich noch in der Schule, wenn sie ruft, geht meine Mutter schnell zur Haustür und ruft zu ihr hinüber, dass ich noch nicht da bin und sie mich später zu ihr schicken würde.
Meist hilft das, damit das Fenster wieder von innen geschlossen wird. Allerdings klappt es nicht immer. Es gibt Tage, an denen steht oder hängt sie stundenlang am Fenster und wiederholt immer ihre bekannten Verzweiflungssätze. Alles gute Zureden von vorbeigehenden Leuten kann sie dann nicht beruhigen oder gar trösten.
Die Verzweiflungssätze kenne ich beinahe auswendig.

„Ihr seid alle so verlogen, so verlogen die ganze Welt. Ihr meint, die Blume wüsste nicht mehr, was sie tut. Die Blume weiß genau, was sie tut. Ich bin so unglücklich, so unglücklich auf der Welt. Was ich durchgemacht habe, davon habt ihr ja keine Ahnung... So verlogen, so böse die Welt."

In dieser Art geht es fort und fort in vielen Stimmvarianten. Manchmal flüsterte sie nur vor sich hin und murmelt beinahe unverständlich. Dann wieder wird sie lauter und lauter, schreit und klagt verzweifelt.

„Marie!" - Ihr Rufen kann ich noch heute hören in meinen Erinnerungen.

„Was ich durchgemacht habe... So unglücklich...", dringt es auch damals an mein Ohr, an einem Tag, als ich gerade in der Küche beschäftigt bin. Zum ersten Mal darf ich alleine einen kleinen Kuchen backen. Mutter ist gerade im Keller. Begeistert bin ich bei der Sache, als ich plötzlich ihre Stimme höre. Schnell binde ich die Schürze ab, ziehe meinen Anorak an und eile über die Straße. Jetzt hat sie mich erblickt und ihre Stimme wird leiser.

„Ach Marie, da bist du ja. Komm nur, die Tür ist offen."

Die große schwere Holztür knarrt immer ein wenig, wenn ich sie öffne. Ein kalter Wind zieht an diesem Tag herein und ich schließe sie schnell wieder. Im Flur ist es recht dunkel und es riecht nach altem Holz und Bohnerwachs. Vier Stufen noch und da öffnet sie auch schon die Tür zum Wohnzimmer. Ich merke, dass sie wieder den Fernseher an hat.

„Komm, hier ist es warm", sagt sie und schließt die Tür hinter mir. Ob ich etwas für sie einkaufen soll, frage ich. Aber diesmal verneint sie.

„Setz dich und schau dir das an, schau dir das an", sagt sie mit Nachdruck. Sie zeigt auf den Fernseher. Ich sehe Männer mit runden Mützen, die auf Pferden über Hindernisse springen. Fragend schaue ich sie an.

„Josef Neckermann!“ ruft sie laut. „Sieh ihn dir nur genau an. Das ist der stolze Neckermann. Ein Dressurreiter. Jetzt hat er gewonnen, hat alles ohne Fehler geschafft, - aber er verzieht keine Miene. Alle klatschen ihm Beifall, aber sein Gesicht bleibt stolz und starr. Kein Lächeln, keine Dankbarkeit, kein Herz.“
Ich schaue mir den Mann auf dem Pferd genauer an. Sie hat recht. Stolz und aufrecht sitzt er dort auf seinem Pferd. Sein schmales Gesicht wirkt kalt und starr.
„Kein Lächeln, keine Dankbarkeit, kein Herz“, wiederholt sie.
„Ärgern sie sich über den dort?“, frage ich.
„Ärgern, nein, ärgern ist nicht das richtige Wort. Ich verachte ihn, verachte seine Kälte und seinen Stolz.“
„Ja kennen sie ihn denn?“
„Und ob ich diesen Herrn kenne, - ich kenne ihn genau, kein Lächeln, keine Dankbarkeit, kein Herz.“
Ich bin nicht sicher, ob das stimmt. Aber sie hat es so voller Überzeugung gesagt.
„Haben sie ihn richtig gesehen und so?“
„Ach, mein Kind“, antwortet sie. „Ich habe ihn gesehen und mit ihm gesprochen. Auf den Knien habe ich vor ihm gelegen, aber er war nur kalt und herzlos.“
„Wirklich? Warum waren sie denn bei ihm?“
Diese Frage ist offenbar nicht gut. Sie steht auf, schaltet den Fernseher ab und sagt: “Ich muss dir etwas zeigen, etwas, was der Blume heute Morgen passiert ist. Immer hatte ich eine eins in Handarbeit, hab für feine Damen und Herren Kleider genäht, Gardinen genäht für die Herrschaften, war eine der besten Schneiderinnen, ja eine der besten!“
Meine Gedanken können nicht so schnell umschalten. Was ist mit diesem Neckermann los? Hat die Blume etwas mit ihm erlebt? Oder ist es vielleicht eine Vermischung von Ausgedachtem und Wirklichem? Hatte nicht irgendwer einmal erzählt, dass ihr Mann

damals sehr hart und kaltherzig gewesen sei? Vielleicht hat dieser Reiter auf dem Pferd sie an ihren eigenen Mann erinnert, der sie in jungen Jahren verlassen hatte mitten im Krieg.
Ein stolzer, kaltherziger Mann musste sie sehr verletzt haben. Das war deutlich.
Jetzt soll ich mit ihr ins angrenzende Schlafzimmer gehen. Dort befindet sich ein großes altes Doppelbett, auf dem ganz oft Stoffe liegen, Zeitschriften übers Handarbeiten und Schnittmuster aus Papier. In der rechten Ecke des Zimmers steht eine große alte schwarze Nähmaschine und gleich daneben ein Bügelbrett. Dorthin führt sie mich. Auf dem Bügelbrett liegt eine schöne rote Bluse mit feinen goldenen Fäden durchwirkt. Jetzt erst sehe ich die Bescherung. Beim Bügeln muss sie aus irgendeinem Grund nicht aufgepasst haben. Jetzt prangt ein großer schwarzer Brandfleck auf dem linken Ärmel.
„Das ist der Blume heute Morgen passiert, der Blume, die einmal eine der besten war."
„Ach, das kann doch passieren", will ich sie trösten.
Aber sie will sich nicht trösten lassen.
„Nein, einer Blume darf das nicht passieren, verstehst du?"
„Können sie einen neuen Ärmel nähen?", frage ich vorsichtig.
Nein, das sei unmöglich, entgegnet sie. Sie habe keinen Stoff mehr übrig. Und diesen Stoff bekomme man auch nicht mehr, denn sie habe ihn jahrelang aufbewahrt für eine besondere Gelegenheit.
„Wie schade", sage ich. „Aber ärgern sie sich doch nicht mehr. Vielleicht finden sie einen neuen Stoff und nähen eine andere Bluse."
Nein, das ginge nicht, antwortet sie knapp und ich verstehe nicht, was sie damit sagen will.

Nun bittet sie mich, mich einen Augenblick zu ihr zu setzen ins Wohnzimmer. Wir sitzen uns gegenüber, sie auf dem Sofa, ich auf dem alten roten Sessel.
„Was sagen die Leute über mich?“, fragt sie unvermittelt.
Mein Herz schlägt schneller. Ich will sie nicht verletzen. Die Leute reden wirklich nicht gut von ihr. „Eine Frau, die säuft und Eckstein raucht, das ist das Letzte“, sagen sie. „Die alte Blume soll den Mund halten und das Fenster zu lassen“, sagen sie auch. Nein, die Leute reden wirklich nicht gut von ihr. Nur meine Mutter hat auch schon einmal ein gutes Wort über sie fallen lassen. Sie sei einmal eine feine Frau gewesen, eine saubere Frau, die ihren Haushalt in Ordnung hatte, ihre Kinder gut versorgte und obendrein eine tüchtige Schneiderin war. Aber der Suff mache halt alle fertig, hatte sie dann hinzugefügt. Damit war ihre Erklärung am Ende. Warum sie säuft, wollte ich von meiner Mutter wissen. Das wisse keiner so ganz genau, hat sie geantwortet. Irgendwas sei gewesen mit ihrem Mann, einem kalten und hartherzigen Kerl, der sie oft geschlagen habe. Im Krieg sei er umgekommen. Irgendwie hätte die Blume Schlimmes erlebt im Krieg. Keiner wüsste so genau, was es war. Aber im Krieg gab es ja pausenlos Schlimmes zu erleben. Manche haben mir davon schon berichtet.
„Ach die Leute, die reden gar nichts“, lüge ich jetzt in meinem roten Sessel und vermeide es, sie direkt anzusehen.
„Die reden schon“, widerspricht sie. „Aber sie haben keine Ahnung, sie wissen nichts, schlachten ihre Schweine, wenn es Winter wird, schlagen sich den Bauch voll, aber sie wissen nicht, wie es der Blume ergangen ist im Krieg. Im Dezember … zwei kleine Kinder auf dem Arm und im Luftschutzkeller stundenlang in der Kälte gebibbert. Die Kinder haben geweint, weil sie so gefroren haben. Die Blume, die so gut nähen kann, konnte ihren eigenen Kindern nicht genug warme Kleidung nähen, weil sie keinen ordentlichen Stoff hatte. Der feine Herr Blume ist mitten im Krieg

mit der Blonden abgehauen, hat das ganze Geld mitgenommen. Nichts zu essen hatten wir und gefroren haben wir. Einmal haben sie den halben Luftschutzkeller kaputt bombardiert. Wir konnten aber durch einen Tunnel ins Nachbarhaus. Gerannt bin ich durch den Tunnel mit zwei kleinen Kindern in den Armen und verschissenen Windeln unter die dünne Bluse gesteckt. Ich hab nur gedacht, wenn das so weitergeht, dreh ich das Gas auf. Wenn ich jemals wieder in meine Wohnung komme, bring ich vorher die Kinder zur Gemeindeschwester. Dann will ich krepieren wie ein Hund. So kann eine Blume nicht weiterleben, - so nicht."
Schnell und hastig hat sie erzählt. Jetzt sind ihre Augen voller Tränen. Sie rinnen über ihre geröteten Wangen. „Ach Marie", sagt sie dann. „Ich will nicht mehr leben. Das ist doch kein Leben mehr, kein Leben."
Jetzt bin ich selbst den Tränen nahe. So traurig und verzweifelt ist sie. Das hat mein Herz und meine Seele erreicht. Wie kann ich sie nur trösten?
„Ich backe gerade einen Kuchen. Wenn er fertig ist, bringe ich ihnen ein Stück", verspreche ich ihr. Sie sagt nichts, schaut nur mit leerem Blick in die Zimmerecke. Ich bemerke, wie ich innen drin enttäuscht bin über mich selbst. Das ist genau die Art von Trost, die ich selber nicht ausstehen kann. „Iss was, dann sieht die Welt schon anders aus." Das muss ich mir immer wieder anhören von meinen Eltern. Alle Probleme lassen sich offenbar ihrer Meinung nach lösen, wenn man nur etwas isst. Bei mir hat sich niemals ein Problem gelöst, wenn ich etwas esse. Und jetzt will ich die Blume damit trösten, dass ich ihr ein Stück Kuchen bringe. Allerdings sollte es ja von meinem ersten selbstgebackenen Kuchen sein. Das war schon bedeutungsvoll.
Wie aus einer fernen Welt schaut sie nun zu mir herüber.
„Ihr schlachtet doch morgen", sagt sie unvermittelt und nimmt damit meine mir selbst verhasste Problemlösungsstrategie auf.

„Ja“, antworte ich unsicher.
Offenbar hatte sie zugesehen, wie das Schwein gebracht wurde. Wir haben keinen Bauernhof und müssen ein Schwein kaufen, wenn wir schlachten wollen.
„Bringst du mir etwas Wurstsuppe?“, fragt sie dann.
„Ja klar, ich bringe Ihnen Wurstsuppe“, entgegne ich und freue mich, ihr einen Wunsch erfüllen zu können.
Beim Nachhausegehen an diesem Abend nehme ich mir vor, meine Eltern zu überreden, der Frau Blume doch auch ein Versuchswürstchen mitbringen zu dürfen. Angestrengt überlege ich, wie ich sie davon überzeugen könnte, dass auch sie in den Stand aufgestiegen ist, ein solches Würstchen zu bekommen.
Einige Überzeugungskraft muss ich schon anwenden am nächsten Tag. Dass sie so zittrig ist und sich nicht mehr gut alleine etwas kochen kann, erkläre ich, - dass sie so dünn ist und dringend etwas Gutes zum Essen braucht (das zog immer). Meine Mutter findet schließlich selbst das Argument, dem nichts mehr entgegenzusetzen ist. „Wer so viel säuft, braucht ab und zu auch etwas Nahrhaftes dazwischen. Sonst ist es bald ganz aus mit ihr.“
„Um die ist es nicht schade“, brummt mein Vater, - aber ich weiß, dass er gerne großzügig ist. So schöpft er doch die Kanne voll und drückt mir ein kleines Blutwürstchen in die Hand, das in Butterbrotpapier eingewickelt ist.
Als ich bei Frau Blume klingele, höre ich zunächst kein Wort. Vorsichtig öffne ich die Haustür. Dann steht sie plötzlich vor mir. Sie kommt aus dem Keller. Die Flaschen hat sie hinuntergebracht, erklärt sie. Ich kenne den Raum mit den Flaschen. Es ist ein kleiner Nebenraum im Keller mit einer Holzgittertür davor. Dort hinein habe ich selbst schon gelegentlich Flaschen tragen müssen. Der ganze Boden ist voll mit Flaschen, alles die gleichen. Sie heißen „Drei Sterne“, denn auf dem Band um den Hals sind

drei goldene Sterne abgebildet. Ich selbst muss sie immer mitbringen beim Einkauf. Wurst und Brot, manchmal auch Äpfel, immer aber „Eckstein"- Zigaretten und „Drei Sterne".
„Wunderbar duftet die Wurstsuppe", sagt sie und gießt sie in einen Topf. „Die mache ich mir warm und genieße sie."
Fast irritiert ist sie, als ich ihr auch noch das Würstchen in die Hand drücke.
„Für mich?", fragt sie ungläubig.
„Ja, von meinen Eltern", sage ich.
„Danke", sagt sie leise, „vielmals danke an deine Eltern."

Frau Blume gehört zu meinem Kinderleben. Als ich mein Dorf verlasse, verlasse ich auch sie. Genau weiß ich nicht, ob sie noch öfter „Marie" gerufen hat auf ihre besondere Weise. Ich denke aber, dass meine Mutter sie noch manchmal beruhigt hat und sagen musste: „Sie ist nicht da und es kann dauern, bis sie mal wieder vorbei kommt."

Einige Jahre später, ich lebe nicht mehr in meinem Dorf, erzählt mir irgendwer, dass Frau Blume gestorben sei. Zu viel getrunken und mit brennender Zigarette eingeschlafen auf dem roten Sessel, auf dem ich selbst oft gesessen habe. Ein Schwelbrand war im Zimmer entstanden und sie sei erstickt.
Einen tiefen Schmerz spüre ich, als ich höre, dass sie nicht mehr lebt. Ihr verzweifeltes Weinen höre ich manchmal heute noch im Traum. Und ich sehe ihr Klingelschild vor mir. Katharina Blume steht darauf. In Gedanken ergänze ich: eine feine Frau, die ihren Haushalt in Ordnung hatte, ihre Kinder gut versorgte und obendrein eine tüchtige Schneiderin war. Im Krieg hatte sie Schlimmes erlebt und ist daran zerbrochen.
Viel später erst erzählte mir jemand, sie habe, als man sie tot aufgefunden hatte, eine besonders schöne rote Bluse angehabt, die

mit goldenen Fäden durchwirkt war. Nur merkwürdigerweise habe der linke Ärmel gefehlt.
Sofort erinnere ich mich an jenen Nachmittag, als sie so verzweifelt war wegen des Brandflecks. Wie lange hatte sie diesen schönen Stoff aufgehoben, für einen besonderen Anlass. In der Tat war dieser Anlass nun ein ganz besonderer, wenn er auch traurig war.
Am letzten Tag ihres Lebens hatte sie diese Bluse angezogen. Vielleicht war es ein Zufall, - oder ahnte sie vielmehr, dass dieser Tag ihr letzter sein würde?
Bewusst oder unbewusst hatte sie ihre so besondere Bluse an diesem Morgen angezogen, sich in ihren alten Sessel gesetzt und losgelassen, - alles, was da noch war.

Im Licht

Vergessen werde ich sie nie. War sie damals doch einer der wenigen Menschen in meiner Welt, die nicht die unbedeutende, abschätzig beäugte Herbstkatze in mir sahen.
Liebevoll und wertschätzend hatte sie mich angesehen und mich bei meinem Namen gerufen.
Sie hatte etwas von mir erkannt, was nur ganz wenige Menschen in meinem Kinderleben erkannt haben, deren Blick tiefer gegangen ist. Deshalb sind sie mir in so guter Erinnerung.

Da gab es den Pfarrer und seine Familie. Auch er hatte einen tiefen Blick für mich.
Eine Karte von ihm aus sehr viel späterer Zeit habe ich aufgehoben bis heute.
1994, - längst bin ich eine erwachsene Frau mit einem eigenständigen Leben -, erreicht mich diese Karte an einem trüben Dezembertag. Vorne ist ein wunderschöner musizierender Engel zu sehen. Der Begriff der Herbstkatze ist ihm vermutlich fremd geblieben. So schreibt er in seiner Sprache und Begrifflichkeit: „Für meine Frau und mich bist Du wie ein Engel, ein lebendiges Beispiel, was aus einem mehr oder weniger ausgestoßenen Dorfkind werden kann. Wir staunen über Dich und dass das Leben sich so entwickeln kann. Das macht uns sehr froh. Wir danken Gott dafür und begleiten Dich aus der Stille heraus."

Sieben Monate später ziehe ich in mein kleines Haus im Licht. Es steht hinten im Tal unter alten Apfelbäumen. Ein langer und sehr beschwerlicher Weg hat mich hier hin geführt. Am rechten Ort bin ich. Das weiß ich genau. Es ist ja der Platz, von dem meine Oma sprach, kurz bevor sie starb. „Bald wirst du sehr allein sein und kein Zuhause mehr haben. Es wird schwer, aber du schaffst das“, hatte sie gesagt.

Es ist Herbst. Hier hinten im Tal, hinter den alten Apfelbäumen am Waldrand im Unterholz, hat eine halb verwilderte Katze Junge geworfen. Die kleinen Herbstkatzen haben aufdringlich durch die Nacht gejammert.
All die Erinnerungen haben sie bei mir hervorgeholt, - so nah, als wäre es erst gestern gewesen.
„Eine Herbstkatze, die wirfst du am besten gleich tot“, hatten sie damals gesagt. „Die taugt nicht zum Leben, bleibt struppig und schwach, kränkelt leicht und ist die Milch nicht wert, die man früh ihr gibt.“
Heute weiß ich, dass das nicht stimmt.
Eine ausgesetzte Herbstkatze gehört niemandem, ist auf sich allein gestellt; Aug in Aug mit dem Marder und dem Fuchs. Ihr Leben ist ständig in Gefahr.
Aber mehr als alle anderen vielleicht hat eine Herbstkatze nach dem Sommer zu fragen!
Sie muss es unbedingt, denn sie hat klare Träume vom vollen, heißen Sommer, dem Leben ohne Ende. Und hat sie in frühen Jahren erst einmal überlebt, wird sie stark, - stärker vielleicht als all die anderen Katzen, die den ganzen Tag ihr Milchschälchen sicher haben und ihren Platz hinterm Ofen bereitet.
Diese Stärke wird sie brauchen ein Leben lang, denn diese Art Leben ist eine schwere Aufgabe.
Wie schwer mein Leben auch weiterhin war, will ich heute nicht mehr erzählen.
Es wäre zu viel - und würde doch nur bestätigen, was meine Kindheit schon zeigte.
Herbstkatzen haben ein besonderes Leben, sind oftmals Grenzgänger und Überleben ist immer wieder hart, schmerzlich und

gefahrvoll. Dann aber sind da wieder Augenblicke und Zeiten von unsagbarer Tiefe, dem vollen Leben im Licht. Dieses Licht ist so heilsam und dringt bis in jede Zelle.
Das ist, wie wenn die Herbstkatze in einer warmen Blättermulde am Waldrand verdeckt und geschützt liegt und die Sonne sie wärmt bis ins Herz.

Epilog

Marie Andott hat zunächst einen sozialen Beruf erlernt, danach auf dem zweiten Bildungsweg Abitur gemacht und studiert. In ihrem akademischen Beruf hat sie große Anerkennung bekommen, wurde selbst auch Ausbilderin. Innerhalb ihres beruflichen Rahmens hat sie viele verschiedene Beiträge veröffentlicht.
Hier legt sie zum ersten Mal ein ganz persönliches, autobiographisches Werk vor.
Ihr Leben wurde weiterhin durch große Belastungen geprägt.
Heute lebt Marie in ihrem kleinen Haus unter Apfelbäumen am Waldrand, unweit der Stelle, an der sie in jener Nacht die Herbstkatzen gefunden hat.

Auf der Webseite des Frauenzimmer Verlags
finden Sie das gesamte Verlagsprogramm.

WWW.FRAUENZIMMER-VERLAG.DE